# 세종대왕의 조세정책

- 조세의 과학화와 선진화를 이룩한 세종대왕 -

**세종대왕의 조세정책** - 조세의 과학화와 선진화를 이룩한 세종대왕

**발행일** | 2012년 10월 8일
**저 자** | 오 기 수
**발행인** | 허 병 관
**발행처** | 도서출판 어울림
**주 소** | 서울시 영등포구 양평동3가 14번지 이노플렉스 707호
**등 록** | 제2-4071 호
**전 화** | 02) 2232-8607, 8602
**팩 스** | 02) 2232-8608

ISBN 978-89-6239-289-0   13320

http://www.aubook.co.kr
파본은 구입하신 서점이나 출판사에서 교환해 드립니다.

값 15,000원

# 세종대왕의 조세정책

오기수

법을 입법하고, 조세 과학화와 선진화를 이룩한 세종대왕

─의 백성에게 조세는 삶 자체였다. 그래서 세종대왕은 백성들을 행복하게 만들기 위하여 조세제도를 개혁하고,
─의 과학화와 선진화를 이룩한 것이야말로 '백성들의 삶의 질'을 높일 수 있는 가장 중요한 정책이라고 생각하였다.
─결과 세종대왕은 조세법인 공법을 제정하면서 역사상 그 누구도 따라할 수 없는 과거시험 문제의 출제, 국민투표라
─수 있는 여론조사, 25년 동안의 연구 및 대신들과 논의의 과정을 걸쳤다. 뿐만 아니라 객관적이고 공평한 조세를
─수하기 위하여 수지척을 주척으로 바꾸고, 연분결정에 측우기를 사용하고,
─과 되를 규격화하고, '세종실록지리지'에 토지의 비척을 기록하도록 하였다.
─종대왕이야말로 역사상 가장 위대한 조세정책가이고 조세전문가이다.

도서출판
어울림
www.aubook.co.kr

세종대왕 어진(40여세때)

사진제공 : 세종대왕기념사업회

 **머리말**

　훈민정음을 창제하고, 측우기 등 과학기구를 제작하게 하고, 『농사직설』을 편찬하여 농업 생산성을 높인, 이 모든 세종대왕의 정책은 오로지 백성을 사랑하고 백성의 행복을 위한 것들이었다. 세종대왕이 입법한 공법(貢法) 역시 백성을 위한 조세법이었다. 세종대왕이 입법한 공법의 주된 내용은 결부법에 의한 전분육등법(田分六等法) 및 연분구등법(年分九等法)이다. 전분육등법은 전지(田地)의 비옥도에 따른 양전법(量田法)이며, 연분구등법은 매년 풍흉에 따른 수세법(收稅法)으로 중국식 공법과는 다른 조선적 공법이다. 세종대왕은 조세인 전세(田稅)를 징수할 때 공평하고 편리하며, 관리들의 농간을 배제하는 조세법(租稅法)으로서 공법을 입법하고자 하였다. 그래서 세종대왕이 입법한 공법은 공평과세와 징세의 편의, 징세비의 최소화를 위한 조선 최고의 체계화된 조세법이었다. 세종대왕은 공법(貢法)과 조세 과학화 및 선진화를 통하여 조선을 조세 유토피아[utopia; 이상(理想) 국가]로 만들고자 한 것이다.

　세종대왕은 조세제도를 바로 세우고, 조세의 과학화 및 선진화를 이룩한 것이야 말로 '백성들의 삶의 질'을 높일 수 있는 가장 중요한 정책이라고 생각한 것이다. 이에 세종대왕은 다음과 같이 조세의 과학화와 선진화를 실현하여, 백성들이 법으로 정해진 조세만을 부담함으로써 조세의 횡포로부터 벗어나게 하여, 조선을 조세의 행복국가로 만들고자 하였다.

첫째, 공평한 조세징수를 위해 주척(周尺)을 사용하게 하였다. 세종대왕은 공법을 입법하면서 조세의 과학화를 추구하였는데, 그 중 하나가 주척(周尺)을 사용하여 전지(田地)를 측량하도록 한 것이다. 세종대왕 이전까지는 농부의 수지척(手指尺)을 사용하였다.

둘째, 연분 결정을 위해 측우기를 사용하였다. 세종대왕은 조세를 징수하는 과정에서 관리들이 재량권을 남용하여 농간을 부리는 폐단이 답험제도에서 발생하므로, 이를 결단코 배제하기 위하여 군현(郡縣) 단위의 연분구등법을 도입하였다. 하지만 그 당시 군현 단위로 연분을 결정하는 것 또한 쉽지가 않았다. 이에 세종대왕은 연분(年分) 결정에 강우량을 이용하고자 하였고, 그 도구로 측위기를 사용하게 한 것이다.

셋째, 표준화된 말[斗]과 되[升]를 사용하게 하였다. 조선은 쌀과 콩 등의 곡물로 조세를 납부하는 현물납세 시대였다. 따라서 곡물의 수량을 재는 말[斗]과 되[升]의 통일된 규격은 매우 중요하였다. 더욱이 세종대왕이 공법을 입법한 취지인 '조세의 부정부패 근절'을 위해서는 조세를 징수할 때 관리와 서리들이 눈속임할 수 있는 말[斗]과 되[升]를 정확히 표준화 하는 것이 필요했다.

넷째, 지역별로 명확한 조세 부과를 위해서『세종실록지리지』를 편찬케 하였다. 농업국가인 조선에서 조세를 확충하기 위해서는 국가의 행정구역을 체계화하고, 인구를 정확히 파악하여 관리하며, 또한 전지(田地)의 비척의 기록과 관리가 필요했다. 더욱이 조세의 과학화와 선진화를 이룩하려는 세종대왕은 행정구역별 인구의 실태와 전지(田地)의 결수 및 비옥도의 파악은, 공평하고 명확한 조세의 부과와 징수를 위한

첩경이라고 생각하였다.

다섯째, 전품(田品)의 전국적인 균등화를 위하여 『농사직설(農事直說)』을 편찬케 하였다. 『농사직설』의 편찬과 보급이 실제로는 공법의 시행과 관련하여 전국적으로 농업생산력을 향상시켜 균등한 조세의 부과를 위한 측면도 있다는 것이다.

이처럼 조세 과학화와 선진화의 토대를 마련하면서 입법된 공법은 다음과 같이 역사상 그 누구도 따라할 수 없는 과거시험문제의 출제, 여론조사 및 25년간의 연구와 논의 등의 과정을 거쳐 완성되었기에 그 학문적·역사적 가치성은 세계적이라고 본다.

첫째, 세종대왕은 공법의 개선책에 대한 질문을 과거시험 문제에 출제하였다. 세종 9년(1427)에 당하관의 과거시험에 "공법을 사용하면서 이른바 좋지 못한 점을 고치려고 한다면 그 방법은 어떻게 해야 하겠는가"의 문제를 내어 조선만의 조세법을 만들고자 하였다.

둘째, 세종대왕의 공법은 군주시대에 전국적인 여론조사에 의한 입법이다. 세종대왕이 1차 공법안에 대한 여론조사를 명한 후, 호조는 무려 5개월을 걸쳐 이를 실시하였다. 그 결과 공법의 시행이 무릇 가하다는 자는 98,657명이며, 불가하다는 자는 74,149명이었다. 총 172,806명에 대한 여론을 수렴한 것이다. 그 당시 인구의 4분의 1일 참여한 것이다. 이 여론조사는 국민투표라 할 수 있다.

셋째, 세종대왕의 공법은 세계적으로 최장기 논의에 의한 입법이다. 『세종실록』에 의하면 세종대왕 21년에 "내가 공법을 행하고자 한 것이 이제 20여 년이고, 대신들과 모의(謀議)한 것도 이미 6년이었다"고 하였다. 그리고 세종 26년(1444)에 공법은 최종 입법되었다.

넷째, 세종대왕의 공법은 군왕 스스로 근대적 조세원칙을 추구한 입법이다. 아담 스미스는 산업자본을 대표하여 개인주의적 법치국가의 이념하에 조세의 원칙을 제시함으로써 절대왕제에 의한 수탈을 방지하여 시민사회를 옹호하고자 하였다. 하지만 세종대왕은 군왕 스스로 조세원칙에 따른 공법을 입법하여, 양반 관료들의 수탈을 방지하고 백성들에게 공평한 과세를 하고자 하였다.

따라서 우리는 이러한 '세종대왕의 공법(貢法)'에 대해서 이해와 인식의 폭을 넓혀야 한다고 생각한다. 조선시대에 조세의 문제가 백성들의 삶에 가장 큰 고통이었다는 점을 인식한다면, 세종대왕이 이룩한 다른 업적 못지않게 '세종대왕의 공법'은 그 당시 최고의 가치를 가진 업적이며 유산이다. 공법을 단순히 세종대왕이 만든 조세법 또는 조세제도로만 인식하는 것이 아니라, 그 속에 들어 있는 조세사상과 조세원칙 및 입법과정에 나타난 학문적 · 역사적 가치를 우리는 깊이 인식하여야 한다.

끝으로 본서의 출간을 허락하여 준 도서출판어울림의 허병관사장, 그리고 출판되도록 도와주신 편집부 여러분들께 깊은 감사드린다. 그리고 30년 동안 늘 기도로 동행해준 아내 손점례 권사와 아들 성선, 딸 수아에게도 고마움을 전하면서, 이 책을 보는 모든 분들에게 하나님의 은총이 함께 하길 기원한다.

2012년 9월 12일
개화산 기슭 자택에서
저자 씀

## 차례

# 제5장 공법의 후퇴와 조세정책의 혼란

# 제6장 세종대왕이 시행한 그 밖의 조세정책

제 **1** 장

# 세종대왕의 조세사상

# 01 의의

세종대왕은 조선의 제4대 왕(재위 1418~1450)으로 22세의 나이로 태종의 왕위를 받아 즉위하여, 훈민정음(세종 25년, 1443년)을 창제하고, 측우기 등의 과학 기구를 제작하게 하였다. 6진을 개척하여 국토를 확장하고, 쓰시마섬을 정벌하는 등 정치 · 경제 · 문화면에서 훌륭한 치적을 쌓아, 수준 높은 민족문화의 창달과 조선왕조의 기틀을 튼튼히 하는데 힘썼다. 그리고 정치적으로 중앙집권 체제를 위하여 1420년에 집현전을 설치하고, 황희 · 맹사성 · 허조 등의 청백리를 등용하여 왕권과 신권(臣權)의 조화를 위해 노력하면서 의정부를 견제했다. 또한 이를 왕립 학술기관으로 확장하고, 신숙주 · 정인지 · 성삼문 · 최항 등의 젊은 학자를 등용하여, 정치 자문 · 왕실 교육 · 서적 편찬 등을 함으로써 이상적 유교정치를 구현하였다.

이러한 업적 중에서 세종대왕이 가장 많은 혼과 시간을 들여 만든 것이 조세법인 공법(貢法)이다. 우리는 공법을 세종대왕이 제정한 조세제도의 하나로만 이해하고 있지만, 조세법적 측면에서는 지금의 우리에게 참으로 많은 학문적 지침과 교훈을 남긴 업적이다. 그 이유는 세종대왕은 왕권시대이며, 모든 권력이 사대부에 집중된 양반사회시대에 "일반 백성들이 가장 편안하게 살 수 있는 정책은 비리가 없는 공평한 조세제도를 만드는 것"이라는 확신과 의지를 가지고 공법을 연구하고 제정하였기 때문이다. 그래서 세종대왕은 즉위하면서부터 조선을 건국한 선왕인 태조가 시행한 답험손실법에 따른 조세관련 폐해를 막을 수 있는 조세법을 입법하고자 하였다. 그 당시의 조선사회에 만연된 조세부패를 척결하고, 공평하게 조세를 부과하여, 백성들이 조세에 대한 고통 없이 행복하게 살 수 있는 조세법인 공법을 입법하기 위하여 세종대왕은 재위 25년 동안 매진한 것이다.

그래서 최윤오는 세종대왕의 공법(貢法)에 대해서 "세종조 공법은 15세기의 과학발달과 농업생산력 수준에서 나올 수 있었던 가장 치밀한 개혁론으로 주목되어 왔다. 공법에서 검토된 조세제도에 관한 이론은 이 시기까지 문제가 되고 있던 제반 폐단들을 일거에 해결하고자 한 데서 나온 것이었기 때문이다."라고 하면서, "강력한 집권국가의 기틀을 마련하고자 했던 세종대왕은 중국의 그것과는 다른 조선적 공법을 완성시켰다는 점에서 높이 평가될 수 있다. 아울러 그 과정에서 정착한 결부제는 조선 전 시기에 걸쳐 소출을 중심으로 한 토지지배 원리로서 기능하게 되었다는 점에서 주목되며, 풍흉에도 불구하고 농민과 수확을 같이 한다는 대의명분을 내세울 수 있었고, 동시에 전분법과 연분법을 통해 토지지배권을 강화시키는 계기를 마련했다는 점에서 의미가 있다."라고 주장하였다. 또한 그는 "공법이 제 기능을 발휘하지 못한 데는 세종대왕이 구상했던 경무법 중심의 토지 파악이 아니라, 절충안으로 채용된 결부법이 그 역할을 대신하지 못했기 때문이다."라는 점을 지적하면서, "나아가 토지제도 전반의 모순구조를 해결하지 않은 채 조세제도만의 개혁으로 토지문제까지 해결하려했던 세종대왕의

생각이 현실의 벽에 부딪치는 것은 당연했지만, 세종대왕은 중국의 그 것과는 다른 조선적 공법을 완성시켰다는 점에서 높이 평가될 수 있 다."고 하였다.[1]

여기서 세종대왕은 조선적 공법(貢法)을 세우고, 조세의 징수를 법에 따라 집행하도록 강력하게 명(命)함으로써 조세법치주의를 실현하기 위해 부단히 노력하였다는 것을 알 수 있다. 1436년(세종 18) 공법상정소(貢法詳定所)를 설치하고, 각도(各道)의 토지를 비척에 따라 3등급으로 나누어 세율을 달리하는 공법(貢法)[2]안을 만들었다. 그러나 결함이 많아 1443년(세종 25)에 공법상정소의 안을 개정하기 위하여, 두번째의 조세법 제정특별위원회라 할 수 있는 전제상정소(田制詳定所)를 설치하고, 풍흉에 따른 연분구등법(年分九等法)과 토지의 비옥도에 따른 전분육등법(田分六等法)을 주요 원칙으로 한 공법을 제정하였다. 『세종실록』과 『증보문헌비고』에 따르면 세종대왕은 즉위 3년[3]부터 약 25년 동안 '비리 없고 간편하며 공평한 조선(朝鮮)적인 공법'을 입법하기 위하여 대신들과 직접 의논하고, 찬부를 묻고, 여론을 수렴하고, 지역별로 시험한 후 세종 26년(1444)에 최종적으로 공법을 제정하였다. 세종대왕은 완성된 공법을 공포한 후에도 세종 30년까지 지역적으로 단계적인 시행을 하면서 공법에 대한 보완을 계속하였다. 다음은 세종 21년 『세종실록』의 기사이다.

---

1) 최윤오. 1999. "세종조 공법의 원리와 그 성격". 「한국사연구」 Vol.106.
2) 공법은 본래 중국 하(夏)나라 때 시행된 조세제도로 농민 한 사람에게 토지를 50무(畝) 씩 지급하고 그 중 10분의 1에 해당하는 5무의 수확량을 세금으로 거둔 정액세제이다. 이 때 정액세는 여러 해의 수확을 헤아려 중간치로 정하였다. 하지만 공법은 매년 일정 세액을 징수하기 때문에 풍년이 든 해는 많이 받아들여도 가혹하다고 여기지 않는데도 적게 받아들이고, 흉년에는 수확량이 적은데도 모두 채워 받아들이기 때문에 나쁜 조세 제도로 비판되었다.(최윤오. 2007. 461-496, 최윤오. 1999. 3-14)
3) 『증보문헌비고』 제148권 전부고8 조세1 조선.

「내가 공법을 행하고자 한 것이 이제 20여 년이고, 대신들과 모의(謀議)한 것도 이미 6년이었다. 공법을 이제 정하였으나 오히려 백성에게 불편이 있을까 염려하는 까닭으로, 이제 전라·경상 두 도에만 행하여 그 편리한 여부를 시험하게 하였다.」[4]

이 공법의 주된 원칙인 전분육등법과 연분구등법은 세종대왕이 직접 제안한 것임을 다음의 『세종실록』 기사에서 볼 수 있다. 실질적으로 세종대왕이 조세에 대한 정책을 결정하였음을 알 수 있다.

① 「임금이 말하기를, "경무보법(頃畝步法)을 고쳐서 예전대로 결(結)·부(負)·속(束)·파(把)로 하고, 5등전의 1, 2등을 추이(推移)하여 6등으로 하며, 그 6등의 전지는 모두 주척으로 측량하고 토지의 넓고 좁은 것을 따라 동과(同科)로 조세를 거두는 것이 어떻겠는가."」[5]

② 「황희·신개·하연·황보인·권제·정인지를 불러 공법의 편의 여부를 의논하기를, "각도의 전지를 1, 2년 동안에 고쳐 측량하기가 쉽지 않으니, 아직은 구전안(舊田案)을 가지고 그 전품(田品)을 살펴서 먼저 5등으로 나누되, 결(結)·복(卜)·속(束)·파(把)를 경(頃)·묘(畝)·보(步)의 법으로 고쳐 만들어 9등으로 조(租)를 거두게 하는 것이 어뗘한가."」[6]

이러한 세종대왕의 공법에 대해 손보기는 "세종대왕의 민본정신은 모든 분야에 걸쳐 나타났지만, 그 가운데 가장 뜻 깊은 시책의 하나는

4) 『세종실록』 21년(1439) 5월 4일 7번째기사.
 (원문) 「肆予欲行貢法, 于今二十餘載, 謀議大臣, 又已六年, 而貢法乃定, 猶慮不便於民, 故 令行於全羅, 慶尙兩道, 試(險)〔驗〕便否」
5) 『세종실록』 26년(1444) 6월 6일 첫 번째기사.
 (원문) 「上曰: "改頃畝步法, 仍舊爲結負束把, 以五等之田一二等推移爲六等, 其六等之田, 皆用周尺量之, 隨地廣狹, 同科收稅何如?"」
6) 『세종실록』 25년(1443) 10월 27일 첫 번째기사.
 (원문) 「召黃喜、申槩、河演、皇甫仁、權踶、鄭麟趾, 議貢法便否曰: "各道之田, 一二年之 間, 未易改量, 姑將舊田案, 審其田品, 先分五等結卜束把, 改作頃畝步法, 以收九等 之租何如?"」

공법의 시행이다. 우리는 전분육등 연분구등이라는 말로 알고 있지만 이를 시행에 옮기는 데는 세종대왕의 고심이 컸다. 그 결과 세종대왕이 생각했던 것과 같이 농민들의 뜻에 맞는 실 수확에 따르는 공정한 세법을 시행하게 되었다. 근대형의 진보된 세법을 시행하게 했던 것이다."라고 주장하였다.[7]

 따라서 본 장에서는 『세종실록』을 비롯한 문헌을 통하여, 공법의 입법 과정 등에서 나타난 세종대왕의 조세사상을 구체적으로 살펴보고자 한다. 공법을 입법하고, 조세제도를 개선하는 과정에서 나타난 세종대왕의 조세사상은 크게 조세민본주의, 조세공평주의, 조세법치주의, 조세편의주의, 조세명확주의로 나누어 살펴볼 수 있다. 물론 이러한 세종대왕의 조세사상은 왕권시대에서 실현된 것이므로, 현대적 의미와는 상당한 차이가 있을 수밖에 없다. 그러나 세종대왕이 공법을 통하여 실현하고자 한 근본적인 조세사상은 현대에서도 지속적으로 요구되고 있다는 점에서 논하고자 한다.

---

7) 손보기. 1993. "세종대왕의 민본정신을 되살리자면". 「세종학연구」 제8호.

# 02 세종대왕의 조세사상 유형

## 1. 조세민본주의

민본주의란 '백성이 나라의 근본이다.'라는 이념으로 국가의 모든 정치는 백성을 가장 중시해야 한다는 것이다. 세종대왕의 민본주의 정책은 많은 업적에서 나타나 있지만, 다음의 『증보문헌비고』 기사는 세종대왕의 민본주의 사상을 확인할 수 있는 대표적인 내용이다.

「세종 26년(1444)에 하교하기를, "나라는 백성을 근본으로 삼고, 백성은 먹는 것을 근본으로 삼는다. (중략) 무릇 나와 더불어 함께 다스리는 자는 나의 위임한 뜻을 본받고, 조종(祖宗)이 백성에게 후하게 하시는 법을 준수하고, (중략) 각각 마음을 다하여 백성을 지도하고 근본을 힘써서 전토에 복로(服勞)[8]하고, 농사에 힘쓰면서 부모를 섬기고 자녀를 길러서 우리 백성의 수명을 길게 하고, 우리나라의 근본을 튼튼하게 하라." 하였다.」[9]

---

8) 쫓아서 힘씀.
9) (국역) 『증보문헌비고』 제147권 전부고7 무농 조선.

누가 뭐라고 해도 세종대왕의 민본주의 결정체는 훈민정음 창제이다. 훈민정음 창제는 나라의 근본인 백성들이 어려운 한자를 깨달지 못하고, 백성들이 자신들의 뜻을 바로 전하지 못하는 것을 안타깝게 생각하여 만든 것이다. 따라서 훈민정음은 세종대왕의 민본주의 극치를 나타내는 대표적인 치적이라 할 것이다. 하지만 세종대왕이 입법한 공법(貢法) 역시 훈민정음 창제에 못지않게 백성을 나라의 근본으로 생각하고 그 백성을 사랑하는 민본주의에서 제정되었다. 왜냐하면 조선시대를 통틀어 백성에게 직접적으로 가장 큰 고통을 주고, 고난에 빠지게 하는 것이 바로 조세(租稅)였기 때문이다. 따라서 세종대왕은 조세에 대한 백성의 고통을 확실하게 인지하고, 다음의 『세종실록』 기사와 같이 조세법의 개혁을 통해 조세민본주의를 실현하고자 한 것이다.

> 「일찍이 듣건대 다스림을 이루는 요체는 백성을 사랑하는 것보다 앞서는 것이 없다고 하니, 백성을 사랑하는 시초란 오직 백성에게 취하는 제도가 있을 뿐이다. 지금에 와서 백성에게 취하는 것은 전제(田制)와 공부(貢賦)만큼 중한 것이 없는데, 전제는 해마다 조신(朝臣)을 뽑아서 여러 도에 나누어 보내어, 손실을 실지로 조사하여 적중을 얻기를 기하였다. 간혹 사자로 간 사람이 나의 뜻에 부합되지 않고, 백성의 고통을 구휼하지 아니하여, 나는 매우 이를 못 마땅하게 여겼다. (중략) 손실을 실지로 조사하는 일도 구차스러이 사랑하고 미워하는 감정 여하에 따라, 올리고 내림이 자기 손에 달리게 되면, 백성이 그 해를 입을 것이니, 이 폐단을 구제하고자 한다면 마땅히 공법(貢法)과 조법(助法)에서 이를 구해야 될 것이다.」[10]

---

10)『세종실록』9년(1427) 3월 16일 1번째기사.
    (원문)「嘗聞致治之要, 莫先於愛民, 愛民之始, 惟取民有制耳. 今之取於民, 莫田制貢賦之 爲重. 若田制則歲揀朝臣, 分遣諸道, 踏驗損實, 期於得中, 間有奉使者, 不稱予意, 不恤民隱, 予甚非之. (중략) 損實踏驗, 苟循愛憎, 高下在手, 民受其害. 欲救斯弊, 當於貢助求之.」

세종대왕이 공법을 입법하고자 한 것은 조세로 인한 백성의 불편함과 억울함을 해소시켜, 백성들의 삶을 행복하게 하기 위한 1순위 정책이었다. 따라서 세종대왕은 조세문제를 논할 때에 국가의 재정도 중요하지만, 가장 먼저 백성을 생각하는 조세민본주의 입장에서 판단하였는데, 다음의 『세종실록』 기사에서 이를 확인할 수 있다. ①은 조세를 국가의 재정보다는 백성의 안위에서 먼저 생각한 것이며, ②는 조세의 징수를 위한 답험에서도 백성의 편함과 만족을 우선으로 생각한 것이다. ③은 공법을 제정한 이유가 백성을 편하게 하려고 한 것이다라고 말하고 있다. 이처럼 세종대왕은 조세를 생각할 때 백성을 가장 먼저 생각하는 조세민본주의를 실천한 것이다.

① 「강원도 행대감찰 김종서는 장계를 올려, "원주·영월·홍천·인제·양구·금성·평강·춘천·낭천·이천·회양·횡성 등지의 기민(飢民) 729명에게 조세를 면제해 주시옵소서."하니, 임금은 그대로 따랐다. 변계량은 그에 대하여 옳지 않게 여기니, 임금은 말하기를, "임금으로 있으면서 백성이 주리어 죽는다는 말을 듣고 오히려 조세를 징수하는 것은 진실로 차마 못할 일이다. 하물며 지금 묵은 곡식이 이미 다 떨어졌다고 하니, 창고를 열어 곡식을 나누어 준다 해도 오히려 미치지 못할까 염려되거늘, 도리어 주린 백성에게 조세를 부담시켜서 되겠는가. 더욱이 감찰을 보내어 백성의 굶주리는 상황을 살펴보게 하고서 조세조차 면제를 안해 준다면, 백성을 위하여 혜택을 줄 일이 또 무엇이 있겠는가."라고 하였다.」[11]

② 「임금이 각도의 풍흉을 묻고 인하여 손실답험(損實踏驗)에 대한 이야기

---

11) 『세종실록』 1년(1419) 1월 6일 6번째기사.
  (원문) 「江原道行臺監察金宗瑞啓: "原州、寧越、洪川、麟蹄、楊口、金城、平康、春川、狼川、伊川、淮陽、橫城飢民七百二十九名, 請蠲租稅." 上從之. 卞季良以爲不可, 上曰: "爲人君者, 聞民且飢死, 尙徵租稅, 誠所不忍. 況今舊穀已盡, 開倉賑濟, 猶恐不及, 反責租稅於飢民乎? 且遣監察, 視民饑饉, 而不蠲租稅, 復有何事爲民實惠乎?"」

를 하였다. 예조 판서인 신상이 아뢰기를, "금년의 답험은 너무 가볍게 다루었습니다."하였다. 임금이 말하기를, "내가 들으니 경기의 백성들이 답험이 쉽사리 되었다고 좋아한다 하더라."하니, 신상이 경기의 답험을 너무 쉽게 해버린 것에 대하여 강력히 말하였다. 임금이 말하기를, "답험이 백성에게 편리하게 된 것은 잘못이 아니다. 백성이 만족히 여기면 그것으로 족하다."하였다.」[12]

③ 「지상원군사 정포와 개녕 현감 강자신이 하직하니, 임금이 불러 보고 말하기를, "공법을 세운 것은 백성에게 편하게 하려고 한 것이다. 그러나 백성들이 나를 보고 세금을 가혹히 징수한다고 여길까 염려되니, 그대들은 이를 알 것이다. 또 의창 곡식의 징납(徵納)은 너무 졸라서도 되지 않으며, 너무 늦추어서도 되지 않으니, 조르면 백성이 원망하게 되고, 늦추면 창고가 텅 비게 될 것이다. 그대들은 모름지기 너그러이 늦추는 데에 좇도록 하고, 몰인정하게 조르는 데에 힘쓰지 말라."하였다.」[13]

## 2. 조세공평주의

조세의 공평은 고전학파 경제학의 창시자인 영국의 아담 스미스 (Adam Smith)가 『국부론』에 조세부과의 4원칙 중 하나로 공평의 원칙을 제시하면서 조세의 기본원칙으로 강조되었다. 그러나 조세의 공평은 아담 스미스 이전 고대(古代)로부터, 국가에서 조세를 부과하고 징수하

---

12) 『세종실록』 12년(1430) 12월 18일 2번째기사.
  (원문) 「上問各道豐歉, 因語損實踏驗之事, 禮曹判書申商啓: "今年踏驗過輕." 上曰: "予聞京畿之民喜踏驗之便也." 商力陳京畿踏驗之太輕, 上曰: "踏驗便民, 不爲過矣, 百姓足則可矣."」

13) 『세종실록』 24년(1442) 12월 22일 2번째기사.
  (원문) 「知祥原郡事鄭抱、開寧縣監姜子愼辭, 引見曰: "貢法之立, 欲便於民也. 然恐民以予爲聚斂, 爾等知之. 且義倉徵納, 不可太迫, 不可太緩. 迫之則民怨, 緩之則倉廩虛, 爾未須從寬緩, 勿務刻迫."」

는데 지켜야할 중요한 원칙이었다. 조세제도가 사회 환경과 국가에 따라 차이가 있듯이, 조세의 공평 개념 또한 시대와 장소에 따라 다르다고 본다. 조선시대의 공평은 균등이란 말 등으로 사용하였는데 이는 '동일한 조건하에서는 각자에게 동일한 과세'를 의미한다고 본다. 현대적 의미의 조세공평주의(租稅公平主義)가 조세의 부담이 공평하게 국민들 사이에 배분되도록 조세법을 제정하여야 하고, 조세법률관계의 각 당사자로서의 국민은 조세법의 적용에 있어서 평등하게 취급되어야 한다는 개념과는 차이가 있다. 조선시대의 공평은 단순히 '동일한 수확량의 전답에서 동일한 조세의 징수'의 개념인 수평적인 공평을 의미한다.

15세기의 세종대왕은 아담 스미스(1723~1790)가 제시한 근대적 의미의 공평과세를 위한 조세법의 제정을 실현하고자 하였다. 『세종실록』 기사에는 다음과 같이 세종대왕이 '부역을 균등하게 하라'는 말이 자주 언급되어 있다. ①과 ②는 부역을 균등하게 할 것을, ③은 농사의 손(損)과 실(實)을 실질에 의하여 판단할 것을, 그리고 ④는 양전(量田)을 공평하게 할 것을 명하고 있다.

① 「함창 현감 황영이 사조하니, 임금이 불러 보고 말하기를, "경상도와 전라도는 지난해에 벼가 조금 잘 되어 다른 도의 어려운 식량 사정과 비할 바가 아니다. 그러나 금년의 기후는 가무니 내가 심히 민망히 여긴다. 그대는 고을에 가서 나의 지극한 뜻을 몸받아 조세를 경감하고 부역을 균등하게 하여, 백성을 어루만지기를 자식과 같이 하라."하였다.」[14]

② 「"대흥 현감 이반·황간 현감 송민산·영동 현감 최진이 사조하니, 임

---

14) 『세종실록』 8년(1426) 4월8일 3번째기사.
　　(원문) 「咸昌縣監黃永辭, 上引見曰: "慶尙道與全羅道, 往年禾穀稍豐稔, 非他道之艱食比也. 然今年氣候旱暵, 予甚悶焉. 往(裁)〔哉〕乃邑, 體予至意, 輕徭薄賦, 撫民如子."」

금이 불러 보고 말하기를, "그대들은 기근을 구휼하고 부역을 균등하게 하기를 힘쓰라."하였다.」[15]

③ 「호조에 전지하여 이르기를, "양전(量田)은 국가의 중대한 일이거늘 처음에는 부지런히 하다가 뒤에 태만하기도 하고, 혹은 앞을 다투어 일을 마치기도 하여 착오를 일으키니, 그 각도의 양전 관리로 하여금 더욱 근로하고 태만함이 없게 하여 힘써 공평 정확을 기하도록 하라."하였다.」[16]

④ 「호조에서 아뢰기를, "경상도 감사가 일찍이 풍년이라고 본조(本曹)에 이문(移文)하였는데, 지금 세안(稅案)을 상고하건대 손(損)이 많고 실(實)이 적으니, 청컨대 유사(攸司)에 내려 추핵하옵소서." 하니, 임금이 말하기를, "만약 손이 많고 실이 적다고 하여 죄준다면, 이로부터 손을 실로 하는 자가 반드시 많이 있을까 두렵다. 이로 말미암아 생기는 폐단이 이루 말할 수 없을 것인데 어떻게 할까." 하니, 지신사 안숭선 등이 아뢰기를, "성교(上敎)가 지당하옵니다."하였다.」[17]

이처럼 세종대왕이 공법을 만든 가장 중요한 이유는 공평과세였다. 세종대왕은 한 계층의 한 사람도 피해 보지 않는 공평한 조세법을 만들기 위해 전국적인 여론조사를 실시하면서, 무려 25년 이상의 세월동안 의견을 수렴하고 보완하여, 전분육등·연분구등제라는 조선만의 공법을 입법 시행하였다. 세종대왕이 실시한 공법은 과거 중국의 한나라와 당나라에서 사용한 것을 그대로 답습하는 것이 아니라, 우리나라의

15) 『세종실록』 9년(1427) 7월 11일 2번째기사.
   (원문) 「大興縣監李胖、黃澗縣監宋敏山、永同縣監崔潛辭, 上引見曰: "恤飢均賦, 汝等勉之."」
16) 『세종실록』 10년(1428) 12월 22일 5번째기사.
   (원문) 「傳旨戶曹: 量田, 國之重事, 而或始勤終怠, 或爭先事畢, 以致差誤, 其令各道量田官吏, 益勤無怠, 務要得中.」
17) 『세종실록』 15년(1433) 2월 15일 5번째기사.
   (원문) 「戶曹啓: "慶尙道監司曾以豐稔, 移文本曹, 今考稅案, 損多實少. 請下攸司推覈." 上曰: "若以損多實少罪之, 則恐從此以損爲實者, 必多有之, 其流弊, 不可勝言, 如之何?" 知申事安崇善等啓曰: "上敎至當."」

실정에 맞는 백성을 위한 조세제도를 설계한 것이다. 최종 공법은 전답을 비옥 여부에 따라 6개의 등급으로 나누어 1차적 공평을 실현하고, 다시 그 해 농사의 풍흉에 따라 9개의 등급으로 나누어, 1결당 20말에서 4말까지 차등 있게 세액을 산정하고 징수하게 하여 2차적 공평을 실현하고자 한 것이다. 백성이 소유한 각 토지의 조세등급을 무려 54단계로 세분화하여 조세의 공평과세를 구현하고자 한 것이다. 이는 각 전답의 실질적인 곡물 수확량에 따라 조세를 부과하는 것으로 그 당시 세계의 역사 속에서 찾아보기 힘든 공평과세 제도를 이룩한 것이다.

## 3. 조세법치주의

법치주의란 법에 의한 정치 또는 법에 의한 지배를 말한다. 하지만 법치주의의 구체적 내용에 대해서는 시대적 상황, 사상적 전개에 따라 견해가 나뉘고 있다. 법치주의의 정의(定義)에 대해서도 각자가 처한 시각과 입장에 따라 매우 다양하다. 김비환은 15세기 조선의 법치에 대해서 "15세기말에서 16세기 중반의 조선이라는 시대적·사회적 맥락을 감안하면 조선조 법치주의가 많은 점에서 현대적 법치의 형식적 요건 및 내용과 판이한 것은 너무나 당연하다. 하지만, 15~6세기 당시의 상황에서는 조선조의 법치가 어떤 다른 사회의 법치에 비해서도 결코 후진적이지 않았다. 15세기 조선조의 맥락에서 법치주의는 일정한 형식적 적법성의 요건과 함께 반드시 실현해야할 실질적인 가치들을 포함하고 있었다는 점에서 실질적인 법치개념에 가까웠다."고 주장하였다.[18]

---

18) 김비환. 2008. "경국대전에체제에 나타난 유교적 법치주의의 구조와 성격 : 조선왕조실록 기사를 중심으로" 「成均館法學」 第20卷 第1號 : pp.509-519

　조세법치주의는 조세를 과세하기 위한 법이 존재하고, 그 법에 의하여 조세가 부과·징수되는 것이다. 세종대왕은 조세법을 제정하고, 조세의 부과와 징수를 그 법에 따라 집행하도록 강력하게 명(命)함으로써 조세법치주의를 실현하기 위해 부단히 노력하였다. 그 결과 공법이 입법되고, 그 규정은 『경국대전』의 호전에 성문화되어 조선왕조의 조세를 징수하는 기본법이 되었다. 세종대왕의 공법 제정과정에는 세계에서 그 유례를 찾아볼 수 없을 정도의 '긴 시간과 많은 논의'가 이루어 졌다. 왕정시대에 군왕이 조세법을 제정하기 위하여 이렇게 혼신의 힘을 다한 이유는 무엇 때문이었을까? 그것은 '백성에게 편의하고 공평한 조세법'을 만들어 조세법치주의를 실현하고자 한 것이다. 그 결과 세종대왕이 제정한 공법은 16년 후 세조 6년(1460)에 『경국대전』의 호전에 규정되어 만세불변의 조종성헌법으로 준수되었다. 다음 기사는 『증보문헌비고』에 기록된 것으로 조세를 법에 의거한 일정한 수량 외에는 더 거두지 못하게 한 조세법치주의를 강조한 내용이다.

> 「세종 28년(1446)에 의정부에 전교하기를, (중략) '전지가 있으면 조(租)가 있고, 몸이 있으면 용(庸)이 있으며, 호조(戶調)도 또한 그러하다.' 하였으니, 이것으로 군주가 백성에게서 취하는 것은 제도가 있어서 임의로 늘리고 줄일 수 없음을 볼 수가 있다. (중략) 마땅히 조·용·조의 법에 의거하여 양전할 때에 그 수량을 가감해서 일정한 수량 이외에는 조금도 더 거두지 못하게 한다면, 백성의 뜻이 정하여짐이 있고 용도에 절제가 있어서 벼슬아치의 탐오(貪汚)한 자는 또한 그 간사한 짓을 마음대로 하지 못할 것이다." 하였다.」[19]

　또한 세종대왕은 다음 『세종실록』 기사와 같이 세법을 어겨 불법으로 조세를 징수할 경우 신분의 고하를 막론하고 엄격하게 다스려 조세

---

19) (국역) 『증보문헌비고』 제148권 전부고8 조세1 조선.

법치주의를 실현하려 하였다. 세종대왕의 둘째 형인 효령대군의 서리 등이 조세를 불법하게 거둔 죄를 처벌한 것이다.

> 「사헌부에서 효령대군 이보의 서리 신유정·장예생 및 노예 등이 전조(田租)를 불법하게 거둔 죄를 갖추어 아뢰니, 명하여 유정의 직첩(職牒)을 회수하고, 예생은 장(杖) 60대를 치고, 그 종은 태(笞) 40대를 치게 하였다. 유정은 공신의 아들이었다.」[20]

## 4. 조세편의주의

세종대왕은 공법을 입법하면서 조세징수의 편의성을 강조하였다. 조세의 편의 원칙은 조세는 납세자에게 가장 편리한 시기에 그리고 가장 편리한 방법으로 징수되어야 한다는 원칙으로, 아담 스미스는 개인주의적 법치국가의 이념 하에서 이 조세원칙을 제시한 것이다. 그런데 아담 스미스보다 약 300년 이전 사람이자, 군왕인 세종대왕이 이 조세의 편의성을 강조하였다는 것이다.

세종대왕은 조세를 부과하고 세액을 산정하는 과정이 복잡할 경우 관리들의 농간이 발생하여, 납세자인 일반 백성들의 물질적인 부담으로 인한 고통이 더 많다는 점을 지적 하면서 조세의 편의성을 강조하였다. 세종대왕은 조선을 건국한 조부 태조가 제정한 답험손실법이 각 전답별로 매년 풍흉을 조사하여, 수확의 증감에 따라 조세의 세액을 정하는 것은 좋으나, 관리의 농간과 답험의 불합리성으로 오히려 농민의 부담만 가중시켰다고 판단하였다. 따라서 세종대왕은 답험손실법이 개

---

20) 『세종실록』 10년(1428) 2월 19일 3번째기사.
　　(원문) 「司憲府具孝寧大君補、書題申惟精·張禮生及奴隷等, 橫斂田租之罪以聞, 命收惟精職牒, 杖禮生六十, 笞其奴四十. 惟精, 功臣之子也.」

별적인 백성의 공평과세를 위해서는 좋겠지만, 백성 개인별의 징수세액을 산정하는 절차가 번잡하므로, 징세의 편의 측면에서 조세법을 개정하여 공법을 제정하고자 한 것이다.

다음의 『세종실록』 기사에서 '조세는 비용이 적게 들고 편의하여야 한다.'는 세종대왕의 조세편의주의를 볼 수 있다.

① 「임금이 좌우 신하들에게 이르기를, "연전에 공법(貢法)의 시행을 논의하고도 지금까지 아직 정하지 못하였으나, 우리나라의 인구가 점점 번식하고, 토지는 날로 줄어들어 의식이 넉넉하지 못하니, 가위 슬픈 일이다. 만일 이 법을 세우게 된다면, 반드시 백성들에게는 후하게 되고, 나라에서도 일이 간략하게 될 것이다.[21]

② 「임금이 말하기를, "백성들이 좋지 않다면 이를 행할 수 없다. 그러나 농작물이 잘되고 못된 것을 답사 고험(考驗)할 때에 각기 제 주장을 고집하여 공정성을 잃은 것이 자못 많았고, 또 간사한 아전들이 잔꾀를 써서 부유한 자를 편리하게 하고 빈한한 자를 괴롭히고 있어, 내 심히 우려하고 있노라. 각도의 보고가 모두 도착해 오거든 그 공법의 편의 여부와 답사해서 폐해를 구제하는 등의 일들을 백관(百官)으로 하여금 숙의하여 아뢰도록 하라."하였다.[22]

③ 「의정부에서 아뢰기를, "본국의 전부(田賦)의 법이 고려 때부터 매 1결마다 30두를 거두었으니, 이는 공법(貢法)인 것입니다. 태조께서 감손(減損)에 따라 세를 덜어 주는 제도를 처음 세우시매 진실로 아름다운 법이나, 다만 손과 실을 결정하는 데에도 적중하지 못했기 때문에 한갓 민간만을 시끄럽게 하여, 다시 공법을 정하였으나, 지금 정한 세수(稅數)

---

21) 『세종실록』 11년(1429) 11월 16일 1번째기사.
　　(원문) 「又謂左右曰: "年前議行貢法, 迄今未定. 我國生齒漸繁, 土地日窄, 衣食不裕, 可謂於悒. 若立此法, 則必優於百姓, 而略於公家矣."」
22) 『세종실록』 12년(1430) 7월 5일 1번째기사.
　　(원문) 「上曰: "民若不可, 則未可行之. 然損實踏驗之際, 各執所見, 頗多失中. 且姦吏用謀, 富者便之, 貧者苦之, 予甚慮焉. 各道所報皆到, 則貢法便否及踏驗救弊等事, 令百官熟議以啓."」

도 혹 미진함이 있으니 호조로 하여금 다시 참작을 더하여 공사가 편리하게 시행토록 하옵소서." 하니, 그대로 따랐다.」[23]

④ 「홍주 목사 조수산과 구례 현감 박이가 사조하니 인견하고 말하기를, "벼를 답험하는 데에는 지대(支待)하는 폐해가 있고 종이와 필묵(筆墨)의 비용이 있다. 이 때문에 옛날 제도를 상고하여 공법(貢法)을 시행하는 것이고, 많이 거둬들이려는 뜻이 있어서 한 것은 아니다. 그러나 무식한 백성들이 어찌 공법(貢法)의 본의를 알겠는가. 너희들은 이를 알라." 하였다.」[24]

위에서 ①은 세종대왕이 생각한 공법은 백성들에게도 후하고 나라 일이 간략하게 된 법을 추구하고 있다는 것이고, ②는 공법의 시행에 따른 찬반 여부의 주제는 구체적으로 조세징수의 편의에 대한 것이며, ③은 답험손실법에 따라 곡식을 답험하여 과세하는 데에는 지대(支待)[25]하는 폐해가 있고, 종이와 필묵(筆墨)의 비용이 들기 때문에 불편하고 징세비용이 많이 든다는 점을 지적하고 있으며, ④는 답험손실법은 감손(減損)에 따라 세를 덜어 주는 제도이지만 손(損)과 실(實)을 결정하는 데에 적중하지 못했기 때문에 편의성 있는 공법을 제정하고자 한 것을 말하고 있다. 마지막 ⑤는 공법의 편부(便否)를 시험한다는 내용이다.

---

23) 『세종실록』 19년(1437) 4월 14일 3번째기사.
　　(원문) 「議政府啓: "本國田賦之法, 自高麗每一結收三十斗, 此是貢法也. 太祖創立隨損給損之制, 誠爲美法, 第因損實失中, 徒擾民間, 更定貢法. 然今定稅數, 或有未盡, 令戶曹更加斟酌, 公私便益施行." 從之.」
24) 『세종실록』 24년(1442) 7월 21일 3번째기사.
　　(원문) 「洪州牧使趙壽山、求禮縣監朴隸辭, 引見曰: "禾穀踏驗, 有支待之弊、紙墨之費, 以此稽古制行貢法, 非有厚斂之心也. 然無識之民, 豈知貢法之意耶? 汝等知之."」
25) 공적인 일로 지방에 나간 고관의 먹을 것과 쓸 물품을 그 지방 관아에서 바라지하던 일.

## 5. 조세명확주의

　현대의 조세법은 "과세는 국민의 재산권 보장을 침해하는 것이 되기 때문에 납세의무를 성립시키는 요건, 즉 과세요건(예 : 과세권자, 납세의무자, 과세대상, 과세표준, 세율 등)을 법률로 정하되 그 규정은 일의적이고 명확하며 상세하여야 한다."는 것을 기본원칙으로 하고 있다. 즉, 과세요건 명확주의를 조세법의 기본원칙으로 삼는 것이다. 이것은 조세가 국민 경제생활의 모든 국면과 관계를 맺고 있어서 국민은 조세법상의 납세의무를 고려하지 않고는 어떠한 경제상의 의사결정을 할 수 없기 때문에, 경제행위에 대한 조세부담의 정도를 정확하게 예측할 수 있어야 한다는 것이다. 과세요건이 명확하고 일의적으로 이해될 수 있게 함으로써 국민의 경제생활에 법적안정성(法的安定性)과 예측가능성(豫測可能性)을 보장하여야 한다는 것이다. 만약 과세요건을 법률로 정하는 형식을 갖추었다고 하더라도, 그 규정의 내용이 지나치게 추상적이고 불명확하면 과세관청의 자의적 해석이 가능하고, 그 집행이 세무공무원 자유재량에 맡겨져 버린다면 과세의 안정성과 공평성이 사라져 조세의 부정부패를 초래할 수밖에 없기 때문이다.

　세종대왕이 선왕들이 시행한 답험손실법을 폐지하고 새로운 공법을 입법하여 조세개혁을 하고자 한 이유가 바로 관리들의 재량권 남용을 막기 위해서이다. 답험에 따른 관리 등의 재량권의 문제를 언급한 『세종실록』의 기사는 다음과 같다. "간활한 아전들이 흔히 자기의 좋아하고 미워하는 사정에 따라 손(損)을 실(實)이라 하고, 실(實)을 손(損)이라 한다."는 것이다.

　① 「호조에서 평안도 관찰사의 관문(關文)에 의거하여 계하기를, "전지(田地)를 답험한 뒤 손실(損實) 마감할 때에, 간활한 아전들이 흔히 자기의

좋아하고 미워하는 사정에 따라, 손(損)을 실(實)이라 하고, 실(實)을 손(損)이라 하여, 가감하여 시행하게 되어도 문서가 너무 복잡하고 많아서, 상고하여 시정하기가 어렵게 되니, 금후로는 위관(位官)들이 밭(田) 머리에서 답험할 때에, 경작자에게 종이 한 장에다가 실수확을 기록하여 부본을 내어주어 빙고하게 하고, 만일 전세(田稅)가 이와 차이가 있을 때에는, 그것을 가지고 수령에게 고하여 개정하게 하소서."하니, 그대로 따랐다.」[26]

② 「매양 손실(損實)을 답험(踏驗)할 때에 대개 눈대중으로 헤아려 자못 경중(輕重)을 실수하는 사고가 적지 않습니다.」[27]

따라서 세종대왕은 답험의 재량권 남용을 방지하는 조세법으로서 공법을 시행하고자 한 것이었다.

① 「홍주목사(洪州牧使) 조수산과 구례현감(求禮縣監) 박이가 사조하니 인견하고 말하기를, "벼를 답험(踏驗)하는 데에는 지대(支待)하는 폐해가 있고 종이와 필묵(筆墨)의 비용이 있다. 이 때문에 옛날 제도를 상고하여 **공법(貢法)**을 시행하는 것이고 많이 거둬들이려는 뜻이 있어서 한 것은 아니다.」[28]

② 「임금이 말하기를, "우리 국가의 손실은 답험(踏驗)하는 일은 관계가 지극히 중대한데, 근래에 답험이 알맞음을 잃어, 많이 받으면 걸왕(桀王)처럼 되고, 적게 받으면 오랑캐처럼 되니, 내가 심히 염려된다. 조신(朝臣)들은 각각 그 소견을 고집해서, 의논이 부산하여 따를 바를 알지 못하니, 어떻게 이를 처리하겠는가. 옛날의 공법(貢法)이 좋은데 시행하고자 해도 하지 못했던 것이다.」[29]

26) 『세종실록』 3년(1421) 9월 7일 7번째기사.
27) 『세종실록』 10년(1428) 9월 4일 4번째기사.
28) 『세종실록』 24년(1442) 7월 21일 3번째기사.
29) 『세종실록』 18년(1436) 2월 23일 2번째기사.

다음 『세종실록』 기사는 "공법이 세워지면 사람들이 모두 조세 바치는 수량을 미리 알아서 스스로 바치게 될 것이다."라고 하여, 납세자인 백성들의 조세에 대한 예측가능성을 강조하고 있다. 조세를 내고나면 식량이 얼마나 남는지를 미리 알 수 있다는 것은 매우 중요한 일이다.

「대개 이 법이 한 번 세워지면 사람들이 모두 조세 바치는 수량을 미리 알아서 스스로 바치게 될 것이니, 한 사람의 관리에게 명령을 내리고 한 장 종이의 글을 허비하지 않더라도 세법은 만세에 시행될 것입니다. 비록 흉년 을 당하면 혹시 조금 가중하다는 의논이 있기도 하겠지마는, 풍년에 징수한 것이 이미 경하였다면 또한 이것으로 저것을 보상할 수가 있을 것입니다. 또 지난번에 민간을 소란시켰던 폐단과 명목이 없는 비용을 영구히 근절할 수가 있다면, 백성의 이익되는 바가 많아질 것이니 거의 지금 실정에 적합하여, 관 청과 민간에 편리하고 옛날의 공법의 좋은 점에도 합하게 될 것입니다. 이것 으로써 일정한 법식으로 정하여 1, 2년 동안 시험해 보소서."하니, 그대로 따 랐다.」[30]

그래서 다음 『세종실록』에는 공법을 시행한 뒤에는 관리나 아전들이 마음대로 조세를 부과하는 간사한 짓은 사라졌다고 하였다.

「의정부에서 호조의 첩정에 의거하여 아뢰기를, "공법(貢法)이 처음 시행한 이후에는 각 고을의 이속(吏屬)들이 인연(因緣)[31]하여 간사한 짓을 할 수가 없 었습니다.」[32]

---

30) 『세종실록』 18년(1436) 10월 5일 4번째기사.
31) 어떤 사물들 사이에 맺어지는 관계.
32) 『세종실록』 24년(1442) 6월 1일 2번째기사.

## 6. 조세부패척결주의

답험손실법은 매년 풍흉을 조사하여 수확의 증감에 따라 세액을 정함으로써, 흉작으로 인한 농민의 고충을 덜어 줄 목적에서 시행되었다. 하지만 법 자체의 불합리성으로 인하여 여러 차례에 걸쳐서 개정되었음에도 실제로는 별다른 효과를 거두지 못하고 오히려 농민의 부담만 가중시켰다. 즉, 관내의 모든 농지를 수령이 한번 답험하게 되어 있으나 사실상 불가능하여 토착 향리에 의해 실시되었는데, 그 과정에서 여러 가지 협잡이 자행되었으며 불필요한 경비를 농민에게 전가시켰다. 다음 『세종실록』 기사와 같이 "전지를 경작하는 사람은 술과 음식을 싸가지고 여러 날 동안 기다려 영접하면서, 다투어 후하게 먹여 간청하여 후하게 보아주기를 바라고자 하니, 명목 없는 비품이 일정한 공부(貢賦)의 수량에 가깝다."라고 하여 답험손실법의 폐단을 명확하게 지적하고 있다.

「우리 성조(聖朝)[33]께서 하늘에 순응하여 혁명을 일으켜 토지 제도를 일체 바로잡아, 수세의 법은 수전(水田) 1결에 조미(糙米) 30말을, 한전(旱田) 1결에 잡곡 30말을 징수하여 일정한 법식으로 삼았으며, 그 후에는 해마다 조관을 보내어 연사의 풍년과 흉년을 비교하여서 수손급손(隨損給損)하여 만세의 떳떳한 법이 되었는데, 다만 이를 받들어 시행하는 사람을, 그 적임자를 얻지 못하여 오래 되매 폐단이 발생하였습니다. 추수기의 전지를 간심(看審)할 때에는 으레 시골에 항시 거주하는 사람을 위관(委官)으로 삼게 되니, 거개 모두 자질구레하고 용렬하여 사물의 대체를 알지 못하고, 혹은 무지하고 몽매한 소견으로 그 허실(虛實)을 함부로 헤아리기도 하고, 혹은 사정을 끼고 다소를 가감하기도 합니다. 또 따라다니는 하인들의 접대비가 모두 민간에서 나오게 되는데, 그들이 밭 사이의 길을 달리면서 여염(閭閻)을 소란하게 하매,

---

33) 태조.

그 전지를 경작하는 사람은 술과 음식을 싸가지고 여러 날 동안 기다려 영접하면서 다투어 후하게 먹여 간청하여 후하게 보아주기를 바라고자 하니, 명목 없는 비품이 일정한 공부(貢賦)의 수량에 가깝게 되어, 관청과 민간에 이롭지도 못하고, 여러 해 동안의 큰 폐단이 되었습니다. 문적(文籍)이 대단히 많아지고, 관가에 일이 많아진 것도 또한 이 때문입니다.」[34]

조세부과가 공정하지 못하면 백성들이 그 피해를 입게 되고 국가재정도 열악해질 수밖에 없다. 따라서 세종대왕은 조세의 부패를 척결하여 국가재정을 증대시킬 뿐 아니라, 농민들에 대한 과세를 균등하게 함으로써 백성들의 삶을 평안하게 하려 하였다. 다음 『세종실록』 기사는 세종대왕이 조세에 관련 총체적인 문제점을 지적하면서 조세부패를 단속할 것을 지시한 내용이다.

「임금이 중앙과 지방의 신료(臣寮)에게 유시(諭示)하기를, (중략) 탐관 오리(貪官汚吏)들이 공부(貢賦)의 상납(上納)과 사객(使客)의 접대와 관부(官府)의 영선(營繕) 등의 일을 핑계하여, 법을 어기고 세금을 과중하게 징수하여, 백성에게 해를 끼쳤는데도, 감사가 사실을 조사하지 못하고 도리어 상등(上等)의 열(列)에 둔 것은, 무능한 사람을 물리치고 유능한 사람을 등용하는 뜻에 심히 어긋나니, 지금부터는 세밀히 살피고 단속하여 백성의 생활을 도와줄 것이다.」[35]

그리고 다음 『세종실록』 기사는 손실(損實)을 조사하는 경차관(敬差

---

34) 『세종실록』 18년(1436) 10월 5일 4번째기사.
   (원문) 惟我聖朝應天革命, 一正田制, 收稅之法, 每水田一結糙米三十斗, 旱田一結雜穀三十斗, 以爲定式. 厥後歲遣朝官, 視年豐歉, 隨損給損, 萬世之彝憲, 但奉行者不得其人, 久而生弊. 當秋成審田之時, 例以鄕曲恒居之人, 定爲委官, 率皆猥瑣庸劣, 不識大體, 或無知曧見, 妄度虛實, 或挾私任情, 增減多少. 且驪於供億, 皆出民間, 馳驅阡陌, 騷擾閭閻, 其爲田者齎持酒食, 累日迎候, 爭欲厚饋干請, 以冀從優, 無名之備, 迨幾於常賦之數, 不利於公私, 而爲積年之巨弊. 文籍浩繁, 官家多事, 亦此之由.
35) 『세종실록』 즉위년(1418) 11월 3일 12번째기사.

官)을 파견하면서 공평과세를 명하고, 폐단에 대해서 엄중하게 논죄를 명할 만큼 세종대왕은 조세의 부패를 척결하고자 하였다.

「여러 도(道)에 손실(損實)을 조사하는 경차관(敬差官)을 나누어 보내고 전지(傳旨)하기를, "관・민간에 폐단이 없도록 힘쓰라. 만일 공평하지 아니한 자가 있거든 법에 의하여 엄중하게 논죄하라."하였다.」[36]

뿐만 아니라 세종대왕의 둘째 형인 효령대군의 서리(書吏)[37]와 노비가 전조(田租)를 불법적으로 거둔 것에 대해서도 국문하게 하고 죄를 줄만큼 조세의 부패에 대해서는 엄격하게 처벌하였다.

① 「효령대군 이보의 가노가 과전(科田)의 조(租)를 징수하면서 부당하게 쌀 10석, 콩 7석, 종이 50권(卷)과 잡물(雜物)을 거둔 것이 대단히 많았으므로, 헌부(憲府)에 내리어 국문(鞫問)하게 하였다.」[38]
② 「사헌부에서 효령대군 이보의 서리 신유정・장예생 및 노예 등이 전조(田租)를 불법하게 거둔 죄를 갖추어 아뢰니, 명하여 유정의 직첩(職牒)을 회수하고, 예생은 장(杖) 60대를 치고, 그 종은 태(笞) 40대를 치게 하였다. 유정은 공신(功臣)의 아들이었다.」[39]

36) 『세종실록』 2년(1420) 8월 14일 1번째기사.
37) 중앙 관아에 속하여 문서의 기록과 관리를 맡아보던 하급의 구실아치.
38) 『세종실록』 10년(1428) 1월 16일 9번째기사.
39) 『세종실록』 10년(1428) 2월 19일 3번째기사.

제 **2** 장

# 세종대왕의 조세개혁과
# 공법 입법과정

# 01 세종대왕의 **조세개혁** 목적

## 1. 답험 관리의 재량권 배제

세종대왕은 왜 공법을 시행하고자 하였을까? 세종대왕의 공법은 15세기의 과학발달과 농업생산력 수준에서 나올 수 있었던 가장 치밀한 개혁으로서, 공법에서 검토된 조세제도에 관한 이론은 이 시기까지 문제되고 있었던 조세에 관한 제반 폐단들을 일거에 해결하고자 한 데서 나온 것이다.[40] 그래서 다음 『세종실록』의 기사와 같이 세종대왕이 공법을 시행하고자 한 실질적인 이유는 조선이 개국 때부터 시행한 답험손실법의 폐단을 해소하기 위한 것이다. 그 방안은 관리의 재량권을 배제하는 것이다.

「인정전(仁政殿)에 나아가서 문과(文科) 책문(策問)의 제(題)를 내었다.(중략) 일찍이 듣건대 다스림을 이루는 요체는 백성을 사랑하는 것보다 앞서는 것이 없다고 하니, 백성을 사랑하는 시초란 오직 백성에게 취하는 제도가 있을 뿐

---

40) 최윤오. 1999. "세종조 공법의 원리와 그 성격". 「한국사연구」 Vol.106.

이다. 지금에 와서 백성에게 취하는 것은 전제(田制)와 공부(貢賦)만큼 중한 것이 없는데, 전제(田制)는 해마다 조신(朝臣)을 뽑아서 여러 도(道)에 나누어 보내어, 손실(損實)을 실지로 조사하여 적중(適中)을 얻기를 기하였다. 간혹 사자로 간 사람이 나의 뜻에 부합되지 않고, 백성의 고통을 구휼(救恤)하지 아니하여, 나는 매우 이를 못 마땅하게 여겼다. 의논하는 사람들은 한갓 '주군(州郡)만 시끄럽게 할 뿐이므로 감사에게 위임하는 것만 같지 못하였다.'라고 하지마는, 또 감사는 사무가 번잡하여 겸무할 여가가 없을 것이므로, 이 두 가지가 서로 허물이 되어 그 제도를 취하지 못했으니, 생각하건대 별도로 행할 만한 법이 있겠는가. 손실을 실지로 조사하는 일도 구차스러이 사랑하고 미워하는 감정 여하에 따라, 올리고 내림이 자기 손에 달리게 되면, 백성이 그 해를 입을 것이니, 이 폐단을 구제하고자 한다면 마땅히 공법(貢法)과 조법(助法)에서 이를 구해야 될 것이다. [41]

위 기사는 세종대왕이 출제한 과거시험 문제로 답험손실법의 폐단을 열거하면서, 이를 해결하기 위한 조세제도로 공법을 제시한 것이다. 세종대왕은 그 당시 답험손실법으로 인한 폐해를 철저하게 파악하고 있었으며, 선행된 조세제도의 장단점을 이미 분석하여 이러한 조세의 폐단을 줄일 수 있는 방법을 공법에서 찾을 수밖에 없다고 생각한 것이다.

세종대왕이 공법의 시행을 논의하면서 지속적으로 주장한 내용 역시 한결같이 답험손실법의 '답험하는 관리의 부패로 인한 농민의 피해'가 가장 큰 핵심이었다. 그것은 다음 『세종실록』의 기사와 같이 답험을 시행하는 관리가 조세제도의 실제의 뜻을 본받아 실행하지 못하여, 답험(踏驗)할 즈음에 알맞게 하지 못하고, 민간에 소란만 일으키는 등의 폐단이 오랫동안 쌓였기 때문이다.

---

41) 『세종실록』 9년(1427) 3월 16일 1번째기사.

「우리나라는 산천이 험준하고 좁아서 조법과 철법은 이미 시행하기가 어렵게 되었고, 다만 공법만이 거의 시행할 수 있다. 그러나 삼한 이래로 시대마다 각기 제도가 다르게 되어 혹은 성공하기도 하고 혹은 실패하기도 했지만, 이 세 가지 법에는 모두 근거한 바가 없다. 고려의 말기에 토지 제도가 크게 무너졌는데, 우리 태조께서 왕위에 오르시매 맨 먼저 토지 제도를 바로잡아 수세(收稅)의 수량과 손실(損實)의 제도를 정하시고, 태종 때에는 또 조관(朝官)을 보내어 심험(審驗)하는 법을 만들어 제도가 자세하고 구비하였으니 진실로 아름다운 법이 되었던 것이다. 그러나 이를 받들어 시행하는 관리가 능히 실제의 뜻을 본받아 실행하기를 지당하게 하는 사람은 대개 적어서, 답험(踏驗)할 즈음에 능히 알맞게 하지 못하여 한갓 민간에 소란만 일으켜서 마침내 오랫동안 쌓인 폐단이 되었다.」[42]

답험손실법의 폐단에 대한 구체적인 사례 또한 다음 『세종실록』에서 볼 수 있다. 봉행(奉行)하는 관리가 적당하게 하지 못하고, 또 간사한 아전들이 백 가지로 꾀를 부려 백성에게 걱정을 끼친다는 것이다. 조세징수에서 재량권의 남용을 언급한 것이다.

「전라·경상·충청도 관찰사에게 전지하기를, "헌의(獻議)하는 자가 말하기를, '손실 답험(損實踏驗)은 《원전(元典)》에 기재되어 있느니만큼 진실은 좋은 법이나, 봉행(奉行)하는 자가 적당하게 하지 못하고, 또 간사한 아전들이 백 가지로 꾀를 부려 백성에게 걱정을 끼치게 하는 것이 이루 다 기록할 수 없이, 좋은 법과 아름다운 뜻을 민간(民間)에 실행되지 못하게 하오니 진실로 탄식할 만하옵니다. 대체로 공법(貢法)은 예전의 제왕(帝王)들이 이미 실행한 법이요, 지금의 제왕(帝王)들이 따라 지키는 제도이옵니다. 그 손실법(損實法)을 행하여 민간에게 폐해를 끼치는 것보다는 공법(貢法)을 행하여 조금이라도 백성의 고통을 없애는 것만 같지 못하옵니다. 그러하오면 분주히 왕래하는 폐해와 공억(供億)의 비용은 없어질 것입니다.」[43]

42) 『세종실록』 18년(1436) 10월 5일 4번째기사.

이처럼 답험손실법의 폐단은 세종대왕이 대신들과 공법을 논의하는 과정에서 자주 언급되었던 내용이다. 요컨대 답험하는 관리와 아전의 재량권이 너무 커 남용으로 인한 부패가 많고, 답험에 따른 접대비와 관련 비용이 너무 많이 들어 백성들의 부담이 조세보다 많았다는 것이다. 그래서 세종대왕은 풍흉에 관계없이 관리들이 답험하지 않고 매년 일정한 조세를 징수할 수 있는 공법(貢法)을 입법하여 조세개혁을 실시하고자 한 것이다. 공법을 시행한다면 관리와 아전이 조세 징수를 위해 답험하는 재량권이 없어지고, 그 답험에 따른 접대비와 관련 비용이 없어지기 때문이다. 문제는 중국에서 시행한 공법을 우리나라에서 그대로 시행할 수 없다는 것이다. 우리나라는 산천(山川)이 험준하고 고원(高原)과 습지(隰地)가 꼬불꼬불하여 중국의 비옥한 평지인 토질과 다르기 때문에, 매년 똑같은 결당 단일의 정액세인 중국식 공법을 시행할 경우 전답의 수확량의 차이로 인해 공평과세를 실현할 수 없기 때문이다.

## 2. 징세비의 최소화

세종대왕은 즉위하면서부터 백성을 위한 조세제도에 대해서 고뇌하였다. 그래서 세종대왕은 백성을 사랑하는 시초란 오직 백성에게 취하는 제도에서 시작되기 때문에 전제(田制)와 공부(貢賦)만큼 중한 것이 없다고 하였다. 하지만 답험의 손실(損實)이 조신(朝臣)들의 손에 의하여 올리고 내림으로 백성이 그 해를 입는데, 이는 다음 『세종실록』 기사와 같이 "답험하는 데에는 지대(支待)하는 폐해가 있고, 종이와 필묵

---

43) 『세종실록』 25년(1443) 7월 19일 5번째기사.

(筆墨)의 비용"이 있기 때문이었다.

> 「홍주목사 조수산과 구례현감 박이가 사조하니 인견하고 말하기를, "벼를 답험(踏驗)하는 데에는 지대(支待)하는 폐해가 있고 종이와 필묵(筆墨)의 비용이 있다. 이 때문에 옛날 제도를 상고하여 공법(貢法)을 시행하는 것이고 많이 거둬들이려는 뜻이 있어서 한 것은 아니다.」[44]

때문에 세종대왕은 다음 『세종실록』 기사와 같이 그 당시 "위관(委官)[45]이 답험할 즈음에 추종(騶從)[46]과 공억(供億)[47]에 대한 쓸데없는 비용이 조세의 수량보다 갑절이나 되기 때문에 공법을 논의하고 정한 것이다."라고 하였다.

> 「경상도 관찰사 이선(李宣)에게 전지하기를, "이제 온 계본(啓本)의 뜻이 본래 백성을 위하는 일에 관계되므로 나는 지나치다고는 생각하지 아니한다. 다만 처음에 공법(貢法)을 의논해 정할 때에, 조세(租稅)가 전의 수량보다 더한 것을 미리 요량하지 못하고 정한 것은 아니었다. 그러나 비교해 보면, 위관(委官)이 답험할 즈음에 추종(騶從)과 공억(供億)의 명색 없는 비용이 공부(貢賦)의 수량보다 갑절이나 되었다.」[48]

따라서 세종대왕은 답험손실법에 의한 조세 징수는 국가나 납세자인 백성에게 징세비용이 많이 들기 때문에, 공법을 시행함으로써 비용을 최소화할 수 있다고 생각한 것이다. 다음 『세종실록』의 기사는 공법을

---

44) 『세종실록』 24년(1442) 7월 21일 3번째기사.
45) 답험할 때에 그 고을에 사는 사람을 임시로 뽑아 임명한 관리.
46) 상전(上典)을 따라다니는 하속(下屬).
47) 음식물을 준비하여 접대하는 것.
48) 『세종실록』 21년(1439) 5월 4일 7번째기사.
　(원문)「傳旨慶尙道觀察使李宣曰: 今來啓本之意, 本係爲民之事, 予不以爲過也. 但初議定貢法之時, 租稅加於前數, 非不預料而詳處之也. 然較委官踏驗之際騶從供億無名之費, 倍於賦數.」

통하여 징세비용을 줄일 수 있다는 것을 말하고 있다. 즉, 공법을 입법하면 "반드시 백성들에게는 후하게 되고, 나라에서도 일이 간략하게 될 것이다."라는 것이다. 공법을 시행할 경우 백성은 답험에 따른 접대비가 불필요할 것이며, 국가는 답험을 위해 전국적으로 파견할 경차관의 인건비 등을 줄일 수 있다는 것이다.

> 「좌우에게 이르기를, "연전에 공법(貢法)의 시행을 논의하고도 지금까지 아직 정하지 못하였으나, 우리나라의 인구가 점점 번식하고, 토지는 날로 줄어들어 의식이 넉넉하니 못하니, 가위 슬픈 일이다. 만일 이 법을 세우게 된다면, 반드시 백성들에게는 후하게 되고, 나라에서도 일이 간략하게 될 것이다. 또 답험(踏驗)할 때에 그 폐단이 막심할 것이니, 우선 이법을 행하여 1, 2년간 시험해 보는 것이 옳을 것이다. 가령 토지 1결(結)에 쌀 15두(斗)를 받는다면, 1년 수입이 얼마나 되며, 10두를 받는다면 얼마나 된다는 것을 호조로 하여금 계산하여 보고하도록 하고, 또 신민들로 하여금 아울러 그 가부를 논의해 올리도록 하라." 하였다.」[49]

## 3. 과세권의 중앙집권화

답험손실법은 한 해의 농사 작황을 현지에 나가 조사해 등급을 정하는 '답험법'과, 조사한 작황 등급에 따라 적당한 비율로 조세를 감면해 주는 '손실법'을 합칭한 것이다. 손실 규정은 공전(公田)과 사전(私田) 모두 손실의 정도를 10등분하고, 명년에 비해 수확이 1할 감소할 때마다 조(租)도 1할씩 감면해 주도록 하였다. 그리고 수확이 8할 이상 감소하면 조(租)는 전액 면제시켰다. 때문에 답험손실법에서는 전답의 재해에 따른 감면은 별도로 규정할 필요가 없었다.

---

49) 『세종실록』 11년(1429) 11월 16일 1번째기사.

다음 『증보문헌비고』는 답험절차에 대해서 처음에는 수령 등의 3심제를 말하고 있지만, 태조 2년(1393) 후에는 경차관이 답험한 것으로 기록하고 있다. 이러한 답험절차는 공전에 한한 것이다. 세종대왕 이전에는 사전은 전주(田主)가 답험하였기 때문이다.

「답험의 법은 수령이 처음 심사하면 감사가 위관을 정하여서 다시 심사하고, 수령관이 또 심사하였습니다. 태조 2년(1393)에 다시 손실법을 정하였으니, 손실(損失)이 2분이면 전액을 거두고, 3분 인상은 손실에 따라 감하였으며, 절목(節目)은 모두 전(前)의 제도를 써서 처음에 경차관으로 하여금 두루 다니면서 조사하여 살피게 하였으니...」[50]

수령 등의 3심제는 조세의 부과와 징수를 지방 관리에 일임한 것이며, 경차관이 답험한 것은 부과를 중앙관리가 하고 징수는 지방관리가 담당한 것이다. 이처럼 답험을 중앙관리가 담당한 것은 과세권에 대한 중앙 집권화로 볼 수 있다. 하지만 공전(公田)과 사전(私田)이 존재하는 조선초기에, 공전에 대해서만 중앙 집권화를 시행하였지, 사전에 대해서는 일정액의 세(稅)를 징수할 뿐 조(租)에 대해서는 관여하지 못하였다. 사전은 전주가 농민에게 경작시킨 후 그 수확 중에서 조(租)를 취하여 그들의 수입으로 삼았는데, 국가에서는 이중 일부를 세(稅)로 받아들였다. 공전을 경작하는 농민은 그 수확 중에서 정부가 지정하는 조(租)를 바칠 뿐, 별도로 세를 내지 않았다. 따라서 정부는 공전에서는 조(租)수입을 얻었고, 사전에서는 세(稅)수입을 얻어 이것으로 국가 재정을 운영해 나갔다. 조선초 '조(租)'는 논(水田)은 1결에 쌀 30말, 밭(旱田)은 1결에 잡곡 30말이며, '세(稅)'는 논은 1결에 쌀 2말, 밭은 황두 2말[51])을 징수하였다.[52]

---

50) 『증보문헌비고』 제142권 전부고2 경계2 조선.

이러한 상황 속에서 세종대왕은 사전(私田)에 대해서도 국가가 답험을 실시하게 하여, 전주들에게 주어진 조(租)의 과세권을 전주로부터 국가에 귀속시켜 과세권의 중앙집권화를 이루려 하였다. 더욱이 공법의 시행으로 과세권의 중앙 집권화는 완성되었다고 본다. 최종 공법은 다단계 정액세제로 1결당 세액이 연분에 따라 정해져 있고, 중앙정부가 연분을 최종 결정하기 때문에 지방관리가 과세에 개입할 여지가 축되된 것이다.

다음 『세종실록』 기사는 세종대왕이 "사전(私田)은 지주에게 맡겼기 때문에 각박한 사례가 많았다."라고 하면서 "경차관을 시켜서 답험케 하는 것보다 더 좋은 것은 없다."라고 하여 사전에 대해서도 국가가 답험하도록 명하였다. 이는 과세권에 대한 중앙집권화를 이룩한 것이며, 전주의 횡포로부터 백성을 구하기 위한 것이다.

「임금이 말하기를, "공전과 사전은 다 나라의 땅이니, 수확 실태의 현지 검사에 다른 점이 있어서는 아니 되오. 내가 듣기로는, 옛날에는 공전의 현지 검사는 경차관에 맡겼기 때문에 허위와 소략을 초래한 일이 많았고, 사전은 지주에게 맡겼기 때문에 강박한 사례가 많았다는 거요. 올해는 공전과 사전의 〈수확 실태의 현지 검사는〉 다 경차관에게 맡기고, 경차관이 떠날 때에 재삼 타일러서 실제와 꼭맞는 검사를 하도록 힘쓰게 한다면야, 어찌 사전에서만 다 허위와 소략을 초래하게 되겠소. 하물며 주·현마다 위임관이 많지

---

51) 『태종실록』 2년(1402 ) 2월 5일 5번째기사.
   "과전으로 말하면, 수전(水田)과 한전(투田)을 각각 1결에 2두(斗)를 세(稅)로 하여 국용(國用)에 공급하고,"
   (원문) 而科田則於水투田各一結, 稅其二斗, 以供國用
52) 세조 12년(1466)에 직전법(職田法)이 시행되고, 1470년(성종 1년)에는 이 직전법마저도 폐지되면서 국가가 관리 대신 직접 거두어 다시 관리들에게 나누어 주는 관수관급법(官收官給法)이 시행되면서 이러한 과전법상의 조세 구별은 사실상 폐지되고, 조(租)와 세(稅)를 관부에서 직접 징수하였기 때문에 조·세의 구별 없이 '조세(租稅)' 또는 '세(稅)'라고 통칭되었다.

않은데도, 오히려 맞지 않는 자가 생기는데, 전지(田地)를 받은 각품의 관원이 시키는 현지 검사하는 종들이야 어떻게 그들이 민폐가 되지 않는다는 것을 보증하겠소. 만세를 두고 〈변치 않는〉 법을 만들려고 한다면, 경차관을 시켜서 현지 검사케 하는 것보다 더 좋은 것은 없을 것이오. 법을 세우고 제도를 정하는 것은 오랫동안 전하는 것을 필요로 하는 것이니 풍년과 흉년을 어찌 달리 보겠는가. 금년에 쌀이 귀한 것은 오로지 흉년이 든 까닭이오. 사전(私田)에서 걷은 조(租)의 소입(所入)이 적어서 그러한 것은 아니리라."하였다.」[53]

---

53) 『세종실록』 1년(1419) 9월 19일 3번째기사

# 02 공법의 **입법과정**

## 1. 초기 구상 · 논의 단계

### 가. 공법에 의한 조세개혁 의지 표명

세종대왕이 공법에 대해서 언급하고, 공법으로 조세개혁을 하고자
한 의지를 보이는 것은 세종 9년 과거시험에 '공법에 관한 문제'를 출
제하면서 부터이다. 그러나 『증보문헌비고』에 따르면 세종대왕은 "즉위
3년(1421)[54]에 의정부에서 충청도에 금년부터 비로소 공법을 시행하기
를 계청하니 임금이 그대로 따랐다."라고 기록되어 있다. 하지만 『증보
문헌비고』의 기사대로 세종 3년부터 충청도에 공법이 시행 되지는 않
았다고 본다. 다음 『세종실록』 기사를 보면 세종 18년에도 공법을 논
의하고 있는 중이었으며, 시행이 중지되었기 때문이다.

> 「충청도 감사 정인지(鄭麟趾)가 상언하기를, "그윽이 생각하건대, 매년 가을
> 마다 위관(委官)이 손실을 경하게 하고 중하게 함이 능히 알맞지 못하여, 백

---

54) 『증보문헌비고』 제148권 전부고8  조세1 조선.

성들이 또한 번거롭게 여겨 소란하므로, 전하께서 공법(貢法)을 행할 것을 의
논하여, 장차 옛날의 제도를 회복하고자 하니, 조정의 의논이 서로 같지 않음
이 있으므로, 일이 중지되고 시행되지 아니했습니다.」[55]

다만, 다음 『세종실록』 기사를 보면 세종 21년에 "공법을 행하고자
한 것이 이제 20여 년이고, 대신들과 모의한 것도 이미 6년이다."고 말
하여 세종대왕은 즉위 하면서부터 공법을 시행하고자 하였음을 알 수
있다.

「경상도 관찰사 이선에게 전지하기를, "(중략) 내가 공법을 행하고자 한 것
이 이제 20여 년이고, 대신들과 모의한 것도 이미 6년이었다. 공법을 이제 정
하였으나 오히려 백성에게 불편이 있을까 염려하는 까닭으로, 이제 전라·경
상 두 도에만 행하여 그 편리한 여부를 시험하게 하였다.」[56]

## 나. 공법의 논의와 1차 공법안의 여론조사

세종대왕이 공법에 대해서 대신들과 본격적으로 논의를 시작한 때는
다음 『세종실록』 기사와 같이 세종 10년 부터이다. 세종대왕은 조세의
경중고하(輕重高下)가 한결같이 위관(委官)과 서원(書員)의 손에 달렸다
면, 이는 대단히 공평하지 못하므로 공법으로 조세제도를 개혁해야 한다
는 것이었다.

「임금이 말하기를, "전일에 의논한 각품(各品)의 과전(科田)은 전주(田主)로
하여금 손실(損實)을 살펴서 그 조(租)를 거둬들이게 하였으니 미편한 것 같다.
만약 허소(虛踈)한 지경에 이르지 않을 것 같으면 하삼도(下三道)의 과전(科田)

55) 『세종실록』 18년(1436) 2월 22일 3번째기사.
56) 『세종실록』 21년(1439) 5월 4일 7번째기사.
　　(원문) 「傳旨慶尙道觀察使李宣曰: (중략) 肆予欲行貢法, 于今二十餘載, 謀議大臣, 又已
　　　　六年, 而貢法乃定, 猶慮不便於民, 故令行於全羅、慶尙兩道, 試(險)〔驗〕便否.」

을 경기(京畿)로 도로 옮기는 것이 어떻겠는가. 또한 공법(貢法)이 비록 아름
답다고 하지만은, 손해에 따라 손해를 보충(補充)하여 주게 되니, 조종(祖宗)께
서 이미 이루어 놓으신 법을 경솔히 고칠 수 없는 것이다. 만약 공법(貢法)을
한 번 시행하게 되면 풍년에는 많이 취하는 걱정은 비록 면할 수 있겠지마
는, 흉년에는 반드시 근심과 원망을 면할 수 없을 것이니 어찌하면 옳겠는
가." 하니, 좌의정 황희(黃喜)가 아뢰기를, "과전(科田)을 경기(京畿)로 도로 옮긴
다면 경기의 고통이 배나 더하게 될 것이므로, 전주(田主)도 또한 하고자 하
지 아니할 것입니다. 신이 일찍이 조계생(趙啓生)에게서 들으니, '손해에 따라
손해를 보충해 주는 법을 시행하게 되어, 〈전세(田稅)의〉 경중고하(輕重高下)
가 한결같이 위관(委官)과 서원(書員)의 손에 달렸다면 대단히 공평하지 못하
다.'고 하니, 신은 원컨대 공법(貢法)을 본떠서 많고 적은 중간을 비교하여,
전지(田地) 몇 부(負)에 쌀 몇 말[斗]의 수량을 미리 정하여, 추수기(秋收期)마다
각도의 각 고을로 하여금 농사의 풍흉을 살펴서 3등(等)으로 나누어 아뢰게
하고, 이에 따라 세(稅)를 징수하는 것이 옳을 것입니다." 하였다. 호조 판서
안순(安純) 등도 또한 아뢰기를, "이 밖에는 다른 방법이 있을 수 없습니다."
하였다.」[57]

그리고 세종 11년에도 다음 『세종실록』 기사와 같이 공법안에 대한
논의를 명하였음을 알 수 있다.

「좌우에게 이르기를, "연전에 공법(貢法)의 시행을 논의하고도 지금까지 아
직 정하지 못하였으나, 우리나라의 인구가 점점 번식하고, 토지는 날로 줄어
들어 의식이 넉넉하니 못하니, 가위 슬픈 일이다. 만일 이 법을 세우게 된다
면, 반드시 백성들에게는 후하게 되고, 나라에서도 일이 간략하게 될 것이다.
또 답험(踏驗)할 때에 그 폐단이 막심할 것이니, 우선 이법을 행하여 1, 2년간
시험해 보는 것이 옳을 것이다. 가령 토지 1결(結)에 쌀 15말[斗]을 받는다면,
1년 수입이 얼마나 되며, 10말을 받는다면 얼마나 된다는 것을 호조로 하여

57) 『세종실록』 10년 1월 16일 3번째기사.

금 계산하여 보고하도록 하고, 또 신민들로 하여금 아울러 그 가부를 논의해 올리도록 하라." 하였다.」[58]

그 후에도 지속적으로 공법의 편부와 찬반 여부를 논의하였으며, 다음 『세종실록』기사와 같이 세종 12년(1430년) 3월 5일 호조에서 "전답(田畓) 1결(結)마다 조(租) 10말[斗]을 거둔다."라는 안을 내고, 관리를 비롯한 백성들에 대한 여론조사를 명하였다. 여기서 결부제의 1결은 토지의 비옥도를 기준하여 정한 전품(田品)에 따라 상·중·하의 면적이 다르다. 상전(上田)은 25.4무(畝)이며, 중전은 39.9무 하전은 57.6무 였다. 하지만 1결(結)마다 조(租) 10말[斗]의 세율로 조세를 징수하는 것은 중국식 공법을 준용한 것이다. 물론 중국식 공법은 경무법이므로 결부법과는 차이가 있다.

> 「세종대왕은 재위 12년(1430년) 3월 5일 호조에서 "이제부터는 공법(貢法)에 의거하여 전답(田畓) 1결(結)마다 조세 10말을 거두게 하되, 다만 평안도와 함길도만은 1결에 7말을 거두게 하여, 예전부터 내려오는 폐단을 덜게 하고, 백성의 생계를 넉넉하게 할 것이며, 그 풍재·상재(霜災)·수재·한재로 인하여 농사를 완전히 그르친 사람에게는 조세를 전부 면제하게 하소서." 하니 세종대왕이 "정부·육조와, 각 관사와 서울 안의 전함(前銜)[59] 각 품관, 각도의 감사·수령 및 품관으로부터 여염(閭閻)의 세민(細民)에 이르기까지 모두 가부를 물어서 아뢰게 하라." 하였다.」[60]

세종대왕이 호조에 여론조사를 명한 후 5개월이 지난 그 해 8월 10일 공법의 가부에 대한 의논을 갖추어서 아뢰었다. 찬성하는 자는 98,657명이며, 반대하는 자는 74,149명이었다. 총 172,806명에 대한 여

---

58) 『세종실록』 11년(1429) 11월 16일 1번째기사.
59) 전직.
60) 『세종실록』 12년(1430) 3월 5일 4번째기사.

론을 수렴한 것이다. 찬성이 많았지만 대신들의 반대가 많아 바로 공법을 시행하지 못 하였다.

그 후 공법은 계속 논의 되었지만 세종 18년까지 시행되지 못하면서 세종대왕은 이를 다음과 같이 개탄해 한 것으로 보인다.

> 「임금이 말하기를, "우리 국가의 손실은 답험(踏驗)하는 일은 관계가 지극히 중대한데, 근래에 답험이 알맞음을 잃어, 많이 받으면 걸왕(桀王)처럼 되고, 적게 받으면 오랑캐처럼 되니, 내가 심히 염려된다. 조신(朝臣)들은 각각 그 소견을 고집해서, 의논이 부산하여 따를 바를 알지 못하니, 어떻게 이를 처리하겠는가. 옛날의 공법(貢法)이 좋은데 시행하고자 해도 하지 못했던 것이다."」[61]

### 다. 공법상정소의 설치와 2차 공법안의 논의

세종 18년 윤 6월에 마침내 공법상정소를 설치하고 본격적인 논의가 시작되었다. 그리고 세종 18년 의정부에서 다음의 『세종실록』 기사와 같이 여러 도의 토지의 품등을 먼저 정하여 3등으로 삼았는데, 경상·전라·충청의 3도를 상등으로 삼고, 경기·강원·황해의 3도를 중등으로 삼고, 함길·평안의 2도를 하등으로 삼았으며, 각도별 토지 품등을 다시 3등급으로 나누어 수조하는 수량을 정하여, 상등도의 상등전은 매 1결에 18말로, 중등전은 매 1결에 15말로, 하등전은 매 1결에 13말로 정하고, 중등도의 상등전은 매 1결에 15말로, 중등전은 매 1결에 14말로, 하등전은 매 1결에 13말로 정하고, 하등도의 상등전은 매 1결에 14말로, 중등전은 매 1결에 13말로, 하등전은 매 1결에 10말로 정하고, 제주의 토지는 등급을 나누지 않고 모두 10말로 정하였다. 이는 전국의 토지를 9등급으로 나누었지만, 세율은 중복된 것이 있어 10말부터

---

61) 『세종실록』 18년(1436) 2월 23일 2번째기사.

18말까지 5등급으로 나눈 것이다. 이 공법안을 가지고 1, 2년 동안 시험해 보고자 하였다.

「지금 옛날의 토지의 적성에 따라 토질을 분변하는 제도를 대략 모방하여 여러 도의 토지의 품등을 먼저 정하여 3등으로 삼았는데, 경상・전라・충청의 3도를 상등으로 삼고, 경기・강원・황해의 3도를 중등으로 삼고, 함길・평안의 2도를 하등으로 삼았으며, 또 본디 정한 전적의 상・중・하 3등에 의거하여 그대로 토지의 품등을 나누어, 각 도와 토지 품등의 등급으로 수조하는 수량을 정하여, 상등도의 상등전은 매 1결에 18말로, 중등전은 매 1결에 15말로, 하등전은 매 1결에 13말로 정하고, 중등도의 상등전은 매 1결에 15말로, 중등전은 매 1결에 14말로, 하등전은 매 1결에 13말로 정하고, 하등도의 상등전은 매 1결에 14말로, 중등전은 매 1결에 13말로, 하등전은 매 1결에 10말로 정하고, 제주의 토지는 등급을 나누지 말고 모두 10말로 정하오니, 이와 같이 하면 옛날의 10분의 1을 징수하던 법과 건국 초기의 수세하던 수량에 비교해도 대개 또 크게 경한 편입니다. 이것으로써 일정한 법식으로 정하여 1, 2년 동안 시험해 보소서"하니, 그대로 따랐다.」[62]

그러나 이듬해인 세종 19년 7월까지 여전히 공법은 시행되지 못하였다. 따라서 세종대왕은 "우리나라는 토지가 메말라서 10분의 1의 수량도 역시 다소 과중한 것 같이 생각된다."라고 하면서 호조에 "전대의 폐단이 없었던 법을 상고하고, 이 뒷세상에 오래도록 행할 만한 방법"을 참작하여 새로운 2차 공법안을 만들 것을 다음과 같이 명한다.

「지난해에 비록 공법(貢法)을 세웠으나 시행하지 못하였다. 이때에 이르러 하교해서 말하기를, "삼대의 공부(貢賦)의 법은 공법・조법(助法)・철법(徹法) 세 가지에 지나지 않았다. 한나라・당나라 이래로 대개 공법을 써 왔는데, 그 제도를 가감(加減)했을 뿐이다. 지금 조정에서 역시 공법을 쓰나, 우리나라에

---

서는 산천이 험하고 좁아서 조법과 철법은 이미 행하기 어렵고, 역시 공법만
은 거의 행할 수 있다.(중략)

　내 항상 공법을 행하고자 하여 몇 해 동안의 중간 수량을 참작해서 답험
하는 폐단을 없애버리고, 여러 대소 신료로부터 서민에 이르기까지 물어 보
았더니, 〈공법(貢法)을〉 원하지 않는 자가 적고 행하기를 원하는 자가 많으니,
백성들의 지향하는 바가 가히 알았었다. 그러나 조정의 논의가 분분해서 잠
정적으로 그대로 두고 행하지 않은 지가 몇 해가 되었다. 이제 생각해 보니,
이 공법은 원래 성인의 제도인데, 용자(龍子)63)가 비록 말하기를, '공법보다 좋
지 않은 법이 없다.' 했으나, 선유들은 말하기를, '우(禹)의 공법은 다른 등급
에서 섞여서 나왔으므로 일정한 수량이 있는 것이 아니었으며, 주의 공법은
연사의 상하를 보아서 〈조세를〉 거둬들이는 법을 만들었으니, 그 폐단이 용
자의 말한 데까지 이르지는 아니하였으나, 곧 뒷세상 제후들의 공법을 쓰면
서 폐단이 되었다.' 하니, 이로 보건대, 공법의 좋고 나쁜 것도 역시 분간할
수 있겠다. 또 우리나라는 토지가 메말라서 10분의 1의 수량도 역시 다소 과
중한 것같이 생각된다. 그대들 호조에서는 전대의 폐단이 없었던 법을 상고
하고, 이 뒷세상에 오래도록 행할 만한 방법을 참작하여, 아울러 행할 사목들
을 세밀하게 마련해서 아뢰도록 하라."」64)

　곧바로 호조에서는 다음 『세종실록』과 같은 공법안을 아뢰고 법으로
정하도록 하였다. 전국의 토지를 9등급으로 나누었지만, 세율은 이전
안보다 2~3두씩 증액하여 12말부터 20말까지 중복된 것을 제외한 5등
급으로 나누었다. 2차 공법안이 마련된 것이다.

　「호조에서 아뢰기를, "멀리는 옛 제도를 상고하고 가까이는 시대에 적당한
것을 살펴서 몇 해 동안의 중간 수량을 비교하여 일정한 법을 만들었습니다.
대개 옛날에 토지를 맡기고 토질을 분별하던 제도를 본따서, 먼저 여러 도의

---

63) 맹자 시대의 사람.
64) 『세종실록』 19년(1437) 7월 9일 1번째기사.

토지 품등을 3등급으로 정합니다. 경상도·전라도·충청도는 상등으로 삼고, 경기도·강원도·황해도 3도는 중등으로 삼고, 함길도·평안도 2도는 하등으로 삼으며, 또 본디 정하였던 전적(田籍)의 상·중·하 3등에 의거하여 그대로 토지의 품질을 나눕니다. 각도의 등급과 토지 품질의 등급으로써 수세하는 수량을 정합니다. 상등도(上等道)의 상등수전(上等水田)은 매 1결마다 조미 20말, 한전(旱田)은 매 1결마다 황두(黃豆) 20말로 하고, 중등수전(中等水田)은 매 1결마다 조미 18말, 한전은 매 1결마다 황두 18말로 하고, 하등수전(下等水田)은 매 1결마다 조미 16말, 한전은 매 1결마다 황두 16말로 하며, 중등도(中等道)의 상등수전은 매 1결마다 조미 18말, 한전은 매 1결마다 황두 18말로 하고, 중등수전은 매 1결마다 조미 16말, 한전은 매 1결마다 황두 16말로 하고, 하등수전은 매 1결마다 조미 14말, 한전은 매 1결마다 황두 14말로 하며, 하등도의 상등수전은 매 1결마다 조미 16말, 한전은 매 1결마다 황두 16말로 하고, 중등 수전은 매 1결마다 조미 14말, 한전은 매 1결마다 황두 14말로 하고, 하등 수전은 매 1결마다 조미 12말, 한전은 매 1결마다 황두 12말로 하며, 제주(濟州)의 토지는 등급을 나누지 아니하고 수전이나 한전이나 매 1결마다 10말로 정합니다. 이렇게 하면 옛날 10분의 1을 받는 법과 비슷하며, 조선 개국 초기의 수세하던 수량보다 대개 많이 경(輕)하게 됩니다.」[65]

## 2. 공법안의 시범실시와 개선

### 가. 2차 공법안의 시범 실시

다음 『세종실록』 기사를 보면 세종 19년 7월 28일 이전에 2차 공법(貢法)안을 반포해서 시행한 것으로 보인다. 공법에 대한 세밀한 사목을 지시한지 20여일이 지나기 전에 공법안이 만들어진 것으로 보인다.

　「호조에 전지하기를, "함길도 각 고을은 근년 이래로 다른 도에 없는 방어

<hr />

65) 『세종실록』 19년(1437) 7월 9일 1번째기사.

(防禦)와 성 쌓는 것 같은 일이 자못 많으니, 금년에 수세(收稅)는 이번에 반포해서 시행한 공법(貢法)의 수량에서 특히 2분의 1을 감하도록 하라. 그 새로 설치한 네 고을[四邑]에 들어가 사는 인민과 길주(吉州)와 경성(鏡城)에 새로 들어가서 살고 있는 인민은 온 집안이 옮겨 가서 생활이 제대로 되지 못할 것이므로 더욱 가련하니, 금년 토지의 조세는 이번에 반포한 공법에 일찍이 3분의 1을 감했는데, 반분을 감해서 조세를 거두도록 하라. 평안도 자성(慈城)·강계(江界) 등지에 금년 봄철에 새로 들어가서 살고 있는 인민의 금년 토지의 조세도 역시 이번에 반포한 공법의 수에서 모두 3분의 1을 감하게 하라."하였다.」[66]

그리고 다음 두 『세종실록』 기사를 보면 세종 19년 7월에 전국적으로 공법을 시행할 것을 명한 것으로 보인다.

① 「황해도 감사가 아뢰기를, "본도가 을묘년부터 비와 물이 재변(災變)을 이루어서 볏곡이 여물지 않았고, 금년에는 한재로 인하여 더욱 흉년이 들었습니다. 비옵건대, 백성들의 소망에 따라서 옛 답험법(踏驗法)대로 손해가 있는 만큼 조세를 덜어 주도록하고, 해를 기다려서 곡식이 약간 잘된 뒤에야 공법(貢法)을 시행하도록 하소서."하였으나, 윤허하지 아니하였다.」[67]

② 「호조에 전지하기를, "함길도 각 고을은 근년 이래로 다른 도에 없는 방어(防禦)와 성 쌓는 것 같은 일이 자못 많으니, 금년에 수세(收稅)는 이번에 반포해서 시행한 공법(貢法)의 수량에서 특히 2분의 1을 감하도록 하라. 그 새로 설치한 네 고을[四邑]에 들어가 사는 인민과 길주(吉州)와 경성(鏡城)에 새로 들어가서 살고 있는 인민은 온 집안이 옮겨 가서 생활이 제대로 되지 못할 것이므로 더욱 가련하니, 금년 토지의 조세는 이번에 반포한 공법에 일찍이 3분의 1을 감했는데, 반분을 감해서 조세를 거두도록 하라. 평안도 자성(慈城)·강계(江界) 등지에 금년 봄철

---

66) 『세종실록』 19년(1437) 7월 28일 2번째기사.
67) 『세종실록』 19년(1437) 7월 27일 6번째기사.

에 새로 들어가서 살고 있는 인민의 금년 토지의 조세도 역시 이번에 반포한 공법의 수에서 모두 3분의 1을 감하게 하라."하였다.」

하지만 세종 19년에 전국적으로 시행하고자 한 2차 공법은 흉년으로 인해 다음 『세종실록』 기사와 같이 경상·전라 양도에만 정상적으로 시행되고 나머지 도는 감면 정책이 시행되었다.

「의정부에 교지하기를, "지금 공법을 행하는 것은 본래 백성에게 편리하게 하려는 것이나, 다만 생각해 보니, 금년은 각도의 풍흉(豊凶)이 한결같지 아니한데, 신법을 세운 초두에 만약 일체로 이를 행하면 근심과 탄식이 일어날까 염려된다. 그러므로 금년의 전세는 경상·전라 양도는 공법에 의하여 시행하고, 그 나머지 충청도는 4분의 1을 감하며, 경기도·강원도·황해도·평안도 등 네 도는 3분의 1을 감하고, 함길도는 반을 감하며, 함길도의 새로 설치한 4진 및 새로 옮긴 백성과 평안도의 새로 옮긴 백성들은 3분의 2를 감하게 하라."하였다.」[68]

『증보문헌비고』에는 세종 19년에 시행된 공법은 세종 18년 2월 의정부에서 올린 "도(道)를 나누어 상·중·하의 3등급으로 하고, 한 도 안의 각 고을을 또한 3등급으로 나누고, 한 고을 안의 전을 또 3등급으로 나누어서 과세하는 공법안을 하삼도(下三道)에 시험하였다."라고 하였다. 하지만 이 기사는 앞에서 살펴본 『세종실록』의 기사와는 다른 것을 알 수 있다. 『세종실록』에는 전국의 전답을 3등도·3등전의 9등급으로 나누어, 12말(斗)부터 20말까지 중복된 것을 제외한 5등급의 세율을 구체적으로 기록하고 있지만, 『증보문헌비고』에는 이러한 구체적인 세율이 언급되어 있지 않다.

---

68) 『세종실록』 19년(1437) 8월 7일 1번째기사.

「세종(世宗) 19년(1437)에 고쳐 공법(貢法)을 써서 먼저 하삼도(下三道)에 시험하여, 도(道)를 나누어 상·중·하의 3등급으로 하고, 한 도 안의 각 고을을 또한 3등급으로 나누고, 한 고을 안의 전을 또 3등급으로 나누어서 이들 과조(科條)[69]로 하여 과조에 따라 조세를 달리하며, 흉년을 만나면 문득 손실의 수(數)를 감하였으니, 대략 하후씨(夏后氏)의 공법(貢法)을 모방하여 여러 해를 비교하여 상수(常數)로 하였습니다.」[70]

그리고 세종 22년에 다음 『세종실록』과 같이 경상·전라 양도로 하여금 전면적으로 공법(貢法)을 시행하게 하였다.

「의정부(議政府)에서 호조(戶曹)의 첩정에 의거하여 아뢰기를, "지난 정사년(세종 19년, 1437)에 비로소 공법(貢法)을 세웠으나 마침 흉년으로 인하여 아직 정지하였었는데, 금년에 화곡이 조금 풍년이 들고, 또 이 공법이 시험한 지가 이미 2년이 되었으나 별로 큰 폐단이 없사오니, 청하건대 이제부터는 경상(慶尙)·전라(全羅) 양도로 하여금 모두 공법(貢法)을 행하게 하소서." 하니, 그대로 따랐다.」[71]

이 후에도 공법에 대해서 의정부를 비롯한 대신들과 끊임없이 여러 차례 논의 하였으며, 세종 23년에는 충청도에 공법을 시행하였다. 하삼도(下三道) 전역에 공법이 실시된 것이다.

「의정부에서 아뢰기를, "충청도에 금년부터 공법(貢法)을 시행하게 하소서." 하니, 그대로 따랐다.」[72]

---

69) 법률, 명령 규칙 따위의 조목(條目).
70) 『증보문헌비고』 제142권 전부고2 경계2 조선.
71) 『세종실록』 22년(1440) 5월 8일 4번째기사.
72) 『세종실록』 23년(1441) 7월 7일 6번째기사.

## 나. 재해손실 감면에 대한 갈등

세종 19년은 흉년으로 새 법을 시행하는 것이 마땅치 않아서 공법을 시행하지 못하고, 세종 20년에 공법에 대해서 다시 논의하면서 세종대왕은 다음 『세종실록』 기사와 같이 "나는 경상·전라 양도의 인민들 가운데 공법의 시행을 희망하는 자가 3분의 2가 되면 우선 이를 양도에 시행하려니와, 3분의 2에 미달한다면 기어이 강행할 필요는 없다고 본다."라고 하여 공법 시행 여부를 민의에 따르겠다고 천명하면서, 불편부당하지 않는 공법을 만들도록 명하였다. 이는 대신들의 재해 손실에 따른 감면의 주장에 굽히지 않겠다는 뜻으로 보인다.

「의정부와 육조에 의논하기를, "답험손실(踏驗損實)의 법은 조종(祖宗)께서 이미 《육전(六典)》에 기재된 바를 시행하여 왔다. 그러나 답험(踏驗)할 즈음에 그 적당한 사람을 얻지 못하여서, 혹은 우매하게도 제대로 살피지 못하기도 하고, 혹은 사정(私情)에 이끌려 손(損)을 실(實)로 하기도 하고 실을 손으로 하기도 하여, 호족(豪族) 또는 부유한 자의 전지는 잘 결실되었다는 것이 많지 않고, 가난하고 천한 자의 전지는 감손되었다는 것이 있지를 않으니, 법으로서 폐단이 많음이 이보다 심한 것이 어디 있겠는가. 그런고로 지난해에 공법(貢法)을 시행하려고 했던 것을, 중외의 인민들은 거개 알고 있을 것이다. 그러나 연사(年事)73)는 흉년인데 새 법을 시행하는 것이 마땅치 않아서, 그 일을 정침(停寢)74)하고 시행하지 않았던 것이다. 내가 평시에 일을 헤아려 볼 때 그 종시 뜻과 같지 않은 것이 많았는데, 근래에 와서는 기운이 이미 쇠하여 비록 그 이해가 쉽사리 보이는 일들도 오히려 옛 제도를 고치려 들지 않거든, 하물며 이와 같은 흉년 끝에 새 법의 시행에 따른 시종의 그 이해를 철저하게 보지도 못했으면서, 내가 이를 강행하려 하겠는가. 공법은 지금 행하지 않더라도 후세 자손들이 반드시 다시 의논하여 행하려는 자가 있을 것

---

73) 농형(農形) : 농사가 잘되고 못된 형편.
74) 일을 하다가 중도에서 그만둠.

이기는 하나, 이제 법제를 이미 제정하여 인민들도 익히 알고 있는 터인지라, 경솔히 버릴 수도 없거니와, 만약 고식적으로 여러 해 미루어 가게 되면, 그 일의 어렵고 쉬운 사정도 다시 거리가 멀게 될 것이다. 나는 경상·전라 양 도의 인민들 가운데 공법의 시행을 희망하는 자가 3분의 2가 되면 우선 이를 양도에 시행하려니와, 3분의 2에 미달한다면 기어이 강행할 필요는 없다고 본다. 만약 이 법을 시행하여 어떤 폐단이 생기게 되면 즉시 이를 개정하곤 하면, 거의 그 폐단도 없게 될 것이다. 그러나 내 마음은 반드시 이 법을 시 행하려는 것도 아니니, 경들은 이 법의 이해(利害)를 잘 알아서 속히 의논하 여 아뢰도록 하라."」[75]

이러한 공법의 논의 가운데 주목해야 할 부분이 재해에 따른 조세감 면 여부였다. 세종대왕은 공법이 여러 해의 수확량을 고려하여 평균치 를 매년 정액세로 징수하기 때문에 '재해에 따른 감면'은 불필요하다고 생각하였다. '재해에 따른 감면'을 인정할 경우 답험하는 폐단이 또 다 시 일어날 수 있기 때문이다. 세종대왕은 조세를 징수하는데 관리들이 재량권을 가지고 개입하는 것을 절대적으로 막으려고 한 것이다.

「임금이 도승지 김돈(金墩) 등에게 일러 말하기를, "공법의 시행은 답험(踏 驗)하는 폐단을 없애고자 함이다. 이제 공법을 시험하고자 하면서, 또 가서 살펴서 조세를 면제한다면 무엇 때문에 공법을 시행하는가. 그러므로 경상 감사의 아뢴 것이나 전라도 인민의 상언(上言)을, 일찍이 두어두고 실행하지 아니하였는데, 이제 신개의 아뢰는 것이 이 같으니 너희들의 뜻으로는 어떻 게 생각하느냐." 하였다.」[76]

하지만 대신들은 다음 『세종실록』 기사에서 영의정 황희 등이 말하 는 것처럼 재해에 따른 감면이 백성의 입장에서 절대적으로 필요하다

---

75) 『세종실록』 20년(1438) 7월 10일 1번째기사.
76) 『세종실록』 20년(1438) 10월 12일 3번째기사.

고 주장하였다.

> 「영의정 황희 등이 의논해 말하기를, "공법의 좋지 아니함이 이러합니다. 윗 항목의 썩어 손상된 땅은 불가불 면세해야 할 것이오니, 만약 면세하지 아니하면 민생(民生)이 반드시 곤란할 것입니다. 우리나라는 산천(山川)이 매우 많아서 중국의 넓고 평탄한 것과는 같지 아니합니다. 한 집에서 경작한 것이 온통 손상된 자가 반드시 많을 것이오나, 가령 10묘를 경작하는 자가 9묘가 썩어 손상되었으면 1묘는 비록 거두었어도 1년 생활에 반드시 부족할 것이니, 9묘의 조세를 어찌 하겠습니까. 신 등은 생각하옵기를, 여럿이 다 아는 물에 잠긴 땅이라면 면세하는 것이 마땅히 유익할 것입니다. 또 관찰사가 이미 한 지방을 맡았사온데, 하필 따로 조관(朝官)을 보냅니까."하다.」[77]

이처럼 대신들의 주장이 너무 강하여 최종 공법을 입안할 때에는 세종대왕도 결국 10결 이상 모든 전답이 재해를 입은 경우 조세를 감면하는 것으로 후퇴하였다. 이 때문에 세종대왕이 가장 중점을 두고자 한 "조세의 징수에 있어서 관리의 재량권 배제"의 입법 의지는 조금 퇴색되었다고 본다.

### 다. 2차 공법안의 개선 논의

세종대왕은 세종 19년에 만들어진 2차 공법안인 3등도 3등전법은 개선의 여지가 있다고 보아, ①은 세종 22년 "각도별로 지품(地品)의 높고 낮은 것을 상고(詳考)하여 나누어 3등으로 만들 것"을 명하였다. 또한 ②는 전답의 비옥토가 같지 않은데 세를 거두는 것은 한결 같아서 병통이 생기므로 다시 논의하여 정할 것을 명하였다.

---

77) 『세종실록』20년(1438) 10월 15일 3번째기사.

① 「임금이 사정전(思政殿)에 임어하여 좌승지(左承旨) 성염조를 인견하고 명하여 의정부에 가서 공법(貢法)을 의논하게 하고, 또 염조로 하여금 공법을 감독하고 관장할 사람을 선택하여 아뢰도록 하였다. 염조가 의정부 사인(議政府舍人) 이인손과 동부지돈녕부사(同副知敦寧府事) 이보정을 천거하니 명하여 그 일을 맡게 하고, 인하여 인손(仁孫) 등에게 이르기를, "공법(貢法)을 행함에 있어서 싫어하는 자가 많다. 그러나 이미 세워진 법을 고칠 수는 없다. 우선 여러 도로 하여금 그 지품(地品)의 높고 낮은 것을 상고(詳考)하여 나누어 3등을 만들어서 아뢰도록 하라."하였다.」[78]

② 「임금이 사정전에 나아가서 동부지돈녕부사(同副知敦寧府事) 이보정(李補丁)과 의정부 사인(舍人) 이인손을 불러서 보고, 의정부에 전교하기를, "고려 말 때부터 우리나라 초년(初年)까지 전지(田地) 1결(結)마다 세(稅) 30두(斗)를 거두었으나 백성이 오히려 견디었는데, 조종께서 백성의 생활을 염려하고 그 해의 풍흉에 따라 손실만큼 조세를 감하여 주었으니[隨損給損], 이것이 좋은 법이었다. 그러나 손실(損實)이 있을 때에 위관(委官)이 제마음대로 급손(給損)하여 세(稅)를 거둠이 매우 적은 까닭에, 내가 공법(貢法)을 시행하고자 이미 경상·전라 두 도에 시험하였으나, 한 도내에도 땅의 기름지고 메마름이 같지 않은데 세를 거두는 것은 한결 같아서 백성이 병통으로 여기니, 다시 자세하게 정하여 아뢰라."하였다.」[79]

이처럼 세종대왕은 백성이 조세로 인하여 고통을 당하지 않나 늘 노심초사했다. 공법을 시행하면서 항상 공법에 대한 백성의 생각을 경청하고자 하였으며, 수령을 비롯한 관리들에게 공법의 편부를 상정하도록 하였다. 그리고 공법의 부당함을 시정하고자 하였다. 다음 『세종실록』 기사는 모두 공법의 편부에 대한 논의 내용이다.

---

78) 『세종실록』 22년(1440) 6월 4일 4번째기사.
79) 『세종실록』 22년(1440) 7월 5일 1번째기사.

① 「영동현감(永同縣監) 박여·연풍현감(延豐縣監) 이운몽·홍산 현감(鴻山縣監) 장안량이 하직하니, 임금이 불러 보고 말하기를, "수령은 한갓 부서(簿書)[80]만 처리하는 것이 아니라 백성을 사랑하는 것이 곧 그 직무이다. 내가 듣건대, 의창(義倉)의 곡식을 징수하고 나누어 주는 일을, 수령(守令)이 그 법이 엄함을 꺼려서 백성들에게 각박(刻迫)하게 하는 사람이 자못 많다고 하니, 그대들은 나의 지극한 마음을 몸받아 가서 그 직책을 다하라. 또 공법(貢法)은 곧 하(夏)나라 우(禹)임금이 만든 좋은 법이므로 내가 시험하고자 하는데, 지금 듣건대, 공법(貢法)이 관(官)에 수입되는 것은 많은데도 백성에게 이익되는 것이 적으므로, 백성들이 모두 이를 싫어한다 하니, 그대들은 편리한가 편리하지 않은가를 깊이 살펴서 아뢰라."하였다.」[81]

② 「임금이 승정원에 이르기를, "공법(貢法)을 설정한 것은 백성에게 편하게 하려 함이었는데, 황희는 혁파하기를 청하고, 신개는 실행하기를 청한다. 희(喜)는 말하기를, '신에게 말하는 자는 다 공법이 불편하다고 말합니다.' 하고, 개(槪)는 말하기를, '신과 말하는 자는 다 공법이 편하다고 말합니다.' 하니, 내가 생각하건대, 공법을 혁파하고자 하는 것은 희(喜)의 뜻인 고로, 희(喜)에게 말하는 자는 다 불가하다고 한 것이요, 공법을 실행하고자 하는 것은 개(槪)의 뜻인 고로, 개(槪)에게 말하는 자는 다 가히 행할 것이라 하는 것이다. 희(喜)와 개(槪)의 두 의논이 같지 아니하므로 좇을 바를 알지 못하여, 나도 역시 결단(決斷)할 것을 알지 못하겠다. 희(喜)가 공법을 혁파하고 세(稅) 받는 액수를 지금의 거두는 액수만큼 정하자고 하면서 말하기를, '고려(高麗) 때에는 사전(私田)에 세납(稅納)을 받아도 백성이 오히려 견디었으니, 그것으로 족히 백성에게 편할 수 있다.'하였으니, 나도 그러하다고 생각한다. 공법을 실행하는 것은 개(槪)의 본의(本意)인데, 오늘에 이르러서 또 조세의 액수를 감하자고 의논하고, 또 이보흠이 안평대군(安平大君)에게 말하기를, '일찍이 군위현(軍威縣)의 수령이 되었었는데, 이 앞서 손실법(損實法)을 실행할

---

80) 관아의 장부나 문서.
81) 『세종실록』 24년(1442) 12월 17일 1번째기사.

때에는 다만 세납 70 석을 받던 땅이 이제는 세잡 7백 석을 받는다.'고 하였으니, 과연 그러하다면 본디 백성에게 편하도록 하려던 것이 도리어 백성에게 병이 된 것이다. 부득이하여서 공법을 실행하려면 그 조세를 감(減)하여야 백성에게 편할 것이다. 너희들은 다 근신(近臣)이다. 이미 그 의논의 본말(本末)을 알았을 것이니, 그 소견(所見)을 구애하지 말고 허심(虛心)으로 힘써 생각하고 다 말하라."」[82]

③ 「전라·경상·충청도 관찰사에게 전지하기를, (중략) 내가 공법의 편부(便否)를 시험하려고 우선 하삼도(下三道)에 시험한 것이 이미 여러 해 되었으나, 내가 깊이 궁궐 속에 있으므로 민간의 일을 알지 못하니, 어찌 공법과 손실의 편부를 살펴서 하나로 정하겠는가. 민간에 물어서 백성이 바라는 것으로 가부를 살피고자 하나, 서민(庶民)의 마음이 무상(無常)하여서, 한 사람이 가하다고 하면 다 가하다고 말하고, 한 사람이 옳지 않다고 하면 역시 옳지 않다고 말하여, 바람에 타고 따라가는 것은 형세가 진실로 그러한 것이라, 내가 이미 실험하여 알고 있는 것이다. 감사와 수령은 백성에게 가까운 직무이니, 이 법의 편부를 자세하게 갖추 알 수 있을 것이요, 서민(庶民)들의 원하는 바를 역시 알지 못하는 것이 없을 것이다. 여러 사람의 일치하지 못한 말에서 지당한 하나의 결론을 듣고자 하니, 경은 나의 지극한 마음을 알아서, 그 각 고을 수령들과 여러 사람의 뜻을 참작하고, 자기의 의견도 합하고, 각기 경내 인민의 바라는 것과 두 가지 법 가운데에 행해서 폐단 없는 것과 마땅히 행할 수 있는 조건을 다시 생각하고 의논을 더하여 밀봉해서 아뢰라."하였다.」[83]

위 ①은 수령들에게 공법의 편리성을 아뢰라 한 것이고, ②는 공법을 만드는 목적이 백성을 편하도록 하려는 것인데, 도리어 백성에게 병이 된다고 하니 이를 허심탄회하게 말하라는 것이며, ③은 관찰사에

---

82) 『세종실록』 25년(1443) 7월 15일 5번째기사.
83) 『세종실록』 25년(1443) 7월 19일 5번째기사

게 여러 수령과 인민의 생각과 자기의 의견을 합하여 답험손실법과 공법 중 폐단이 없는 것과 그것을 행할 수 있는 조건을 밀봉하여 아뢰라는 것이다. 진정으로 백성을 위해 공법을 시행하고자 하는 세종대왕의 마음을 읽을 수 있다.

## 3. 최종 공법안 도출

### 가. 경무법에 따른 전분5등과 연분구등제의 제안과 전제상정소 설치

세종대왕은 이미 시행하고 있는 2차 공법에 대해서 찬반이 분분하고 이견이 많으므로, 세종 25년 10월에 새로운 공법안을 제시하고 다음 『세종실록』의 기사와 같이 논의하였다. 그동안에 시행한 결부법에 따른 3등도 3등전법과는 완전히 다른 경무법에 따른 전분5등과 연분구등법을 제시한 것이다. 조세를 징수하면서 전분(田分)을 나누는 것은 중국식 공법에서도 볼 수 있지만, 연분제(年分制)를 공법에 도입한 것은 세종대왕만의 특징이다. 세종대왕은 답험손실법으로의 회귀는 곧 조세의 부정부패로 국가의 재정과는 상관없이 양반과 관리들은 부를 축적하지만 백성은 굶주림의 고통에서 벗어 날 수 없다고 확신하고, 풍흉에 따른 백성들의 조세 불만을 해소하기 위하여 연분법을 도입하고자 한 것이다. 즉, 각 전답의 개별적인 수확량 조사는 관리와 전주(田主)가 협잡하여 탈세와 부정이 일어날 여지가 많기 때문에, 중앙정부인 조정에서 면 단위로 연분을 결정하여 준다면 이전의 3등도 3등전제 공법보다는 조세의 공평성과 편의성이 훨씬 높아질 수 있다고 생각한 것이다. 또한 정치적으로는 과세권에 대한 중앙집권을 실현하여 보다 안정을 유지할 수 있다고 생각한 것이다.

「황희·신개·하연·황보인·권제·정인지를 불러 공법(貢法)의 편의 여부를 의논하기를, "각도의 전지(田地)를 1, 2년 동안에 고쳐 측량하기가 쉽지 않으니, 아직은 구전안(舊田案)을 가지고 그 전품(田品)을 살펴서 먼저 5등으로 나누되, 결(結)·복(卜)·속(束)·파(把)를 경(頃)·묘(畝)·보(步)의 법으로 고쳐 만들어 9등으로 조(租)를 거두게 하는 것이 어떠한가. 만일 가하다면 금년에 하삼도의 전지를 전부 심사하게 할 것인가. 전라도만 심사하게 할 것인가, 또 경차관(敬差官)을 나누어 보낼 경우에는 보는 것이 각각 달라서 등급을 나누는 것이 한결같지 않을까 염려되니, 따로 대신 한 사람을 보내어 도맡아 그 일을 다스리게 하고자 하는데 또한 어떻겠는가. 또 양전(量田)의 일은 가볍지 않으니, 금년에는 아직 금천(衿川)·수원(水原) 등지에만 시험하고자 하는데 또한 어떻겠는가." 」[84]

그래서 세종대왕은 최종 공법안을 입법하고, 조세개혁을 마무리하기 위하여 전제상정소를 설치하였다.

「전제상정소(田制詳定所)를 설치하고, 진양 대군(晉陽大君) 이유(李瑈)로 도제조(都提調)를 삼고, 의정부 좌찬성 하연(河演)·호조 판서 박종우(朴從愚)·지중추원사 정인지(鄭麟趾)를 제조로 삼았다.」[85]

그리고 세종대왕은 전분5등과 연분9등제의 새로운 공법안에 대해서 다음 『세종실록』의 기사와 같이 구체적으로 타당성과 실현 가능성을 설명하고 대신과 논의하였다. 부정부패를 방지하고 공평한 조세제도를 만들기 위한 세종대왕의 열의와 전문지식의 깊이를 인식할 수 있는 내용이다.

---

84) 『세종실록』 25년(1443) 10월 27일 1번째기사.
85) 『세종실록』 25년(1443) 11월 13일 1번째기사.

「의정부와 육조에 전지하기를, "전제소(田制所)에서 아뢰기를, '경무(頃畝)로 나누는 것은 비록 옛 제도라 하나, 큰 이해(利害)가 백성에게 없는 데도 보고 듣는 데에 해괴(駭怪)하며, 또 전분(田分) 5등(等)과 연분(年分) 9등(等)은 총계가 50여 건(件)으로 산계(算計)하기가 번거롭고 용잡(冗雜)하며, 간사한 아전들이 이로 인연하여 도둑질 하게 되고, 군정(軍丁)을 내는 것과 부역(賦役) 등의 일이 역시 절목(節目)이 많으니, 예전의 결부(結負)의 법에 의하여 넓고 좁은 것을 적당하게 상정(詳定)하여 동과(同科)로 수조(收租)하고, 오직 연분(年分)이 다르면 법으로 하기가 간편하고 용이하오니, 시행하기가 편리합니다.' 하고, 혹은 말하기를, '재척(尺)를 3등급으로 써서 결부(結負)를 하여 동과(同科)로 수조(收租)하는 법은, 삼국(三國) 때부터 이미 있었다.'고 하나, 그러나 세 자의 등급을 나눈 것은 고른데 실적(實積)은 계산하지 않았으니, 옛 성인의 법도 이런 것이 있었던가. 그것이 의거(依據)한 데다 없음을 알 수 있다. 세상 사람들은 도리어 종횡(縱橫)으로써 등급을 나눈 것의 고른 것만을 좋아하고 실적(實積)은 알지 못하니, 많고 적은 차이가 크게 같지 않다. 그 법이 이미 의거한 데가 없으면 그 재척(尺)도 역시 쓸 수 없다. 지금은 마땅히 어떤 재척(尺)를 쓸 것이며 비록 아무재(某尺)을 쓴다 하더라도 몇 재(幾尺)로서 결(結)을 삼을 것인가. 크게 전제(田制)를 바루어서 영세(永世)에 전하고자 하니, 어찌 가히 무거(無據)한 법을 쓸 것인가.

또 견무(畎畝)의 법이 일정하면 지품(地品)의 고하(高下)는 비록 변경하려 하면 단지 조세(租稅)만 개정할 뿐이니, 양전(量田)한 수는 그대로 있는 것이다. 만약에 지품(地品)에 따라서 결부(結負)를 정하게 되면 개정(改正)할 때에 자정(字丁)이 모두 깨어져서 분분(紛紛)함을 이길 수 없을 것이다. 토지로 하여금 대소(大小)가 있게 하여 동과(同科)로 수조(收租)하는 것이 백성에게 편리한 것을 성인(聖人)이 어찌 알지 못하였으리오마는, 그 법을 쓰지 않고 견무법을 세워 후세에 법을 보인 것은 반드시 뜻이 있었을 것이다. 손실(損實)이 있을 때에 전품(田品)에 따른 조세(租稅)의 절목(節目)이 어찌 천만 가지뿐이랴마는, 그래도 능히 이를 행하였으니, 이제 이 법이 비록 번잡하다 하더라도 글씨[書]는 2백여 자(字)에 지나지 않으며, 삼척동자(三尺童子)라도 모두 익히 들어서 반드시 2백여 자를 쓸 것이 없고, 다만 내 토지가 모모년(某某年)에 몇 말

[뒤]을 수납(輸納)하였다는 수십 언(數十言)만 배우는 데 지내지 않으며, 아전들이 협잡하는 것을 백성들이 반드시 알 것이다.」[86]

그러나 공법의 입법은 쉽지 않았다. 그 결과 다음 『세종실록』 기사와 같이 세종대왕은 25여년 이상 뜻을 두고 대신들과 논의하고 시험하고 개선하면서 만들고자한 공법에 대해서, 신민(臣民)들의 반대가 너무 지나쳐 결국 공법의 시행을 정지하겠다고 하면서 대신들을 강하게 압박하였다.

「임금이 또 이르기를, "내가 여러 가지 일에 있어서 여러 사람의 의논에 좇지 않고, 대의(大義)를 가지고 강행(强行)하는 적이 자못 많다. 수령육기(守令六期)나 양계축성(兩界築城)과 행직(行職)·수직(守職)을 자급(資級)에 따르는 등의 일은 남들은 다 불가(不可)하다고 하는 것을 내가 홀로 여러 사람의 논의를 배제(排除)하고 이를 행하였다. 근일에는 공법(貢法)을 시행하고자 하니, 모든 신민(臣民)들이 또 모두 불가하다고 하므로, 내가 상세하고 명확하게 효유(曉諭)하였으나 아직도 오히려 깨닫지 못하니, 내 공법의 시행을 정지하고자 한다."」[87]

하지만 세종대왕은 정말 공법의 시행을 포기한 것은 아니었다. 세종대왕은 손실(損實)의 답험(踏驗)에 따른 폐단 등은 절대 용납할 수 없다는 생각은 여전히 변함이 없었다. 다음 『세종실록』 기사는 이를 잘 나타내고 있는데 "처음에는 시행하고자 하였으나 여러 사람들의 논의가 어지러워 마음속으로 장차 시행할 수 없다."고 여겼지만 지금은 대신들의 말을 듣지 않겠다는 것이다.

---

86) 『세종실록』 26년(1444) 6월 6일 1번째기사.
87) 『세종실록』 26년(1444) 윤7월 23일 1번째기사.

「지평 김인민과 우헌납 신후갑 등이 아뢰기를, "금년은 한재가 매우 심하
여 경기와 충청도의 해변은 농사가 잘되지 않았습니다. 오직 전라도·경상도
만은 벼곡식이 꽤 잘되었다고 하나, 신 등의 눈으로 보지 못하였으므로 억측
(臆測)하기는 어렵습니다. 지금 신 등의 눈으로 본 충청도에 대하여 말한다면
산군(山郡)은 비록 조금 잘 되었다고 하겠으나, 이삭이 나오지 않는 곳이 매
우 많았사오니, 청하건대, 공법(貢法)을 정지하시고 조관(朝官)들을 나누어 보
내서 손실(損實)을 답험(踏驗)하게 하고, 따라서 전지의 품등(品等)도 살피게 한
다면 아마 두 가지가 다 완전할 것 같습니다."고 하니,

임금이 말하기를, "너희들의 말이 진실로 옳지 못하다. 금년은 기근(飢饉)이
가장 심한데, 만약 조관을 보낸다면 한 두 사람이 두루 다 볼 수 없는 데다,
또 그들을 공궤[88] 접대하는 폐가 또한 많을 것이라."고 하였다. 인민(仁民) 등
이 굳이 청하니, 임금이 말하기를, "이와 같은 훌륭한 법을 어찌 내가 시행할
수 있겠느냐. 내가 처음에는 시행하고자 하였으나 여러 사람들의 논의(論議)
가 어지러우므로 마음속으로 상차 시행할 수 없다고 여겼다. 그러나 히지 않
는다면 그만이지만, 한다면 어찌 이 말을 듣고는 그렇다 하고 저 말을 듣고
도 또한 그렇다고 하겠느냐."하고, 마침내 윤허하지 아니하였다.」[89]

## 나. 결부법에 따른 전분육등과 연분구등제의 최종 공법

경무법에 따른 전분5등과 연분9등제의 공법안 또한 대신들의 반대가
많았다. 따라서 세종대왕은 이를 다시 논의하여 결부법에 의한 전분육
등제로 다음 『세종실록』과 같이 수정하여 제안하였다. 세종대왕은 이
개선안에서 공법의 시행에 따른 세세한 부분까지 생각하고, 문제점을
보안하여 해결하고자 하였다. 특히 전법(田法)의 개선을 위해 전지는
모두 주척으로 측량하고, 토지의 넓고 좁은 것을 따라 결부법의 동과
수조(同科收租)의 방식을 제안하였다.

---

88) 음식(飮食)을 드림.
89) 『세종실록』 26년(1444) 윤7월 27일 1번째기사.

「견무(畎畝)의90) 법이 일정하면 지품(地品)의 고하(高下)는 비록 변경하려 하면 단지 조세(租稅)만 개정할 뿐이니, 양전(量田)한 수는 그대로 있는 것이다. 만약에 지품(地品)에 따라서 결부(結負)를 정하게 되면 개정할 때에 자정(字丁)이 모두 깨어져서 분분(紛紛)함을 이길 수 없을 것이다. 토지로 하여금 대소(大小)가 있게 하여 동과(同科)로 수조(收租)하는 것이 백성에게 편리한 것을 성인(聖人)이 어찌 알지 못하였으리오마는, 그 법을 쓰지 않고 견묘법을 세워 후세에 법을 보인 것은 반드시 뜻이 있었을 것이다. 손실(損實)이 있을 때에 전품(田品)에 따른 조세(租稅)의 절목(節目)이 어찌 천만 가지뿐이랴마는, 그래도 능히 이를 행하였으니, 이제 이 법이 비록 번잡하다 하더라도 글씨(書)는 2백여 자(字)에 지나지 않으며, 삼척동자(三尺童子)라도 모두 익히 들어서 반드시 2백여 자를 쓸 것이 없고, 다만 내 토지가 모모년(某某年)에 몇 말(斗)을 수납(輸納)하였다는 수십 언(數十言)만 배우는 데 지내지 않으며, 아전들의 협잡하는 것을 백성들이 반드시 알 것이다. 이미 시행한 공법(貢法)은 극히 간편하여, 하삼도(下三道)의 일이 이제 이와 같으며, 부역과 군정을 내는 일도 이미 정한 조세(租稅)의 수에 따라서 행하는 것이 어찌 어렵겠느냐. 혹은 말하기를, '이 말이 그럴 듯하나, 법이 큰 이해(利害)가 없으면 시속을 따르는 것이 옳으니, 하필 하나하나를 중국의 법을 행하려 하는가.' 하고, 혹은 말하기를, '우리나라의 의관(衣冠)과 예악(禮樂)은 모두 중국을 모방하여 천하에 알리게 되었는데, 이제 이 막대(莫大)한 일을 우선 옛날대로 무거(無據)한 재(尺)을 쓰게 되면, 뒤에 반드시 음악(律)과 도량형(度量衡)을 의논할 일이 있을 때에 어찌 가히 경솔하게 의논하겠는가. 옛 성인을 좇는 것이 바른 것만 같지 못하다. 이제 여기에 토지가 있다 치고 하전척(下田尺)으로 재어서 1결(結)을 얻으려면 면적(面積)이 주척(周尺)으로 13,829보(步)인데, 중전척(中田尺)으로 재게 되면 1결을 재고 남는 것이 주척으로 7,753보이며, 상전척(上田尺)으로 재게 되면 1결을 재고 남는 것이 주척으로 4,227보이며, 하전(下田)은 1천보마다 20말(斗) 1되(升) 6홉(合) 9작(勺)을 바치니 모두 30말(斗)이며, 중전(中田)은 1천보마다 30말 1되 9작을 바치니 모두 43두며, 상전(上田)은 1천 보마다 40말 9되 1홉 7작을 바치니 모두 68말며, 상등전(上等田) 조세는 중등전(中等田)보다

---

90) 밭의 고랑과 이랑을 아울러 이르는 말.

25말가 더하고, 중등전(中等田) 조세는 하등전(下等田)보다 13말가 더하여, 사람들이 항상 말하기를, 「상등과 중등의 전품(田品)은 상거(相去)가 그리 멀지 않은데, 하등전(下等田)은 중등에서 상거가 심히 멀다.」 합니다. 이제 〈상·중·하〉 3품의 수조(輸租)의 수로써 보게 되면 상등과 중등의 사이는 멀고, 중등과 하등 사이는 가까우니, 〈상·중·하〉 세 가지 재(尺)의 제도가 법으로 할 수 없는 것이 또 이러합니다.' 하고, 혹은 말하기를, '세 가지 재(尺)의 차분(差分)을 정(精)하지 못함은 진실로 말한 바와 같으나, 그러나, 토지가 대소(大小)가 있는데 동과(同科)로 수조(輸租)하는 것은 무익(無益)하다고 이를 수 없으니, 이제 마땅히 주척(周尺)을 써서 표준으로 계산하면, 전(前)의 하등전(下等田)의 결수(結數)가 이제 제 6등의 전지로 정하게 되니, 이 다음 5등전(五等田)의 차분(差分)은 여러 사람을 모아 익히 의논하여 참작해서 적당하게 제도를 정하소서.' 하고, 혹은 말하기를, '몇 등전(等田)은 몇 재(尺)이며, 몇 등전은 몇 자이라 하면, 쓰는 재(用尺)가 의거할 데가 있어서, 습속(習俗)이 변함이 없어 가위(可謂) 양득(兩得)이라 할 수 있으나, 민악에 전히여 놓은 품등이 적당하지 않다고 모름지기 개정(改正)하려고 하면 역시 어려울 것이 없습니다. 근일(近日)에 전국의 토지를 모두 견무(畎畝)로써 표준해서 계산하는 것도 역시 어렵지는 않을 것이며, 타등(他等)의 제도로써 타등(他等)의 전지를 개정하려면 반드시 어려울 것입니다. 비록 파자(破字)의 폐단을 면하지 못하더라도 이익되는 바가 많습니다. 만일 전(前)의 하등전(下等田)의 결수(結數)를 무거(無據)하다 하여 법으로 할 수 없다면, 지금 마땅히 경(頃)으로써 표준하여 제 6등전의 결수로 정하고, 이로부터 차분(差分)을 정하여 그 결(結)·부(負)·속(束)·파(把)의 이름은 예전대로 하고 견무보법(畎畝步法)을 쓰지 않아도 역시 옳을 것입니다.' 하고,

(중략) 임금이 말하기를, "경무보법(頃畝步法)을 고쳐서 예전대로 결(結)·부(負)·속(束)·파(把)로 하고, 5등전의 1, 2등을 추이(推移)하여 6등으로 하며, 그 6등의 전지는 모두 주척으로 측량하고 토지의 넓고 좁은 것을 따라 동과(同科)로 조세를 거두는 것이 어떻겠는가." 하니, 여럿이 아뢰기를, "상교가 윤당하옵니다." 하였다.」[91]

---

91) 『세종실록』 26년(1444) 6월 6일 1번째기사.

그러나 세종대왕은 전분육등제의 공법을 제안으로 끝내지 아니하고, 다음 『세종실록』 기사와 같이 실질적으로 이 공법에 따른 백성들의 납부세액의 증감을 그 이전의 해와 비교하면서 논의하였다. 그 결과 공법으로 산정한 세수가 증액된 것으로 확인되었다. 세종대왕은 이를 비밀에 붙일 것을 명하였다.

「도순찰사 정인지에게 유서(諭書)를 내리기를, "지금 청안의 전품(田品)을 정하였는데, 이것은 여러 고을의 준칙(準則)이 되는 것이다. 행재소(行在所)에서 가장 가까운 곳이어서 삼대신(三大臣)이 친히 살펴 정한 것이매 반드시 지나치거나 부족하다는 비난은 없을 것이다. 그러나, 여섯 고을(六州)의 전품은 다 결정된 뒤에 지금 정한 조세로 계산하여 보아 너무 무겁다고 의심되면 감하고, 너무 가볍다고 의심되면 보태는 것은 다 나의 심중(心中)에 있는 것이니 무슨 어려움이 있겠는가. 경이 심시(審視)할 때에는 조세 총액의 많고 적음을 마음에 두지 말고, 일체 경(卿)이 배사(拜辭)할 때에 말한 바에 의거하여 청안(淸安)의 정품(定品)을 본받도록 하라. 지금 정부에서 조세의 법을 의정(議定)하였는데, 상상년(上上年)에는 57무(畝)의 토지에 대하여 1등전의 생산량은 40석, 6등전의 생산량은 10석이니, 청안의 새로 정한 전품으로 계산한다면 상상년에는 3,841석, 상중년에는 3,457석, 상하년에는 3,073석이 되고, 중상년에는 2,689석, 중중년에는 2,304석, 중하년에는 1,920석이 되며, 하상년에는 1,536석, 하중년에는 1,152석, 하하년에는 768석이 된다. 공법(貢法)을 적용할 때에는 신유년은 미두(米豆) 합계하여 2,580석, 임술년에는 2,358석, 계해년에는 특히 감면하여 1,194석이 되고, 손실(損實)을 따를 때에는, 기미년은 1,003석, 경신년은 1,515석이 된다. 비인(庇仁)의 새로 정한 전품(田品)으로 계산한다면 상상년에는 2,225석, 상중년에는 2,002석, 상하년에는 1,780석이고, 중상년에는 1,557석, 중중년에는 1,335석, 중하년에는 1,112석이 되며, 하상년에는 890석, 하중년에는 667석, 하하년에는 445석이 된다. 공법을 적용한 때에는 신유년에는 1,336석, 임술년에는 1,359석이 된다. 손실(損實)을 따를 때에는 무오년은 790석, 기미년은 1,200석, 경신년은 292석이 된다. 내 생각으로는 고려의 세법

이 어떤 것은 3, 4분의 1을 취하고, 어떤 것은 5, 6분의 1을 취하여 그 박민(剝民) 함이 심하였으나, 근년의 관리들이 손실(損實)을 다룰 때에는 너무 소홀히 하여 수십분의 1을 수세(收稅)하기에 이르렀으니, 이것이 사람들의 마음에 습관이 되어 지금의 이 새 법을 비록 선왕(先王)의 십일지법(什一之法)으로 정한다 하더라도 어리석은 백성들이 어찌 다 알겠는가. 이제 두 고을에서 산출(算出)한 수량을 보니 너무 과중한 듯한 의심이 난다. 장차 대신들과 함께 다시 의논할 것이니, 경은 그런 줄 알고 비밀에 붙여 누설하지 말라."고 하였다.」[92]

드디어 세종대왕의 공법을 통한 조세개혁의 대장정은 세종 26년 11월 13일에 법으로 정하여져, 다음과 같이 삼남 지역의 6고을에 시행되었다.

「전제상정소(田制詳定所)에 전지하기를, "토지 결복(結卜)의 개정 및 전품(田品)의 등급과 연분(年分)의 고하(高下)를 분간하여 조세 받는 법을 정하되, 먼저 충청도의 청안(清安)·비인(庇仁)과, 경상도의 함안(咸安)·고령(高靈)과, 전라도의 고산(高山)·광양(光陽) 등 6고을에 금년부터 시험으로 시행하고자 하니, 그 시행할 수 있는 조건들을 의논하여 올리라," 하였다.」[93]

---

92)『세종실록』26년(1444) 8월 24일 6번째기사.
93)『세종실록』26년(1444) 11월 13일 1번째기사.

**전제상정도 (田制詳定圖)**

세종 25년 음력 11월에 좌찬성 하연, 지중추원사 정인지, 판서운관사 이순지(李純之), 주부 박윤창(朴允昌)·김담(金淡)등이 경기 안산(安山)에 가서 전답의 수확량을 산정하는 광경이다.

(사진제공 : 사단법인 세종대왕기념사업회)

제 3 장

『경국대전』 호전에
규정된 세종대왕의
공법(貢法)

# 01 『세종실록』의 공법(貢法)

## 1. 『세종실록』의 내용

'세종대왕의 공법(貢法)'은 세종 26년(1444) 11월 13일에 완성되어 시행되었다. 세종 21년에 "내가 공법을 행하고자 한 것이 이제 20여 년이고, 대신들과 모의한 것도 이미 6년이었다."라고 한 『세종실록』 기사를 고려하면 세종대왕이 공법을 행하고자 한 지 25년만이며, 대신들과 모의한 지 11년만이다. 세종대왕은 이 많은 기간 동안 공법에 대해서 대신들과 논의하고, 여론조사를 하고, 일부지역에서 시험하여 최종안을 만들었다. 절차상으로는 세종대왕이 전제상정소에 공법의 입법안을 만들도록 명하고, 전제상정소가 최종 공법안을 의논하여 제안하고 이를 윤허한 것으로 마무리된 것이다. 전제상정소가 올린 최종의 공법 내용은 『세종실록』에 기록되어 있으며 다음과 같다.94) 여기서 각 조항의 제목은 이해를 돕기 위하여 임의적으로 붙인 것이다.

---

94) 『세종실록』 26년(1444) 11월 13일 1번째기사.

① [전분육등법의 결정]

「본국은 고려 때의 옛 법을 그대로 써서 토지를 3등급으로 나누어 모두 방면(方面)의 수(數)를 쓰고 면적을 계산하지 아니합니다. 지질의 고척(膏塉)[95] 이 남쪽과 북쪽이 같지 아니한데, 그 전품(田品)의 분등(分等)을 8도를 통(通)한 표준으로 계산하지 아니하고 다만 1도(道)로써 나누었기 때문에, 세 등급의 전지(三等田)가 고척이 같지 않으므로 납세의 경중이 아주 달라서, 부자는 더욱 부자가 되고 가난한 자는 더욱 가난하게 되니, 심히 옳지 못한 일입니다. 만약 여러 도의 전품을 통고(通考)[96]하여 6등급으로 나눈다면 거의 전품이 바로잡히게 되고 조세도 고르게 될 것입니다.」

② [1결 57무 기준 전분육등전의 소출]

「하등전 1결(結)의 면적은 57무(畝)[97]로 기준을 삼고서 먼저 그 소출의 수량을 정하는데, 대체로 상상년의 1등 수전의 소출을 80석으로 정하고, 6등 수전의 소출을 20석으로 정하고, 그 사이의 4등급을 고르게 나누어 2등 수전의 소출을 68석, 3등 수전의 소출을 56석, 4등 수전의 소출을 44석, 5등 수전의 소출을 32석으로 정하며, 한전의 소출은 수전의 수량에 준하여 전례에 따라 절반으로 정할 것이니, 가령 상상년의 수전의 세납이 쌀 20말(斗)이면, 하전의 세납은 콩으로는 20말, 쌀(田米)로는 10말로 정하는 방식입니다.」

③ [57무 기준 1결당 수세율]

「1결(結)의 면적 57무(畝)의 수세(收稅)도 역시 이에 의하여 20분의 1비율로 합니다.」

④ [1결 57무 기준 전분육등전의 세액]

「상상년의 1등 전지의 조세는 30말, 2등 전지의 조세는 25말 5되, 3등 전

---

95) 기름지거나 척박함.
96) 고금(古今)의 문헌(文獻)을 통달(通達)하고 이를 체계적(體系的)으로 서술(敍述)한 것을 일컬음.
97) 토지를 측량할 때 쓰던 면적 단위로 중국 한나라 이후부터는 5자 평방의 넓이를 1보, 240보의 넓이를 1묘, 100묘의 넓이를 1경으로 하였다.

지의 조세는 21말, 4등 전지의 조세는 16말 5되, 5등 전지의 조세는 12말, 6
등 전지의 조세는 7말 5되 입니다.」

⑤ [1결 57무 기준 연분구등의 세액]

「연분(年分)을 9등으로 나누고 10분 비율로 정하여 전실(全實)을 상상년으로
하고, 9분실(九分實)을 상중년, 8분실(八分實)을 상하년, 7분실을 중상년, 6분실
을 중중년, 5분실을 중하년, 4분실을 하상년, 3분실을 하중년, 2분실을 하하년
으로 하여서, 상중년(上中年)이 된 1등 전지의 조세는 27말, 2등 전지의 조세
는 22말 9되, 3등 전지의 조세는 18말 9되, 4등 전지의 조세는 14말 8되, 5등
전지의 조세는 10말 8되, 6등 전지의 조세는 6말 7되이고...」[98]

⑥ [결부법에 따른 연분구등법의 세율]

「6등의 전지를 다 57무(畝)로 1결을 삼되, 이에 의하여 조세 징수를 각각
다르게 하자면 절목(節目)이 번잡할 뿐 아니라, 토지의 비례로 군대에 나가고
부역(賦役)에 응하는 등의 일에 계산하기도 매우 곤란하니, 마땅히 전례에 의
하여 결복(結卜)의 광협(廣狹)을 등급마다 각기 다르게 분정(分定)하고 동과(同
科)로 수조(收租)할 것입니다. 가령 6등 전지의 조세 7말 5되에 따라서 동과
(同科)로 결(結)을 정하면, 1등·2등의 전지는 너무 좁게 되고, 1등 전지의 조
세 30말에 따라서 같은 비례로 결(結)을 정하면, 5등 6등의 전지는 너무 넓게
되어서, 이로 말미암아 넓고 좁음이 알맞지 않게 됩니다. 그러므로 57무(畝)로
정한 수로써 미루어 절충하여, 20말로써 동과(同科)로 결(結)을 정하면, 6등 전
지의 1결은 152무(畝), 5등 전지의 1결은 95무, 4등 전지의 1결은 69무, 3등 전
지의 1결은 54무 2분, 2등 전지의 1결은 44무 7분, 1등 전지의 1결은 38무로
서, 조세액은 상상년은 20말, 상중년은 18말, 상하년은 16말, 중상년은 14말,
중중년은 12말, 중하년은 10말, 하상년은 8말, 하중년은 6말, 하하년은 4말로
되옵니다.」

---

98) 이하는 반복되는 내용임으로 지면상 생략하고 뒤쪽 [표 3]에 요약한다.

⑦ [전분육등의 수등이척법]

「6등급의 전지 결복(結卜)의 실지 면적을 평방(平方)으로 계산할 때는 1면(面)에 대한 숫자에 가끔 몇 치(寸) 몇 푼(分)의 끝수가 있어서 계산이 매우 곤란하게 되므로, 6등급의 전지를 매(每) 1면(面)마다 백으로 평분하여 그땅 그땅에 대한 계량의 척도(尺度)로 합니다. 1등 전지의 척(尺)은 주척(周尺) 4척 7촌 7분이고, 2등 전지의 척은 주척 5척 1촌 8분이고, 3등 전지의 척은 주척 5척 7촌이고, 4등 전지의 척은 주척 6척 4촌 3분이고, 5등 전지의 척은 주척 7척 5촌 5분이고, 6등 전지의 척은 주척 9척 5촌 5분이니, 이렇게 하면, 척(尺)은 6등급의 긴것과 짧은 것이 있으나, 수량은 다 〈그척으로〉 1백 척을 1면(面)으로 하고, 1만 척을 적(積)으로 하는 것이니, 비록 계산에 익숙하지 못한 자라도 계산하기가 어렵지 아니합니다.」

⑧ [군 · 현 단위의 연분구등법]

「각도 감사(監司)는 각 고을마다 연분(年分)을 살펴 정하되, 재상(災傷)외의 곡식의 실(實)·불실(不實)이 비록 다 같지 아니할지라도 총합하여 10분으로 비율을 삼아서, 전실(全實)을 상상년(上上年), 9분실(九分實)을 상중년, 8분실을 상하년, 7분실을 중상년, 6분실을 중중년, 5분실을 중하년, 4분실을 하상년, 3분실을 하중년, 2분실을 하하년으로 하고, 수전과 한전을 각각 등급을 나누어서, '아무 고을 수전 아무 등년(等年), 한전 아무 등년(等年)'으로써 아뢰게 하고, 1분실(分實)은 9등분에는 미치지 아니하니, 마땅히 조세를 면제할 것입니다.」

⑨ [연분 결정의 절차]

「각도 감사의 계본(啓本)을 혹 의정부에나 육조(六曹)에 내려서 의논한 후에 아뢰어서 그 연분(年分)을 정하든지, 혹은 조관(朝官)을 파견하여 다시 심사한 후에 아뢰어서 연분을 정하든지는 그때마다 의논해서 분부에 따라 시행할 것입니다.」

## ⑩ [정전의 무경 과세]

「정전(正田)[99] 내의 묵은 전지[陳荒田]는 다 해마다 경작할 수 있는 토지인데, 사람들이 혹은 토지를 많이 가지고서 해를 갈아 묵히기도 하고, 혹은 농사를 게을리 해서 경작하지 아니하기도 하여, 토지가 묵는 것이 많으니 심히 옳지 못합니다. 이러한 것은 일부 묵은[內陳] 것이나 전부 묵은[全陳] 것임을 물론하고 다 조세를 받을 것입니다.」

## ⑪ [속전의 기경 과세]

「속전(續田)[100] 내에 만약 묵은 땅이 있으면 수령들로 하여금 경작자의 신고서[告狀]를 받아서 친히 심사한 후에 감사에게 보고하게 하고, 감사나 수령관이 다시 그 수량을 조사하여 위에 아뢰고 조세를 면제할 것입니다.」

## ⑫ [재해 전답의 면세 절차]

「정전(正田)이나 속전(續田) 안에 수해로 침몰된 토지도 역시 경작자의 신고를 받아서 수령이 친히 답사하여 감사에게 보고하고, 감사나 수령관이 사실을 조사하여 서울에서 내려오는 관원의 고험(考驗)을 받은 후에, 그 관리로 하여금 결복(結卜)의 수량을 문서에 기록하게 하고, 위에 아뢰어 면세하게 할 것입니다.」

## ⑬ [재해 전답의 면세 기준]

「재해(災害)를 입은 전지는 일부분[片段]의 재해를 제(除)한 외에 일반 사람들에게 널리 알려진 10결(結) 이상의 넓은 면적이 전부 손상(損傷)한 전지는 수령이 친히 심사하여 감사에게 보고하고, 감사가 위에 아뢴 후에, 파견된 경차관이 재해의 수량을 위에 아뢰어서 분부에 따라 조세를 감면하게 할 것입니다.」

---

99) 양안(量案)에 올려 있고 해마다 농사짓는 논밭.
100) 토박하여 해마다 농사도 짓지 못하는 땅.

⑭ [허위 손실에 대한 처벌]

「앞에 말씀한 묵은 토지나, 수해로 침몰된 토지나, 재해를 입은 토지는 그 고을 수령이 만일 사고가 있어 친히 살필 수 없을 때는, 감사가 사람을 보내서 실지로 사실을 살필 것이며, 수령이 게을러서 친히 살피지 아니한 자와 경작지를 묵은 땅으로 하거나, 묵은 땅을 경작지로 하거나, 해 입은 토지나, 묵은 토지나, 침몰된 토지를 허황하게 거짓 보고한 자는 원전(元典)의 '실(實)을 손(損)으로 삼은 조문'에 의하여 죄[101]를 다스릴 것입니다.」

⑮ [공법의 적용 예외]

「그 밖의 여러가지 전지는 이번 상정(詳定)으로 고치기 전까지는 우선 옛 기본법 그대로 하고, 계산의 끄트머리 남는 소수도 아울러 다 넣기로 할 것입니다.」

⑯ [양전 대장의 작성법]

「1자 5결(一字五結)[102]의 법은 앞서부터 행하여 오는 격례(格例)에 의하여 시행할 것입니다.」

## 2. 『세종실록』의 공법(貢法) 분석

위의 내용 중 ① [전분육등법의 결정] · ② [1결 57무 기준 전분육등전의 소출] · ③ [57무 기준 1결당 수세율] · ④ [1결 57무 기준 전분육등전의 세액] · ⑦ [전분육등의 수등이척법] · ⑮ [공법의 적용 예외] · ⑯ [양전 대장의 작성법]은 양전에 관련된 항목이며, ⑤ [1결 57무 기준 연분구등의 세액] · ⑥ [결부법에 따른 연분구등법의 세율] · ⑧

---

101) 『경제육전』 원전(元典)의 이실위손조(以實爲損條).
102) 토지의 한 필(筆)마다 천자문(天字文)의 글자 순으로 기호를 붙여 나가는데, 이를 자정(字丁)이라 한다. 1자정(字丁)을 5결(結)로 하는 법을 말한다.

[군·현 단위의 연분구등법]·⑨ [연분 결정의 절차]·⑩ [정전의 무경 과세]·⑪ [속전의 기경 과세]·⑫ [재해 전답의 면세 절차]·⑬ [재해 전답의 면세 기준]·⑭ [허위 손실에 대한 처벌]은 수세와 관련된 항목 이다. 양전은 전답의 비척에 따라 전국 토지의 전결수(田結數)를 정확 히 파악하고, 양안에 누락된 토지를 적발하여 탈세를 방지하며, 토지 경작 상황의 변동을 조사하여 공평과세와 국가재정을 충실히 할 목적 으로 실시되었다. 따라서 공법에서는 양전을 위해서 전분육등법, 결부 법에 따른 전답의 수확량과 1결당 면적의 결정, 결마다 전답의 크기를 재는 주척의 길이 등이 규정되어 있다. 그리고 수세를 위해서는 연분 구등법의 결정방법, 세율, 답험방법, 정전의 수세, 속전의 면세, 재상전 의 면세, 그리고 손실의 허위 답험 등에 대한 조세범의 처벌이 규정되어 있다.

여기서 중요한 문제는 기존 답험손실법에 따라 전분3등으로 나눈 1 결의 면적과 1결당 30말을 수세하는 것을 기준으로 하여, 공법의 전분 육등에 따른 1결의 면적과 수세액을 어떻게 결정하느냐 하는 것인데, 그 방법이 위 ②부터 ⑦까지에 규정된 것이다. 이를 자세히 설명하면 다 음과 같다.

먼저 답험손실법의 전분3등에 따른 1결의 면적과 1무당 세액 등을 살펴보면 [표 1]과 같다. 전답의 전분육등 구분은 답험손실법 때의 하 전을 기준으로 하기 때문에 먼저 하전의 면적과 세액을 설명한다. 답 험손실법에 의한 하전의 면적을 척(尺)으로 산정하면 345,744척(尺)이 고, 무로 산정하면 57무(畝) 6분(分)이며, 1결당 세액은 쌀 30말로 같 기 때문에 1무당 세액은 5.21되(升)가 된다.

## [표 1] 답험손실법 전분3등에 따른 1결의 면적과 1무당세액

| 구분 | 상전 | 중전 | 하전 |
|---|---|---|---|
| 척(尺) | 152,568 | 239,414 | 345,744 |
| 무(畝) | 25.4 | 39.9 | 57.6 |
| 수확량(石)-벼 | 20 | 20 | 20 |
| 수세액(斗)-쌀 | 30 | 30 | 30 |
| 1무당세액(되) | 11.81 | 7.52 | 5.21 |

※ 『전제상정소준수조화』 참고(한동일, 1966)

다음 [표 2]는 전분육등에 의한 상상년(上上年)의 경우 1결(57무)당 수확량을 나타낸 것이다. 하전의 수확량 20석을 6등전으로 하고, 1등전은 4배인 80석으로 산정하여, 등급별 수확량 차이를 12석으로 하여 계산한 것이다.

## [표 2] 전분육등에 의한 상상년의 경우 1결(57무)당 수확량

| 등 급 | | 수확량 |
|---|---|---|
| 1등전 | 수전 | 쌀 40석(벼 80석) |
| | 한전 | 콩 40석 · 조 20석 |
| 2등전 | 수전 | 쌀 34석(벼 68석) |
| | 한전 | 콩 34석 · 조 17석 |
| 3등전 | 수전 | 쌀 28석(벼 56석) |
| | 한전 | 콩 28석 · 조 14석 |
| 4등전 | 수전 | 쌀 22석(벼 44석) |
| | 한전 | 콩 22석 · 조 11석 |
| 5등전 | 수전 | 쌀 16석(벼 32석) |
| | 한전 | 콩 16석 · 조 8석 |
| 6등전 | 수전 | 쌀 10석(벼 20석) |
| | 한전 | 콩 10석 · 조 5석 |

그리고 [표 3]은 3등전법의 하전 57무를 기준으로 한 1결당 수확량에 따른 전분육등의 환산세액을 나타낸 것인데, 앞의 공법 규정 ④와 ⑤를 표로 만든 것이다. [표 3]의 특징은 먼저 답험손실법 때의 10분실(결실률 100%)을 상상년으로 하여, 세액을 각 전등별로 차등하여 계산한 다음 분실에 따른 세액을 차감하는 방법이다. 예를들면 6등전 하하년(2분실)의 세액은 쌀 10석(벼 20석, 쌀 150말)의 20분의 1에 0.2(2분실)을 곱하면 쌀 1.5말이 계산된다.

### [표 3] 3등전법의 하전 57무 기준 공법 전분육등의 환산 세액

(단위 : 말, 쌀)

| 전분 | 상상년 수확량 (벼) | 상상년 10분실 | 상중년 9분실 | 상하년 8분실 | 중상년 7분실 | 중중년 6분실 | 중하년 5분실 | 하상년 4분실 | 하중년 3분실 | 하하년 2분실 |
|---|---|---|---|---|---|---|---|---|---|---|
| 1 | 80석 | 30 | 27 | 24 | 21 | 18 | 15 | 12 | 9 | 6 |
| 2 | 68석 | 25.5 | 22.9 | 20.4 | 17.8 | 15.3 | 12.7 | 10.2 | 7.6 | 5.1 |
| 3 | 56석 | 21 | 18.9 | 16.8 | 14.7 | 12.6 | 10.5 | 8.4 | 6.3 | 4.2 |
| 4 | 44석 | 16.5 | 14.8 | 13.2 | 11.5 | 9.9 | 8.2 | 6.6 | 4.9 | 3.3 |
| 5 | 32석 | 12 | 10.8 | 9.6 | 8.4 | 7.2 | 6 | 4.8 | 3.6 | 2.4 |
| 6 | 20석 | 7.5 | 6.7 | 6 | 5.2 | 4.5 | 3.7 | 3 | 2.2 | 1.5 |

[표 4]는 위 [표 1]과 [표 3]에 따라 등급별 면적과 1무당 세액을 종합하여 산정한 것이다. 전등별 무의 면적은 공법의 상상년 세액을 등급에 관계없이 20말로 할 경우, [표 3]의 환산세액을 고려하여 먼저 각 등급별 무(畝)의 면적을 계산하였다. 1등전의 57무에 30말의 세액을 징수할 수 있기 때문에, 20말을 징수할 수 있는 면적은 38무가 필요하다. 척(尺)은 [표 1]의 하전 345,744척을 57.6무로 나누어 각 등급별 무(畝)

를 곱하여 계산하였다. 양전하는 주척(周尺)의 길이는 등급별 환산된 척(尺)을 10,000으로 나누고, 면적이기 때문에 제곱한 값이다. 그리고 1무당세액은 공법의 1결당 세액은 상상년인 경우 모두 20말이므로, 20말을 각 등급의 무(畝)로 나누어 계산하였다. 그 결과 공법의 1무당세액은 답험손실법에 의한 것보다 감소한 것을 알 수 있다. 공법 1등전의 1무당세액은 5.26되인데, 답험손실법에 따른 하전의 1무당세액은 5.21되이기 때문이다. 따라서 공법 6등전의 1무당세액은 1.32되가 되도록 계산되었다.

## [표 4] 3등전법 하전(下田) 기준 공법의 전분 환산 면적과 세액

| 전분 | 무(畝) | 척(尺) | 주척(周尺) | 1무당세액(되) | 상상년 세액(말) |
|------|--------|---------|-----------|--------------|----------------|
| 1등전 | 38 | 228,000 | 4.77 | 5.26 | 20 |
| 2등전 | 44.7 | 268,200 | 5.18 | 4.47 | 20 |
| 3등전 | 54.2 | 325,200 | 5.7 | 3.69 | 20 |
| 4등전 | 69 | 41,4000 | 6.43 | 2.90 | 20 |
| 5등전 | 95 | 570,000 | 7.55 | 2.11 | 20 |
| 6등전 | 152 | 912,000 | 9.55 | 1.32 | 20 |

① 무(畝)환산 : 57무×20/〔표 2〕의 각 등급별 상상년 세액
② 척(尺)환산 : 하전척(345,744)/57.6(무)*각 등급별 무(畝)
③ 주척(周尺)의 길이는 등급별 환산된 척(尺)을 10,000으로 나누고 제곱근한 값
    (1척(尺)은 파(把),10척은 속(束), 100척은 부(負), 10,000척은 1결(結))
④ 1무당세액 : 1결당 세액은 20말이므로 20말을 각 등급의 무(畝)로 나눈다.
※ 『전제상정소준수조화』 참고(한동일, 1966)

# 02 『경국대전』 호전의 공법규정

## 1. 『경국대전』 호전의 편찬

다음의 『세조실록』 기사를 보면 세조 즉위 때까지 세종대왕의 공법은 완전히 시행되지 못하고 있음을 알 수 있다.

> 「집현전 직제학 양성지가 상소하기를, (중략) 본조(本朝)에 와서는 태조ㆍ세종 때 원전(原典)과 속전(續典)이 있었고, 또 등록(謄錄)이 있었으니, 이는 모두 좋은 법이었습니다. 그러나 전제(田制)와 의주(儀註)[103]가 아직 일정한 법제를 이루지 못하였고, 병제(兵制)와 공법도 임시로 적당하게 한 법이 많았으니, 어찌 성대(盛代)의 불충분한 전장(典章)[104]이 아니겠습니까? 빌건대 대신에게 명하시어 이에 다시 검토를 더하여 한 조대(朝代)의 제도를 정하시어 자손 만대의 법칙으로 삼게 하시면 매우 다행하겠습니다.」[105]

---

103) 의례(儀禮)의 절차.
104) 국가의 제도와 문물.
105) 『세조실록』 1년(1455) 7월 5일 3번째기사.
　　(원문) 「集賢殿直提學梁誠之上疏曰: (중략) 本朝太祖、世宗之時有《元典》、《續典》、又有謄錄, 皆良法也. 然田制、儀注未成一定之制, 兵制、貢法多爲權宜之法, 豈非盛代之闕典歟? 乞命大臣更加商確, 以定一代之制, 以爲萬世子孫之則, 幸甚.」

하지만 세조는 즉위 후 양성지의 건의를 받아 당시까지의 모든 법을 전체적으로 조화시켜 후대에 길이 전할 법전을 만들기 위해 1457년(세조 3) '육전상정소'를 설치하고, 최항 등에게 명하여 『경국대전』의 편찬 작업을 시작하게 하였다. 그래서 세조 6년(1460) 7월에 『경국대전』 중 첫번째로 재정·경제의 기본이 되는 호전(戶典)이 반포되고 시행되었다. 이때에 공법의 규정이 『경국대전』 호전에 실린 것이다. 세종대왕이 공법을 제정한지 약 16년이 지난 후에 조선왕조의 완전한 조세법의 지위를 얻게 된 것이다.

다음 『세조실록』 기사를 보면 그동안 『경제육전』의 원속전(元續典)과 등록(謄錄) 내의 호전(戶典)을 거두도록 하였는데, 이는 건국이후 시행된 답험손실법을 폐지하고 세종대왕이 입법한 공법을 조선조의 기본적인 조세법으로서 기능하게 한 것이다.

「명하여 새로 제정한 『경국대전』 호전을 반행(頒行)하고 〈원속전(元續典)과 등록(謄錄) 내의 호전을 거두도록 하였다.」[106]

그리고 다음 『성종실록』 기사를 보면 『경국대전』의 최종본이 완성되기 전에 호전은 이미 『경국대전』으로서 효력을 가지고 있음을 알 수 있다. 성종 3년의 기사이다. 『경국대전』의 최종본은 성종 16년(1485)에 완성 반포되었다.

「호조(戶曹)에서 경기 관찰사의 계본(啓本)에 의거하여 아뢰기를, "이보다 앞서 손실(損實)의 폐단으로 민간이 이를 괴로워하나, 공법은 행해진 지가 이미 오래 되었고 『대전(大典)』에도 실려 있어서, 이제 다시 손실을 행하기가 어렵게 되었습니다. 청컨대 경인년의 예에 의하여 재상전(災傷田) 외의 것만

---

106) 『세조실록』 6년(1460) 7월 17일 2번째기사.
　　(원문) 「命頒行新定 《經國大典》 戶典, 收 《元》, 《續典》 及 《謄錄》 內戶典.」

등제(等第)를 매기는 것이 어떻겠습니까?" 하니, 그대로 따랐다.」[107]

조선시대의 조세법은 각 법전의 호전(戶典)에 규정되어 있다. 호전은 경비·호구(戶口)·토지제도·조세 기타 재정경제 등 29조문으로 구성되어 있으며, 조세관련 조문은 양전(量田)과 제전(諸田), 어염(魚鹽), 수세(收稅), 조전(漕轉), 세공(稅貢), 잡세(雜稅), 징채(徵債), 요부(徭賦), 잡령(雜令) 등이 있다. 하지만 병전(兵典)의 복호(復戶)와 급보(給保)조에는 군역과 군역의 면제에 대한 조문이 규정되어 있어, 조선시대의 경우 조세법의 일부로 보아야 할 것이다. 호전의 조문 중 조세와 직접 관련된 중요한 조문은 양전조와 수세조이다.

호전의 양전조(量田條)는 조세의 과세대상인 전지의 등급에 따른 면적을 어떻게 정하는가 하는 절차와 방법 및 양전시 위법한 자의 처벌 등을 규정하고 있다. 농업을 기반으로 하는 조선사회의 성격상 토지를 측량하고 등급을 정하는 것은 매우 중요한 일이다. 수세조(收稅條)는 세율 및 곡물의 수확량을 적정하게 산정하는 답험의 절차와 방법을 규정하고, 재해 등에 따른 감세 정도를 자세히 규정하여 납세자인 농민의 조세부담을 공평하도록 하였다.

요부(徭賦)조에는 요역과 공부의 납부처와 납부방법 등을 규정하고 있다. 징채(徵債)조는 조세를 미납할 경우 독촉 및 추징 절차, 납부기한이 지난 경우 징수하지 못한 관원의 처벌 등을 규정하고 있다. 제전(諸田)조는 면세전에 대해서 규정하고 있으며, 잡령(雜令)조에는 조세를 수납할 공리(貢吏)[108]의 선발과 공리의 수납방법을 구체적으로 규정하

---

107) 『성종실록』 3년(1472) 8월 4일 5번째기사.
　　(원문) 「戶曹據京畿觀察使啓本啓: "前此損實之弊, 民間苦之, 貢法行之已久, 載在《大典》, 今復行損實爲難. 請依庚寅年例, 災傷田外等第, 何如?" 從之.
108) 공리(貢吏)는 각 고을에서 조세와 공물의 수납을 담당하는 향리(鄕吏)(아전)로서 수호장(首戶長)·기관(記官) 등 지식이 있고 부실(富實)한 자 중에서 골라서 정하도록 하

고 있으며, 조세와 공물의 수납과 창고에 납부하는 과정에서 발생될 수 있는 범죄에 대한 처벌에 관한 규정을 하고 있다. 조전(漕轉)조에는 수납시기와 상납기한, 배로 운반하는 방법 등을 자세히 규정하고 있다. 세공(稅貢)조에는 세공으로 거두는 물품은 다음해 6월을 기한으로 하여 상납하도록 규정하고 있다. 조세 역시 6월을 기한으로 상납해야 했다. 조세 이외에 소금과 어선 등에 부과하는 염세와 선세는 어염(魚鹽)조에, 그리고 상세(商稅)와 공장세(工匠稅)등에 대해서는 잡세(雜稅)조에 규정하고 있다.

## 2. 『경국대전』 호전의 양전조(量田條)

세종대왕의 공법은 『경국대전』의 호전에 수록되었다. 그 조문 중 양전조의 결부법에 의한 전분육등법은 조선말까지 약 450년 동안 바뀌지 않고 유지되었다.[109] 전분육등법은 전답의 개별적인 비옥도에 따라 1결의 면적이 차등되기 때문에 공법의 기본적인 전제조건으로 양전이 필요했다. 이에 『경국대전』에는 경작자의 사정과 자연조건 등으로 전답의 수확량 상태가 변동하므로, 조정에서는 20년에 한 번씩 양전을 실시하여 과세대상인 토지를 측량하고, 경작지의 상태에 따라 정전·속전·강등전·강속전·가경전·화전 등으로 구분하여 과세지와 면세지를 파악하도록 하였다. 세종대왕 때에는 양전은 30년 마다 하도록 하였다.[110]

---

였다.

109) 광무(光武) 2년(1898)에 양지아문(量地衙門)을 설치하고 양지감리(量地監理)를 각도(各道)에 차견하여 학도(學徒)를 가려 인솔하고 … (중략) 양전(量田)하였다. 양전사목(量田事目) 전답의 등급을 나누고 결부(結負)을 정하는 규례(規例)는 모두 국조(國朝)의 옛 전법(典法)에 의하여 6등급으로 나누고, 전답의 지적(地積) 1만 척의 1등은 1결이고, 2등은 85부, 3등은 70부, 4등은 55부, 5등은 40부, 6등은 25부이다.

『경국대전』의 호전에 규정된 조세관련 조문을 서술적으로 나열하고 있기 때문에 현대의 법처럼 체계적이지는 못하다. 따라서 다음에서 살펴본 호전의 조세법 규정은 이해하기 쉽게 체계적으로 소제목을 붙인 것이며, 순서 또한 편의에 의한 것이다. 그리고 괄호 안의 '공법 규정'은 세종대왕이 입법한 공법의 조문이 『경국대전』에 그대로 규정된 것을 의미한다.

(1) 양전 방법과 대장 관리(일부 공법 규정)

> ○ 모든 전지는 6등급으로 나누며, 20년마다 다시 측량하여 대장을 만들어 호조와 해당 도 및 해당 읍에서 보관한다.

조세의 과세대상은 전지(田地)인 전답(田畓)을 의미한다. 전분육등법은 세종대왕이 만든 공법의 핵심적인 규정으로 조선말까지 적용되었다. 양전조에 따르면 토지조사를 한 후 양안(量案)이라는 토지대장을 만들도록 했다. 양안에는 지금의 토지대장처럼 토지의 번지, 위치, 등급, 용도, 면적, 소유자 등을 기록했다. 이렇게 만든 양안은 해당 읍·면과도, 그리고 서울의 호조에 각각 한 부씩 보관하도록 하였다. 『경국대전』에는 양전을 20년마다 실시하도록 되어있지만, 세종대왕 때에는 30년마다 양전하도록 규정하였다.

(2) 양전의 자(공법 규정)

> ○ 1등전을 재는 자(尺)의 길이는 주척(周尺)으로 환산하면 4자7치7푼5리에 해당하고 2등전을 재는 자의 길이는 5자1치7푼9리, 3등전을 재는 자의 길이는 5자7치3리, 4등전을 재는 자의 길이는 6자4치3푼4리, 5등전을 재는 자의 길이는 7자5치5푼, 6등전을 재는 자의 길이는 9자5치5푼에 해당한다.

---

110) 『단종실록』 1년(1453) 4월 9일 4번째기사.

전답을 측정하는 자의 기준은 매우 중요하였다. 전답의 면적은 수확량과 직결되고 그것으로 징수세액을 정하기 때문이다. 『경국대전』에는 수등이척법(隨等異尺法)에 따라 토지를 측량할 때 쓰는 자를 이전의 불확실성이 큰 수지척(手指尺)을 폐지하고, 전국적으로 통일된 주척을 기준으로 사용하되, 토지의 6등급에 따라 그 길이(尺)를 다르게 하였다. 양전척은 세종대왕의 공법에 따른 것이다.

(3) 결부법에 의한 전지의 면적(공법 규정)

> ○ 평방면적에서 4방 한자를 파(把)라 하고 10파(把)를 1속(束)이라 하고 10속(束)을 1부(負)라 하고 100부를 1결이라고 한다.
> ○ 1등전 1결은 38묘(畝)에 해당하고 2등전은 44묘7푼, 3등전은 54묘2푼, 4등전은 69묘, 5등전은 95묘, 6등전은 152묘에 해당한다.
> ○ 각 등급의 토지 14부가 중국의 1묘에 해당한다.

토지를 과세대상으로 하는 조세에 무엇보다도 중요한 것은 전지의 면적을 정하는 방법이다. 조선시대는 전등마다 1결당 전지의 면적이 다른 결부법이다. 결부법은 단순히 토지의 면적만 측정하는 것이 아니라 토지의 비옥도에 따른 수확량을 고려하여 토지의 면적을 계산하는 방법이다. 곡식의 수확량으로서 전지의 면적을 파악하고, 이를 기준하여 수확된 곡물을 과세표준으로 삼았던 우리나라 특유의 토지제도이다. 이 결부법은 세종대왕의 공법에 따른 것이다.

(4) 전지의 유형(일부 공법 규정)

> ○ 항상 경작하는 토지를 정전(正田)이라 하며, 경작하기도 하고 묵히기도 하는 토지를 속전(續田)이라 한다.
> ○ 정전이라고는 하지만 토질이 메말라서 곡식이 잘되지 않는 토지라든가 속전이라고는 하지만 땅이 기름져서 소출이 곱절이나 많이 나는 토지에 대해서는 고을 수령이 대장에 기록하여 두었다가 관찰사에게 보고하여 다음 번 식년(式年)[111]에 고친다.

전지의 유형은 전지의 상태에 따라 정전·속전·가경전·화전 등으로 나누었다. 정전은 해마다 경작하는 전지이고, 속전은 토지의 척박(瘠薄)으로 경작하기도 하고 묵히기도 하는 전지이다. 가경전은 개간하여 아직 양안에 오르지 아니한 농지이다. 세종대왕의 공법에는 정전은 경작 여부와 관계없이 매년 과세하며, 속전은 경작한 경우에만 과세하도록 하였다. 정전과 속전 중 그 유형이 변형된 것을 식년마다 고치도록 한 것은 세종대왕의 공법에는 없다. 정전의 항시 과세는 후에 백징의 문제를 발생시켰다.

## 3. 『경국대전』 호전의 수세조(收稅條)

『경국대전』 호전의 수세조는 조세실체법으로서 조세를 징수하기 위한 과세요건과 징수절차 및 감면을 규정하고 있다. 뿐만 아니라 조세범처벌법으로서 허위로 재상을 신고한 경우 등의 처벌을 규정하고 있다. 수세(收稅) 조항의 연분구등법은 약 190년간 지속되다가 1635년(인조 13) 풍흉에 관계없이 1결당 4말의 세율로 과세하는 영정법112)으로 개정되었다. 이는 아담 스미스가 "전국적인 토지측량과 평가에 따라서 부과되는 지조는 그 최초에는 제아무리 공평할지라도 극히 짧은 기간이 경과하면 반드시 불공평하게 되는 것이다."라고 하면서, "이것을 방지하기 위해서는 나라는 각 전답의 상태와 생산물의 일체의 변화에 대

---

111) 자(子), 묘(卯), 오(午), 유(酉) 따위의 간지(干支)가 들어 있는 해. 3년마다 한 번씩 돌아온다.

112) 영정법은 세수를 늘리기 위해 그 해의 풍흉에 관계없이 하하년 쌀 4두로 한정하였다. 그러나 그 당시에는 농지에는 조세 외에도 1결당 대동미 12두, 삼수미(三手米) 2두, 결작(結作) 2두의 정규 부세와 여러 가지 명목의 수수료·운송비·자연소모비 등의 잡부금이 부가되어 과중한 부담이 되었다. 더구나 이러한 부담은 소작농민에게 전가되기 마련이었으므로 임진왜란 이후 국가의 조세 수취에는 많은 곤란이 있었다.

해서 정부는 끊임없이 힘든 주의를 할 필요가 있다."113)고『국부론』에서 말한 것처럼, 세종대왕 이후 조선 정부는 공법에 따른 조세의 징수에 많은 주의와 의지를 가지고 공평과세의 원칙을 실현하지 못하였기 때문이다.

(1) 연분구등법의 세액(공법 규정)

> ○ 생산물이 10분(100%) 충실하면 상상년(上上年)으로 하여, 1결에 20말을 거두고, 9분(分)이면 상중년으로 하여 18말을, 8분(分)이면 상하년으로 하여 16말을, 7분(分)이면 중중년으로 하여 14말을, 6분(分)이면 중중년으로 하여 12말을, 5분(分)이면 중하년으로 하여 10말을, 4분(分)이면 하상년으로 하여 8말을, 3분(分)이면 하중년으로 하여 6말을, 2분(分)이면 하하년으로 하여 4말을 각각 거둔다. 1분(分)은 면세한다.

『경국대전』의 세율은 공법의 연분구등법에 따른 1결당 상상년 20말에서 하하년 4말까지의 다단계 정액세를 규정하고 있다. 세종대왕의 공법에 따른 것이다.

(2) 전지의 연분 결정(일부 공법 규정)

> ○ 모든 전지는 매년 9월 보름 전에 수령이 그해 농사형편을 심사하여 연분등제(年分等第)를 정하고 읍내와 사면(四面)을 각각 나누어 등급을 정한다. 관찰사가 다시 심사하여 임금에게 보고하며, 의정부와 육조가 함께 의논하여 다시 임금에게 아뢰고 수세한다.

세종대왕은 답험에 따른 폐단을 방지하기 위하여 개별적인 답험을 폐지하고 군현 단위로 연분을 정하도록 하였지만, 후에 면단위로 개정되어 『경국대전』에 규정되었다. 세종대왕의 공법에는 각도 감사(監

---

113) 최호진·정해동역. 1992. 「국부론(하)」. 범우사.

司)[114]가 각 고을의 연분(年分)을 정하고, 의정부나 육조(六曹)는 이를 의논한 후에 임금에게 보고하여 연분(年分)을 확정하거나, 혹은 조관(朝官)을 파견하여 다시 심사한 후에 임금에게 보고하여 연분을 확정하였다. 하지만 『경국대전』에는 수령이 연분을 정하고, 관찰사가 다시 심사하여 임금에게 보고하며, 의정부와 육조가 함께 의논하여 다시 임금에게 아뢰고 수세하도록 하였다. 연분 결정은 임금이 최고 결정자인 것이다.

### (3) 개간 · 재해 등의 감면

○ 새로 개간하여 늘인 전지, 전부가 재해를 입은 전지, 반이 넘게 재해를 입은 전지, 병으로 경작하지 못해 완전히 묵혀진 전지 등은 모두 경작농민이 권농관에게 문서로 신고하는 것을 허용하고, 권농이 그곳을 직접 심사하여 8월 보름 전에 수령에게 보고한다.

○ 경작농민이 사고로 말미암아 직접 문서로 신고하지 못하는 경우는 권농관이 신고한다. 수령은 현장에 직접 가서 농작 상태를 헤아려 개간하여 늘인 전지는 옆에 있는 전지의 등급에 준하여 헤아린다. 관찰사에게 보고하면, 관찰사는 사실을 조사하여 대장에 올린 뒤에, 보고된 공증문서를 수령에게 돌려주고, 9월 보름 전에 수치(數値)를 갖추어 임금에게 보고한다.

○ 조정(朝廷)에서는 조관(朝官)을 파견하여 위의 기록한 장부 및 공증문서를 참고하고 다시 심사하여 임금에게 아뢰어 조세를 정한다.

○ 전부 재해를 입은 전지 및 전부가 묵혀진 전지는 면세하고, 반이 넘게 재해를 입은 전지는 그 재해가 6분에 이른 것은 6분을 면세하고 4분을 수세하며, 9분에 이르기까지 모두 이 예에 의한다. 앞에서 전부면세(一分免稅)라고 말한 것은 그 해가 부실하여 세를 매길 수 없기 때문에 일률적으로 면세한다는 것이고, 이 경우는 그 해는 풍년이더라도 혹 재해를 입음이 있으면 그 다소를 살펴 단지 재해를 입은 곳의 세만을 면제한다는 것이다.

○ 간석지(海澤)는 첫해에는 면세하고 다음 해에 반을 세로 거둔다.

○ 귀화인(歸化人)은 3년동안 면세한다.

○ 속전(續田) · 가경전(加耕田)은 개간하는 대로 세를 거둔다.

---

114) 조선 시대 각 도(道)의 장관. 관찰사(觀察司)임

『경국대전』에는 전부가 재해를 입은 전지와 병으로 경작하지 못해 완전히 묵혀진 전지[115]는 면세하고, 반이 넘게 재해를 입은 전지는 그 재해의 분실에 따라 면세하도록 하였다. 그리고 간석지(海澤)는 첫해에는 면세하고 다음 해에 반을 조세로 징수하도록 한 것은 지금의 창업기업에 대한 면세지원에 해당하는 것이며, 귀화인(歸化人)은 3년 동안 면세하도록 하였다.

조선시대 조세의 감면은 지금의 개념과는 다르게 해석되었다. 현대에는 소득이 없으면 조세가 없지만, 조선시대에는 정전(正田)의 경우 농사를 게을리 하는 것을 방지하기 위하여 농사를 짓지 않아도 세금을 징수하였다. 다만, 재해와 질병 등으로 농사를 짓지 못하거나 수확량이 없는 경우에는 면세하도록 규정하였다. 재해로 인한 감면에 대해서는 논란이 많아 공법이 제정된 후에도 많은 변화가 있어 세종대왕의 공법과 『경국대전』의 규정과는 차이가 있다.

### (4) 지역별 차등과세

> ○ 영안도[116] · 평안도는 3분의 1을 줄이고, 제주 3읍(邑)은 반을 줄인다.

『경국대전』에는 토지가 척박한 함경도와 평안도는 조세의 3분의 1을 줄이고, 제주 3읍(邑)은 반을 줄이도록 하였다.

---

115) 陳田(진전), 陳田이란 농지로서 실제로 경작하지 않은 묵은 전지이다.
116) 함경도.

(5) 수세에 따른 조세범의 처벌

○ 만약 경작농민이 거짓으로 재해를 신고하거나, 당해 관리 · 권농관 · 서원(書員)과 공모하여 협잡하는(冘冒) 자를 다른 사람이 신고하는 것을 허용하며, 신고된 땅 1부(負)에 각 태 10에 처하고 1부마다 1등(等)을 더하여 장 100에 충군하기까지 처벌한다. 협잡으로 법을 어긴 자의 전지는 신고한 사람에게 주고 그 이득은 관에 몰수한다.

○ 수령은 부정(不正)한 것이 10부(負) 이상이면 파직하여 쫓아내며, 사정을 알고서도 고의로 부정행위를 한 경우에는 임명장을 빼앗고(官人자격을 박탈하고) 영구히 임용하지 아니한다.

『경국대전』에는 과세표준인 쌀 등의 수확량을 허위로 재해 등을 입었다고 신고하여 탈세하는 경우 처벌하는 규정과 과세를 담당하는 관원이 부정한 짓을 행한 경우 파면하는 처벌 규정을 두었다. 그 당시 전지 1결의 조세는 상상년 기준으로 20말(200되)이기 때문에 1부당 조세는 2되 정도이다. 따라서 재해를 거짓으로 신고하여 쌀 2되 정도를 탈세하면 태 10대이고, 수령이 쌀 20되 정도의 부정을 저지르면 파직하도록 규정하여 조세범을 보다 엄히 처벌하도록 하였다.

# 03 『세종실록』과 『경국대전』의 공법 차이

## 1. 면(面)단위의 연분판정

세종대왕이 공법을 입법하고자 한 가장 큰 이유는 답험손실법에 따른 농민의 피해를 줄이고, 근절시키기 위함이다. 세종대왕은 "답험(踏驗)하는 일은 지극히 중대한데 근래에 답험이 알맞음을 잃고,[117] 답험할 즈음에 그 적당한 사람을 얻지 못하여서, 혹은 우매하게도 제대로 살피지 못하기도 하고, 혹은 사정에 이끌려 손(損)을 실(實)로 하기도 하고, 실(實)을 손(損)으로 하기도 하여, 호족(豪族) 또는 부유한 자의 전지는 잘 결실되었다는 것이 많지 않고, 가난하고 천한 자의 전지는 감손되었다는 것이 있지를 않은 폐단이 있다."고[118] 하였다. 한마디로 조세의 징수는 관리의 답험에 의하여 좌우되었으며, 그 결과는 항상 부정부패로 이어졌다는 것이다. 이와 같이 답험의 폐단에 대해 세종대

---

117) 『세종실록』 18년(1436) 2월 23일(기미) 2번째기사.
118) 『세종실록』 20년(1438) 7월 10일(임진) 1번째기사.

왕은 많은 문제점을 지적하고 있지만 부왕인 태종때에도 다음과 같이
그 폐단이 지적되었다.

「어진 정새仁政는 반드시 경계(經界)로부터 시작됩니다. 지난날에 각도(各
道)에서 전지를 측량한 바가 경(輕)하고 중(重)한 것이 고르지 못하여, 혹은 원
망하기에 이르고, 바닷가에 있는 땅에 이르러서는 곧 측량을 하지 않았고, 또
그 결실(結實)되고 결실되지 못한 것을 공평하게 답험(踏驗)치 못하여, 결실된
것은 조세(租稅)를 면(免)하고, 결실되지 않은 것은 도리어 조세를 바치니, 그
폐단이 적지 않습니다.」[119]

따라서 세종대왕은 매년 답험하지 않고 여러 해의 중간 수량을 참작
하여, 세액을 결정하는 공법을 시행함으로써 답험손실법의 폐해를 영구
히 없애고자 하였다.[120] 하지만 중국식 공법은 매년 답험하지 않고 평
균 수확량을 고려하여 조세를 징수하는 방법이므로, 세종대왕은 이 중
국식 공법 또한 우리 실정에 맞지 않기 때문에 전답의 개별적인 답험
은 배제하면서, 좀 더 공평한 과세를 위해서 군현(郡縣) 단위의 지역적
연분구등법을 시행한 것이다. 세종대왕의 공법은 개별적인 농민의 조세
부담능력은 양전에 의한 전분육등법에 의하여 판단할 수 있지만, 농사
는 기후의 영향을 많이 받기 때문에 풍흉을 고려하여 고을 단위의 연
분구등법을 채택한 것이다.

하지만 다음『문종실록』의 기사들처럼 군현 단위의 연분결정에는 병
폐가 있음을 지적하고 있다. 그래서 군현(郡縣) 단위의 연분을 면(面)
단위로 개정하자는 내용이다.

---

119)『태종실록』5년(1405) 9월 10일 1번째기사.
    (원문)「仁政必自經界始. 在前各道量田, 輕重不均, 或至怨咨. 至於濱海之地, 不卽打量,
    又其荒熟, 不公踏驗, 實者免租, 荒者反輸, 其弊不小.」
120)『세종실록』18년(1436) 10월 5일 4번째기사.

① 「전라도 도관찰사 성봉조가 상서하기를, (중략) 우리나라의 산천은 험악하여 하나의 산과 하나의 내가 서로 막혀 기휘風氣와 토품土品이 두드러지게 같지 아니합니다. 심지어 한 면(面)의 산곡(山谷)과 한 면(面)의 평야(平野)와 같은 것도 산곡(山谷)의 땅은 오히려 천방(川防)으로 물을 끌어들여 가뭄에 대비할 수 있으나, 평야(平野)의 백성들은 우택(雨澤)이 아니면 진실로 가뭄에 대비할 방책이 없습니다. 비록 한 읍(邑)이라고 하더라도 화곡(禾穀)의 손실(損失)은 따라서 아주 다릅니다. 지금은 경내(境內) 전체를 합하여 총체적으로 논하여서 10분 율(率)로 하여, 그 연분(年分)의 상(上)·하(下)를 정하니 상(上)으로 화곡이 익은 면(面)의 백성들이 혹은 다수에 따라서 해(下)로 화곡이 익은 조세(租稅)를 바치기도 하고, 해(下)로 화곡이 익은 면(面)의 백성들이 혹은 다수에 따라서 상(上)으로 화곡이 익은 조세를 바치기도 합니다. 상(上)으로 화곡이 익은 백성들이 해(下)로 화곡이 익은 조세를 바치는 것도 오히려 말할 만한데, 해(下)로 화곡이 익은 백성들이 상(上)으로 조세를 바치는 경우에는 그 전지를 농사지어도 부족하고, 또 환자(還子)를 꾸어서 보태니, 진실로 한심합니다. 의논하는 자가 말하기를, '비록 방면(方面)으로 나누어 그 등급을 매긴다고 하더라도 한 면(面) 안에서도 또한 같지 아니하여 득중(得中)121)을 구하는 데에 도리어 번잡하게 된다.'고 하나, 신은 생각건대 한 면(面)의 땅이 기휘風氣와 토성(土性)과 그 천택(川澤)의 이익이 대략 서로 비슷하여 한 읍(邑)으로서 크게 서로 멀리 떨어진 경우와는 같지 않으니, 번잡한 것은 작은 일일 뿐이므로 백성의 병폐는 구제하지 않을 수 없습니다.」122)

---

121) 지나치거나 모자람이 없음.

122) 『문종실록』 즉위년(1450) 10월10일 22번째기사.

(원문)「全羅道都觀察使奉祖上書曰: (중략) 我國山川險阻, 一山一川之相隔, 風氣土品, 縣絶不同. 至若一面山谷, 一面平野, 則山谷之地, 猶可川防引水, 以備旱暵, 平野之民, 非雨澤, 固無備旱之策. 雖曰一邑也, 而禾穀之損實, 從以頓殊. 今也闔境, 摠論十分爲率, 定其年分之上下, 上熟之面之民, 或從多而納其下熟之稅, 下熟之面之民, 或從多而納其上熟之稅. 上熟之民, 納其下熟之稅, 猶可言也, 下熟之民, 納其上熟之稅, 則糞其田而不足, 又稱貸而益之, 誠可寒心. 議者曰: "雖分爲方面, 次其等第, 一面之內, 亦有不同, 求以得中, 而反爲煩瑣." 臣以謂, 一面之地, 風氣土(姓) 〔性〕, 與夫川澤之利, 大略相似, 非若一邑之大相遠也. 煩瑣, 是小事耳, 民

② 「경상도·전라도·충청도 관찰사에게 유시하기를, "공법의 연분의 제도
는 각각 그 고을의 등급으로 세를 거두는 것인데, 갑은 말하기를, '한
고을(邑) 안의 사면(四面) 사이에도 비가 고르지 못하여 풍흉이 각각 다
른데, 한 고을(邑)의 예로 연분을 같게 하여 세를 거두면 반드시 경하고
중한 차가 있을 것이니, 각각 그 지방에 따라 그 풍흉을 살펴서 연분을
정하는 것이 적당하다." 하고...」[123]

이에 단종 2년(1454)에는 다음 『단종실록』 기사와 같이 연분을 정할
때 1개 군현을 묶어 하나의 연분등제 단위로 삼는 것을 면(面) 단위
등제방식으로 고쳤으며, 이 내용이 『경국대전』에 규정되었다.

「의정부에서 호조의 정문(呈文)에 의거하여 아뢰기를, "우리나라는 산천이
험조(險阻)하여, 한 고을(邑)의 고척(膏瘠)이 사면(四面)이 같지 않습니다. 지금
공법에 세를 거두기를, 연분구등으로 하여, 한 고을의 전지를 모두 한 능(等)
으로 같게 하였기 때문에, 세에 경중이 있어서 백성의 원망이 대단히 많습니
다. 또 읍내(邑內)는 사람들이 조밀하게 거주하여 분전(糞田)으로 바꾸어져서,
그 지품(地品)이 사면과 아주 다르니, 청컨대 지금부터 여러 고을의 사면의
지품 아무 자호(字號)에서 아무 자호(字號)까지의 등급과, 읍내(邑內)의 아무 자
호(字號)에서 아무 자호까지의 등급을 각각 다시 매겨 연분을 정하소서." 하니,
그대로 따랐다.」[124]

---

瘼不可不療也.」
123) 『문종실록』 1년(1451) 3월 21일 5번째기사.
　　(원문) 「諭慶尙、全羅、忠淸道觀察使曰: "貢法年分之制, 各以其邑等第收稅, 甲者以爲:
　　　　　'一邑之內, 四面之間, 雨水不齊, 豊歉各異, 例以一邑, 同其年分, 收稅, 必有輕重
　　　　　之殊, 各隨其面, 審其豊歉, 定其年分爲便.」
124) 『단종실록』 2년(1454) 8월28일 3번째기사.
　　(원문) 「議政府據戶曹呈啓: "我國山川險阻, 一邑膏瘠四面不同. 今貢法收稅, 年分九等,
　　　　　而一邑之田, 同爲一等, 故稅有輕重, 民怨不貲. 且邑內則人居稠密, 易以糞田, 故
　　　　　地品與四面頓殊, 請自今諸邑四面自某字至某字幾等、邑內自某字至某字幾等, 各
　　　　　定年分." 從之.」

## 2. 재상(災傷)에 따른 면세

### (1) 10결 이상 연복한 경우 면세(공법 규정)

세종대왕이 입법한 공법에는 "재해(災害)를 입은 전지는 일부분의 재해를 제(除)한 외에, 일반 사람들에게 널리 알려진 10결(結) 이상의 넓은 면적이 전부 손상(損傷)한 전지는 수령이 친히 심사하여 감사에게 보고하고, 감사가 위에 아뢴 후에, 파견된 경차관(敬差官)이 재해의 수량을 위에 아뢰어서 분부에 따라 조세를 감면한다."고 규정하고 있다. 농민 개개인의 조세부담은 전분육등법과 연분구등법에 따라 합리적으로 산정되어지므로, 재해로 '10결(結) 이상이 연복(連伏)'한 경우에만 면세하여 개개인의 사정을 고려하고자 한 것이다. 그 이유는 공법은 여러 해의 평균 수확량을 기준하여 세액을 정하였기 때문에 한해의 수확량에 따라 세액이 좌우되어서는 안된다는 것이며, 만일 좁은 면적의 재상을 인정하기 위해서는 재상답험이 필요하며, 그 결과 답험손실법에서 발생한 폐단이 똑같이 일어날 수 있기 때문이다.

그런데 이 문제에 대해서는 다음의 『세종실록』 기사와 같이 공법을 시행한 직후인 세종 28년 때부터 논의되었다.

「성균주부(成均注簿) 이보흠이 글을 올리기를, (중략) 신(臣)은 공법(貢法) 한 가지 일에 있어서는 그 폐해를 상시 보고 있기 때문에 일찍이 하루라도 잠시 마음속에서 잊지 못하여, 옛날의 제도를 조사하여 찾고 농촌에 자세히 물어서 그 중도(中道)를 찾은 지가 대개 여러 날이 되었습니다. 경상도 한 도에서 들은 바와 본 바로써 전일의 잘되고 잘못된 것을 조목별로 열거(列擧)한 후에 감히 어리석은 견해를 진술하오니, 삼가 성상(聖上)의 재가를 바라옵니다.

1. 처음 공법(貢法)을 제정할 적에 10결(結)이 연복(連伏)되어 한 사람의 경작하는 것이 모두 완전히 손실(損失)이 된 후에야 전세(田稅)를 면제하도록 허가하고 오래된 진전(陳田)은 모두 전세를 바치게 하였으니, 이것이 그 입

법(立法)의 상세하지 못한 점입니다. 지금 국가에서 이미 그 폐해를 알고 이를 고치게 하니 신은 감히 여러 말로 의논하지 않겠습니다.」[125]

## (2) 5결 이상 연복한 경우 면세

10결(結) 이상이 연복(連伏)한 경우에만 그 재상(災傷)을 인정하여 조세를 면세하는 세종대왕의 공법은 입법된지 2년도 못되어 다음의 『세종실록』 기사와 같이 '5결(結) 이상이 연복(連伏)한 경우' 그 재상(災傷)을 인정하여 면세하는 것으로 개정되었음을 알 수 있다.

① 「공법(貢法)이 비록 좋은 법이기는 하나, 우리나라는 산과 계곡이 험한 것이 중국의 평평하고 넓은 땅과 달라서, 좋은 밭은 적고 척박한 밭이 많은데, 품등(品等)을 나누어 관원이 잠깐 경과(經過)하는 사이에 갑작스레 6등의 밭으로 나누어 좋은 밭을 나쁜 밭으로 하고, 나쁜 밭을 좋은 밭으로 하여, 등급의 법칙(法則)을 그르친 것이 많고, 또 재해로 상한(災傷) 밭이 반드시 5결(結)이 연복(連伏)되어 있어야 면세(免稅)를 허락하고, 만일 경작하는 밭이 혹은 1결, 혹은 2결, 혹은 3결, 혹은 1결 미만(未滿)인 것이 모조리 재해를 입었어도 연복(連伏)의 예(例)에 얽매이면 면세를 받지 못하고, 꾸어서 창고에 바치게 되니 근심과 탄식이 일어납니다. 비옵건대, 태조(太祖)의 성헌(成憲)에 의하여 손(損)에 따라 손(損)을 주어서 민생을 편안하게 하소서.」[126]

---

125) 『세종실록』 28년(1446) 7월 2일 1번째기사.
　　(원문) 「戊辰/成均注簿李甫欽上書曰: (중략) 臣於貢法一事, 常目其弊, 未嘗一日暫忘于懷, 講求古制, 廉問田野, 以求厥中, 蓋亦有日. 以慶尙一道所聞所見, 條列前日之得失, 然後敢陳其愚夷, 伏惟聖裁.
　　　　一, 初立貢法也, 以連伏十結一人所耕皆全損, 然後許令免稅, 久遠陳田, 幷令納稅, 此其立法之未詳也. 今國家旣知其弊而改之, 臣不敢多論也.」
126) 『세종실록』 28년(1446) 4월 30일 2번째기사.
　　(원문) 「貢法雖是良法, 然我國山谿之險, 異於中國平衍之地, 良田少而薄田多. 分品之官, 瞬息經過之際, 遽分六等之田, 以良爲薄, 以薄爲良. 失誤等則者, 比比有之. 且其災傷之田, 須連伏五結, 方許免稅, 若所耕或一結或二結或未滿一結, 而盡被災傷, 拘於連伏之例, 未蒙免稅, 稱貸納倉, 遂興愁嘆. 乞依太祖成憲, 隨損給損, 以安民生.」

② 「의정부에서 호조의 정장(呈狀)에 의거하여 아뢰기를, "지난 6월 일 수
교(受敎)에 재상(災傷)한 전지(田地)가 연 5결(結) 이상이나 되는 것은 사
실을 조사해서 계문(啓聞)하게 하여 그 조세(租稅)를 감면하게 하였지마
는, 그러나 반드시 연 5결(結) 이상이 되어야만 그제야 답험(踏驗)하여
조세를 면제하게 하였으니, 1읍(邑) 안에 5결이 차지 않는 곳은 비록 많
더라도 조세를 면제받지 못하므로 원망이 일어나게 됩니다. 그 사소한
재상(災傷) 외에 온 1구역의 전지가 재상(災傷)이 된 것은 권농(勸農)으
로 하여금 몸소 조사하여 수령(守令)에게 자세히 보고하게 하고, 수령은
모름지기 즉시 몸소 조사하여 감사(監司)에게 보고하게 하되, 감사는 엄
격히 사실을 조사하여 장부에 올리고 위에 계문(啓聞)한 후에 조관(朝
官)을 보내서 다시 검사하여 조세를 면제하게 하소서."하니, 그대로 따
랐다.」[127]

## (3) 전전(全田)이 재상을 입은 경우 면세

재상(災傷)한 전지(田地)에 대한 면세가 당초 '연복 10결 이상'에서
'연복 5결(結) 이상'으로 개정되었다. 하지만 이 또한 문제가 있음을
대신들이 상소 하였는데, 세종대왕의 뜻은 다음 『세종실록』 기사와 같
이 5결(結) 미만(未滿)인 재해지(災害地)를 반드시 일일이 두루 돌아본
다면 이것은 손실(損實)의 법과 다름이 없다는 것이다. 답험손실법처럼
사정(私情)에 따라 경(輕)하게 하고 중(重)하게 하여, 말류(末流)의 폐단
이 말할 수 없이 발생할 것을 염려하였기 때문이다.

「계전(季甸)이 대답하기를, "5결이 연복한 밭을 가령 다섯 사람이 경작하는
데, 네 사람의 밭은 모두 재상(災傷)을 입었는데 한 사람이 옆 밭(旁田)의 결

---

127) 『세종실록』 28년(1446) 8월 16일 1번째기사.
　　(원문) 「議政府據戶曹呈啓: "去六月日受敎: '災傷田連五結已上者, 覈實啓聞, 減其租稅.'
　　　　然必連五結已上, 然後方許踏驗免稅, 則一邑之內, 未滿五結處雖多, 未得免稅, 怨
　　　　咨必興. 其些少災傷外, 全一邑災傷者, 令勸農親審, 具報守令, 守令須卽親審, 報
　　　　于監司, 監司嚴加覈實, 置簿啓聞後, 遣朝官再檢免稅." 從之.」

실(實) 때문에, 네 사람에게 똑같이 그 세(稅)를 거두고, 한 사람의 밭이 5결이 연복되었는데, 1부(負)의 결실로 4결 99부(負)의 세를 아울러 바치며, 작은 백성의 밭이 1, 2결에 지나지 못하는 것이 많은데, 경작하는 1, 2결의 땅이 모두 재상(災傷)을 입어도 국가에서 반드시 그 세(稅)를 받는다면, 백성이 장차 무슨 물건으로 부세(賦稅)를 충당하며, 장차 무슨 물건으로 부모를 봉양하고 처자를 기르겠습니까. 백성의 근심과 탄식을 이루 말할 수 있겠습니까. 이 법은 결코 행할 수 없는 것입니다.″ 하였다. 임금이 말하기를, ″이 폐단은 참으로 그러하지마는, 그러나 5결(結) 미만(未滿)인 재해지(災害地)를 반드시 일일이 두루 돌아본다면, 이것은 손실(損實)의 법과 다름이 없다.″ [128]

하지만 다음 『문종실록』의 기사와 같이 '5결(結)이 연복(連伏)한 경우의 면세' 규정 또한 '전전(全田)이 재상한 경우 면세'로 개정되었으며, 더 나아가 재상(災傷)이 반(半)이 넘는 전지에 대해서도 면세를 시행하였다. 문종은 '전전(全田)이 재상인 경우의 면세'는 이미 개정되었지만 이 또한 재손(災損)이 비록 8, 9분(分)에 이르더라도 취득(取得)한 것이 1, 2분(分)에 불과한 경우에도 그 전답의 조세를 전액 바치게 되어 백성들의 삶이 고단하기 때문에 재실(災實)에 따른 면세를 인정하는 것이 바람직하다고 하였다.

「임금이 좌승지 정이한에게 이르기를, ″공법(貢法)을 의논하여 결정할 때에 재상(災傷)이 10결(結)을 연달아 든 것은 무릇 면세(免稅)하도록 허가하였으나, 그 후에는 이를 고쳐서 전전(全田)의 재상(災傷)이라야 면세하도록 했는데, 그

---

128) 『세종실록』 28년(1446) 6월 18일 1번째기사.
　　(원문) 「季甸對曰: "連伏五結之田, 假令五人耕之, 而四人之田, 盡被災傷, 以一人旁田之
　　　　　實, 四人例收其稅; 一人之田連伏五結, 而以一負之實, 竝納四結九十九負之稅. 小
　　　　　民之田, 不過一二結者多矣. 一二結所耕之地, 盡被災傷, 而國家必徵其稅, 則其民
　　　　　將以何物充賦稅, 將以何物養父母育妻子乎? 其民之愁歎, 可勝言哉? 此法決不可
　　　　　行也.
　　　　　上曰: "此弊誠然矣. 然未滿五結, 災傷之地, 必一一遍閱, 則是與損實之法無異矣." 」

렇다면 반드시 전전(全田)을 기다린 후에야 재상(災傷)의 예(例)에 들어갈 수가 있으니, 그런 까닭으로 재손(災損)이 비록 8, 9분(分)에 이르더라도 취득(取得)한 것이 1, 2분(分)에 불과한 것도 또한 모두 예(例)에 따라서 그 전세(全稅)를 바치게 하니, 이로 말미암아 소민(小民)은 그 안정된 처소를 얻지 못한 사람이 자못 많아져서 원망이 실로 깊어졌던 것이다. 내가 절반 이상의 재상(災傷)도 또한 면세해 주려고 하나, 의논하는 사람이 말하기를, '이같이 된다면, 수손 급손법(隨損給損法)이 다시 살아나게 되니, 실로 공법의 본의(本意)에 어그러짐이 있을 것입니다.'고 하는데, 나의 생각으로는 이 의논은 옳은 듯하면서도 실상은 그르다고 여겨진다. 대저 그 연분(年分)의 법을 정할 적에 그 많은 것을 따르게 되어 결실(結實)이 많으면 상등(上等)에 따르고, 재손(災損)이 많으면 하등(下等)에 따르게 되니, 비록 한 구역의 안이라도 토지의 비옥함과 척박함이 같지 않는데 어찌 토지의 척박한 이유를 가지고 재상(災傷)으로 인정하겠는가? 과연 만약 한 동리(洞里)의 안에 비옥함과 척박함이 같지 않은 전지(田地)를 가지고 그 척박한 것에 모두 따라서 재상(災傷)으로 인정한다면 진실로 의논하는 사람의 폐단과 같을 것이다. 이른바 재상이란 것은 혹은 서리와 우박으로 인하여 모두 말라 떨어지든지 혹은 비가 옴으로 인하여 모래가 덮히고, 물에 잠기든지, 혹은 사람의 질병(疾病)으로 인하여 전지(全地)를 다 개간하지 못하고 묵게 되는 것이니, 이같은 등류가 곧 이른바 재상(災傷)인 것이다. 허실(虛實)이 환하게 판명(判明)되므로 징험하기가 어렵지 않으니 어찌 수손급손(隨損給損)하여 마음대로 짐작(斟酌)하게 하는 비교이겠는가? 하물며 이와 같은 재상의 곳이 많지 않을 것인데 어찌 그 번거로움을 감내하지 못할 염려가 있겠는가? 금후에는 매 한 구역 안에 절반 이상이 재상된 곳에는 경작자가 수령(守令)에게 고(告)하면 수령은 감사(監司)에게 전보(傳報)하고, 감사가 호조(戶曹)에 관문(關文)[129] 을 보내어 경차관(敬差官)을 파견하게 하여 보고한 재상을 낱낱이 살펴서 재손(災損)에 따라 면세하는 것이 어떻겠는가? 만약 전전(全田)이 재상인 것만을 면세하도록 한다면 1백 인의 안에서 반드시 한 백성만이 살 곳을 얻지 못할 이가 있을 것이니 이미 백성들이 살 곳을 얻지 못함을 알고서 그 폐해를 구제하지 않는 것이 옳겠는가? 그것을 의정부와

---

129) 조선조 때 상하 관청 사이에 서로 왕래하던 공문서.

전제제조(田制提調)와 더불어 자세히 의논하라."」130)

(4) 재상이 반이상인 경우 재상의 비율에 따른 감면(경국대전 규정)

세종대왕이 공법을 입법하면서 10결이상 연복한 경우에만 면세한다
는 규정은 이처럼 여러 차례 개정되었다. 그래서 재상(災傷)이 반(半)이
넘는 전지의 면세는 다음 『문종실록』의 기사와 같이 재상(災傷)을 10
분(分)으로 율(率)로 계산하여, 재상률이 5분 이상인 경우 손(損)에 따
라 조세를 감면하도록 개정되었다.

재상(災傷)이 반(半)이 넘는 전지와 혹은 질병(疾病)으로 인하여 능히
경작하지 못하여 온전히 묵어서 황폐하게 된 전지는 손(損)에 따라 조
세(租稅)를 감면하도록 하였다. 이러한 개정은 세종대왕이 입법한 공법
의 취지를 무의미하게 만든 것이다.

「호조(戶曹)에 전지(傳旨)하기를, "재상전(災傷田) 안에 완전히 재상(災傷)을
입은 것은 이미 조세(租稅)를 감면하도록 허락하였으나, 그러나 하나의 전지
(田地)에 손(損)이 8, 9분(分)에 이르러서 수확(收獲)한 바가 1, 2분(分)에 지나지
않는 것은 모두 연분법(年分法)에 따라서 그 온전한 조세를 바치게 한다. 이

---

130) 『문종실록』 즉위년(1450) 9월 21일 5번째기사.

　　(원문) 「上謂左承旨鄭而漢曰: "貢法議定之時, 災傷連伏十結者, 方許免稅, 其後改爲全田
　　　　災傷, 乃令免稅. 然必待全田, 然後得入災傷之例, 故所損雖至八九分, 而所取不過
　　　　一二分者, 亦皆隨例, 納其全稅, 由是小民之不得其所者頗多, 爲怨實深. 予欲過半
　　　　災傷, 亦令免稅, 議者以爲: '如此, 則隨損給損之法復生, 實有乖於貢法之本意.'
　　　　予意以爲是論, 似是而實非. 大抵定其年分之法, 從其多者. 實多則從上, 損多則從
　　　　下, 雖一區之內, 膏塉不同, 豈可以塉, 而爲災傷乎? 果若以一洞之內, 膏塉不同之
　　　　田, 盡逐其塉以爲災傷, 誠如議者之弊矣. 所謂災傷云者, 或因霜雹, 盡爲枯零, 或
　　　　因雨水, 覆沙沈溺, 或因疾病, 未得盡墾而陳荒, 如此之類, 乃所謂災傷也. 虛實判
　　　　然, 驗之不難, 豈隨損給損, 任意斟酌之比乎? 況如此災傷之處不多矣, 何有不勝其
　　　　煩之慮乎? 今後每一區內, 過半災傷處, 佃者告于守令, 守令傳報監司, 移關戶曹,
　　　　發遣敬差官所報災傷, 逐一審驗, 隨損免稅何如? 若全田災傷者, 乃令免稅, 則百人
　　　　之內, 必有一民不得其所, 既知民之必不得所, 而不救其弊可乎? 其與政府及田制提
　　　　調, 熟議."」

로 말미암아 소민(小民)이 원망함이 없지 않으니, 내가 심히 염려한다. 금후로
는 재상(災傷)이 반(半)이 넘는 전지와 혹은 질병(疾病)으로 인하여 능히 경작
하지 못하여 온전히 묵어서 황폐하게 된 전지는 일일이 결복(結卜)의 수를 갖
추어서 아뢰어라."하고, 이에 조관(朝官)을 보내어 다시 살펴서 손(損)에 따라
서 조세(租稅)를 감면하였다.」[131]

그 결과 다음과 같이 『경국대전』 호전의 수세조에서는 재해율에 따
라 조세를 감면하거나 면세하도록 하였다.

「전부 재해를 입은 전지 및 전부가 묵혀진 전지는 면세하고, 반이 넘게 재
해를 입은 전지는 그 재해가 6분(分)에 이른 것은 6분(分)을 면세하고 4분(分)
을 수세하며, 9분에 이르기까지 모두 이 예에 의한다.」

131) 『문종실록』 즉위년(1450) 10월 7일 1번째기사.
　　(원문) 「傳旨戶曹曰: "災傷田內, 全被災傷者, 已許免稅. 然一田損至八、九分, 而所獲不
　　　　　過一、二分者, 皆隨年分, 納其全稅. 由是小民不無怨咨, 予深慮焉. 今後災傷過半
　　　　　田, 及或因疾病不能耕耘, 全致陳荒之田, 開具結卜之數以啓." 乃遣朝官, 更審隨
　　　　　損免稅.」

제 **4** 장

# 공법의 역사성과 세종대왕의 조세 과학화

# 01 세종대왕이 입법한 공법의 역사성

## 1. 과거시험에 출제된 백성을 위한 민주적인 조세법

　세종대왕은 조선에 맞는 조세법을 입법하기 위하여 많은 연구와 논의를 하였다. 그 첫번째가 문과 과거시험 문제의 출제이다. 다음『세종실록』기사와 같이 세종 9년(1427) 문과의 과거시험에 "공법을 사용하면서 이른바 좋지 못한 점을 고치려고 한다면 그 방법은 어떻게 해야 하겠는가."132)의 문제를 내어, '조선의 백성을 위한 조세법'을 만들고자 하였다.

　　① 「인정전(仁政殿)에 나아가서 문과(文科) 책문(策問)의 제(題)를 내었다. "왕은 이렇듯 말하노라. 예로부터 제왕이 정치를 함에는 반드시 일대의 제도를 마련하는 것이니, 방책에 살펴보면 이를 알 수 있다. 전제(田制)의 법은 어느 시대에 시작되었는가. 하후씨(夏后氏)133)는 공법(貢

---

132)『세종실록』9년(1427) 3월 16일 1번째기사.
　　(원문)「用貢法而去. 所謂不善, 其道何由?」
133) 중국의 고대 왕조. 요순시대 이후 우(禹)가 세운 왕조이다. 기원전 2070년경에서 기원전 1600년까지로 추정.

法)으로 하고, 은인(殷人)[134]은 조법(助法)[135]으로 하고, 주인(周人)[136]은 철법(徹法)[137]으로 한 것이 겨우 전기(傳記)에 나타나 있는데, 삼대(三代)의 법을 오늘날에도 시행할 수 있겠는가. (중략)

② 일찍이 듣건대 다스림을 이루는 요체는 백성을 사랑하는 것보다 앞서는 것이 없다고 하니, 백성을 사랑하는 시초란 오직 백성에게 취하는 제도가 있을 뿐이다. 지금에 와서 백성에게 취하는 것은 전제와 공부(貢賦)만큼 중한 것이 없는데, 전제는 해마다 조신(朝臣)을 뽑아서 여러 도에 나누어 보내어, 손실을 실지로 조사하여 적중을 얻기를 기하였다. 간혹 사자로 간 사람이 나의 뜻에 부합되지 않고, 백성의 고통을 구휼(救恤)하지 아니하여, 나는 매우 이를 못 마땅하게 여겼다. (중략) 손실을 실지로 조사하는 일도 구차스러이 사랑하고 미워하는 감정 여하에 따라, 올리고 내림이 자기 손에 달리게 되면, 백성이 그 해를 입을 것이니, 이 폐단을 구제하고자 한다면 마땅히 공법(貢法)과 조법(助法)에서 이를 구해야 될 것이다.

③ 공법(貢法)은 하(夏)나라의 책에 기재되어 있고, 비록 주(周)나라에서도 또한 조법(助法)이 있어서 향(鄕)과 수(遂)[138]에는 공법(貢法)을 사용하였다고 하나, 다만 그것이 여러 해의 중간을 비교하여 일정한 것을 삼음으로써 좋지 못하였다고 이르는데, 공법을 사용하면서 이른바 좋지 못한 점을 고치려고 한다면, 그 방법은 어떻게 해야 하겠는가. (중략) 그

---

134) 중국의 고대 왕조(BC1600~BC 1046).

135) 조법(助法)은 은나라(또는 상나라)의 조세제도로 1구역당 70묘(畝)를 기준으로 하여 630묘로 구획되는 정전제(井田制)이며, 9구역 중심에 공전(公田)을 두고 주변 8가(家)에 1구역을 나누어 주었으며, 공법은 단지 농민의 노동력을 빌려 경작을 돕게 하였다. 세율은 1/9로서 국가에 내는 세금은 풍흉을 가리지 않고 다만 공전에서 수확한 것만큼만 납부하게 하니 인정(仁政)의 표본이 되었다.(최윤오. 2007. pp.461-496, 최윤오. 1999. pp.3-14)

136) 중국의 고대 왕조(BC 1046~BC 771).

137) 철법(撤法)은 중국 주대(周)나라 때의 조세제도로 공전(公田)·사전(私田)의 구별을 없애고, 풍흉(豊凶)에 따라 수확의 10분지 1을 징수하였다. 철법은 매년 풍흉을 답험하여 조세를 징수하기 때문에 복잡하고 관리의 공평무사함이 전제가 되지 않으면 수많은 폐단이 생긴다. 조선초기의 답험손실법(또는 수손급손법)은 바로 철법의 원리에서 출발한 것이다. (최윤오. 2007. pp.461~496. 최윤오. 1999. pp.3-14)

138) 주대의 지방 행정 단위 구역.

대부大夫들은 경술(經術)에 통달하고 정치의 대체를 알아 평일에 이를 강론하여 익혔을 것이니, 다 진술하여 숨김이 없게 하라. 내가 장차 채택하여 시행하겠노라."하였다.」

위 내용을 분설하면 ①은 고대 중국에서 조세법의 기본으로 삼는 공법(貢法), 조법(助法), 철법(徹法)에 대한 역사와 편의성에 대한 언급이며, ②는 당시 조선의 조세법인 답험손실법의 문제점으로 '손실(損實)을 실지로 조사하여 적중을 얻기를 기하였으나 간혹 사자로 간 사람이 세종의 뜻에 부합되지 않고, 백성의 고통을 구휼(救恤)하지 아니하여 이를 못 마땅하게 여겼다.'는 것이다. 그리고 ③은 결론적으로 "공법을 사용하면서 이러한 답험손실법의 좋지 못한 점을 고치려고 한다면 그 방법은 어떻게 해야 하겠는가?"라는 질문이다. 이 과거시험 문제는 세종대왕이 '백성을 위한 조세법'을 만들고자 한 진정성을 볼 수 있다. 즉, 세종대왕은 이미 중국 고대로부터 시행된 조세제도의 유형에 따른 장단점을 알고, 개국의 태조 때부터 시행되어 온 답험손실법의 문제점을 정확히 파악하고, 조세가 백성의 삶에 미치는 영향이 매우 큼을 알기 때문에 과거시험을 통하여 젊은 유생들이 생각하고 있는 조세문제의 해결책을 살펴보고자 한 것이다.

여기서 세종대왕이 지적한 조선초 답험손실법의 폐단 형태는 다음『세종실록』의 기사에서 확실히 볼 수 있다. 첫째는 답험에 대한 적임자를 얻지 못함이요, 둘째는 위관이 재량권 남용으로 곡식의 허실을 함부로 헤아리는 것이요, 셋째는 위관들에 대한 접대의 폐단이요, 넷째는 답험에 소요되는 명목없는 비품[139]이 많다는 것이다. 그 결과 답험손실법은 국가와 백성 모두에게 이롭지 못하다는 것이다. 이러한 조세 행

---

139) 원문 : 無名之備.

정상의 문제점은 정도의 차이는 있지만 과학적이고 체계적인 조세제도를 운영하고 있는 현대에서도 비슷한 형태로 발생되고 있다.

「추수기의 전지를 간심(看審)할 때에는 으레 시골에 항시 거주하는 사람을 위관(委官)으로 삼게 되니, 거의 모두 자질구레하고 용렬하여 사물의 대체를 알지 못하고, 혹은 무지하고 몽매한 소견으로 그 허실을 함부로 헤아리기도 하고, 혹은 사정을 끼고 다소를 가감하기도 합니다. 또 따라다니는 하인들의 접대비가 모두 민간에서 나오게 되는데, 그들이 밭 사이의 길을 달리면서 여염을 소란하게 하매, 그 전지를 경작하는 사람은 술과 음식을 싸가지고 여러 날 동안 기다려 영접하면서 다투어 후하게 먹여 간청하여 후하게 보아주기를 바라고자 하니, 명목 없는 비품이 일정한 공부(貢賦)의 수량에 가깝게 되어, 관청과 민간에 이롭지도 못하고, 여러 해 동안의 큰 폐단이 되었습니다.」[140]

세종대왕은 이러한 이유로 답험손실법을 폐지하고 공법을 통하여 조세제도를 개혁하고자 하였다. 하지만 이미 『경제육전』 호전에 규정되어 시행되고 있는 답험손실법을 폐지하고 공법으로 개정하는 것은 조종성헌존중의 원칙을 어기는 것이므로 쉬운 정책결정은 아니었을 것이다. 세종 21년에 "내가 공법을 행하고자 한 것이 이제 20여 년이고, 대신들과 모의(謀議)한 것도 이미 6년이었다."[141]는 『세종실록』 기사에서, 공법을 입법하는 어려움이 얼마나 컸는지를 이해 할 수 있다. 이러한 어려움을 극복하면서 새로운 조세법인 공법을 만들고자 한 세종대왕의 뜻은 오르지 백성을 편하게 하여, 백성을 행복하게 하는 것임을 다음

---

140) 『세종실록』 18년(1436) 10월 5일 4번째기사.
　　(원문)「當秋成審田之時, 例以鄕曲恒居之人, 定爲委官, 率皆猥瑣庸劣, 不識大體, 或無知
　　　　　　瞎見, 妄度虛實, 或挾私任情, 增減多少. 且驅從供億, 皆出民間, 馳驅阡陌, 騷擾
　　　　　　閭閻, 其爲田者齎持酒食, 累日迎候, 爭欲厚饋干請, 以冀從優, 無名之備, 追幾於
　　　　　　常賦之數, 不利於公私, 而爲積年之巨弊.」
141) 『세종실록』 21년(1439)　5월 4일 7번째기사.

의 『세종실록』 기사에서 볼 수 있다. 이는 공법이 오르지 국가의 재정 수입을 확충하기 위한 것이 아니라 백성을 편안하고 행복하게 하려 함을 말하고 있다.

「지상원군사 정포와 개녕 현감 강자신이 하직하니, 임금이 불러 보고 말하기를, "공법(貢法)을 세운 것은 백성에게 편하게 하려고 한 것이다. 그러나, 백성들이 나를 보고 세금을 가혹히 징수한다고 여길까 염려되니, 그대들은 이를 알 것이다. 」[142]

## 2. 군주시대에 전국적인 여론조사에 의한 입법

세종대왕은 재위 12년(1430년) 3월 5일 호조에서 "이제부터는 공법(貢法)에 의거하여 전답(田畓) 1결(結)마다 조세 10말을 거두게 하되, 다만 평안도와 함길도만은 1결에 7말을 거두게 하여, 예전부터 내려오는 폐단을 덜게 하고, 백성의 생계를 넉넉하게 할 것이며, 그 풍재·상재(霜災)·수재·한재로 인하여 농사를 완전히 그르친 사람에게는 조세를 전부 면제하게 하소서" 하니, 세종대왕이 "정부·육조와, 각 관사와 서울 안의 전함(前銜)[143] 각 품관, 각도의 감사·수령 및 품관으로부터 여염(閭閻)의 세민(細民)에 이르기까지 모두 가부를 물어서 아뢰게 하라."하였다.

---

142) 『세종실록』 24년(1442) 12월 22일 2번째기사.
   (원문) 「知祥原郡事鄭抱、開寧縣監姜子愼辭, 引見曰: "貢法之立, 欲便於民也. 然恐民以 予爲聚斂, 爾等知之.」
143) 전직.

「"이제부터는 공법에 의거하여 전답 1결(結)마다 조세 10말을 거두게 하되, 다만 평안도와 함길도만은 1결에 7말을 거두게 하여, 예전부터 내려오는 폐단을 덜게 하고, 백성의 생계를 넉넉하게 할 것이며, 그 풍재·상재(霜災)·수재·한재로 인하여 농사를 완전히 그르친 사람에게는 조세를 전부 면제하게 하소서" 하니 세종대왕이 "정부·육조와, 각 관사와 서울 안의 전함(前銜)[144] 각 품관, 각도의 감사·수령 및 품관으로부터 여염(閭閻)의 세민(細民)에 이르기까지 모두 가부를 물어서 아뢰게 하라." 하였다.」[145]

호조는 그 해 8월 10일 공법의 가부에 대한 의논을 갖추어서 아뢰었는데 그 기간이 무려 5개월이 걸렸으며, [표 5]는 호조에서 올린 공법에 대한 여론조사의 결과이다. 공법의 시행에 무릇 가하다는 자는 98,657명이며, 불가하다는 자는 74,149명이었다. 총 172,806명[146]에 대한 여론을 조사한 것이다. 그 당시 『세종실록지리지』에 기록된 조선의 인구가 692,477명인 것을 고려한다면 인구의 4분의 1이 참여한 것이다.[147] [표 5]의 결과를 분석해보면 찬성하는 자는 98,657명이며, 반대하는 자는 74,149명으로 찬성 57.1%로 반대 42.9%보다 많았지만 세종대왕은 공법을 바로 시행하지 않았다. 그 이유는 조정 대신들의 반대가 너무 컸기 때문이다. 표에 따르면 공법의 시행을 반대하는 대신들은 무려 90.2%에 달하였다.

---

144) 전직.
145) 『세종실록』 12년(1430) 3월 5일 4번째기사.
  (원문)「請自今依貢法, 每一結收租十斗, 唯平安、咸吉道, 一結收七斗, 以除舊弊, 以厚民生. 其因風霜水旱等災傷, 全失農者, 全免租稅." 命自政府六曹各司及京中前銜各品, 各道監司守令品官, 以至閭閻小民, 悉訪可否以聞.」
146) 『세종실록』 12년(1430) 8월 10일 5번째기사.
147) 강안길 외 공저한 「한국사」에 의하면 " 『세종실록지리지』의 각도 군현별로 실려 있는 호(戶)·구(口)의 전국 합계는 20만 1, 853호, 69만 2,475구인데 그 구수(口數)란 곧 남정을 가리키는 숫자이다."고 하였다.

## [표 5] 공법관련 여론조사의 찬성과 반대 분석

(단위 : 명, %)

| | 대신·관찰사·도사 등 | | | | 수령 | | | | 품관·촌민 | | | | 합계 | | | |
|---|---|---|---|---|---|---|---|---|---|---|---|---|---|---|---|---|
| | 찬성 | | 반대 | | 찬성 | | 반대 | | 찬성 | | 반대 | | 찬성 | | 반대 | |
| | 인수 | % | 인수 | % | 인수 | % | 인수 | % | 인수 | % | 인수 | % | 인수 | % | 인수 | % |
| 대신 등 | 211) | 9.8 | 1942) | 90.2 | | | | | | | | | 21 | 9.8 | 194 | 90.2 |
| 3품이하 현직 | 259 | 39.7 | 393 | 60.3 | | | | | | | | | 259 | 39.7 | 393 | 60.3 |
| 3품이하 전직 | 443 | 79.1 | 117 | 20.9 | | | | | | | | | 443 | 79.1 | 117 | 20.9 |
| 유후사[148] | | | | | | | | | 1,123 | 94.1 | 71 | 5.9 | 1,123 | 94.1 | 71 | 5.9 |
| 경기도 | | | | | 29 | 85.3 | 5 | 14.7 | 17,076 | 98.6 | 236 | 1.4 | 17,105 | 98.6 | 241 | 1.4 |
| 평안도 | | | 1 | | 6 | 14.6 | 35 | 85.4 | 1,326 | 4.4 | 28,474 | 95.6 | 1,332 | 4.5 | 28,510 | 95.5 |
| 황해도 | | | 2 | | 17 | 50.0 | 17 | 50.0 | 4,454 | 22.2 | 15,601 | 77.8 | 4,471 | 22.3 | 15,618 | 77.7 |
| 충청도 | | | 2 | | 35 | 57.4 | 26 | 42.6 | 6,982 | 33.3 | 14,013 | 66.7 | 7,017 | 33.3 | 14,041 | 66.7 |
| 강원도 | | | | | 5 | 33.3 | 10 | 66.7 | 939 | 12.0 | 6,888 | 88.0 | 944 | 12.0 | 6,898 | 88.0 |
| 함길도 | | | 1 | | 3 | 17.6 | 14 | 82.4 | 75 | 1.0 | 7,387 | 99.0 | 78 | 1.0 | 7,402 | 99.0 |
| 경상도 | | | | | 55 | 77.5 | 16 | 22.5 | 36,262 | 99.0 | 377 | 1.0 | 36,317 | 98.9 | 393 | 1.1 |
| 전라도 | | | 2 | | 42 | 77.8 | 12 | 22.2 | 29,505 | 99.1 | 257 | 0.9 | 29,547 | 99.1 | 271 | 0.9 |
| | 723 | 50.5 | 710 | 49.5 | 192 | 58.7 | 135 | 41.3 | 97,742 | 57.1 | 73,304 | 42.9 | 98,657 | 57.1 | 74,149 | 42.9 |

출처 : 『세종실록』 12년(1430) 8월 10일

다음은 『세종실록』에 나타난 대신들의 반대 이유이다. 한마디로 '공법의 시행에 대해서 백성들이 원망한다.'는 것이다.[149]

① 「형조 판서 김자지 등은 "우리나라의 토지가 그 비옥하고 척박함이 각
　　각 달라서 상·중·하와 이갑(二甲)·삼신(三申)의 토품을 일찍이 조사
　　측량하여 그 고하(高下)를 정하였습니다. 그러하오나 거기에 심은 벼와
　　곡식이 그해의 가뭄 또는 장마에 따라 풍작 흉작이 달라지고, 또 모래
　　와 자갈로 된 척박한 밭들은 몇 해 뒤에 바로 묵어 버리는 것이 상례

---

148) 조선 초기에, 개성(開城)을 통치하기 위하여 둔 지방 관아. 서울을 한양으로 옮긴 뒤
　　에 그 뒤처리를 위하여 두었는데, 뒤에 개성부로 고쳤다.
149) 『세종실록』 12년(1430) 8월 10일 5번째기사.

이온데, 만약 이를 답험하지 않고 일반적으로 공법을 시행하여 세금을 거둔다면 잔약한 백성들 중에 어찌 원망하고 탄식하는 자가 없겠습니까. 또 위관의 답험이 잘되지 않고 수령들이 다 심찰하지 못한다 하여 갑자기 옛법을 변경한다는 것도 역시 온당치 않습니다.

② 「이조 판서 권진 등은 "전지를 답험할 때 그 증감을 적중하게 하지 못하는 폐단과 〈그에 따른〉 분주한 접대의 노고 등 실로 호조에서 아뢴 바와 같은 것이 없잖아 있습니다. 그러하오나 전지에는 비척(肥瘠)의 차이가 있고, 연사에도 풍흉이 바뀌는 수가 있어, 가령 좋은 전답 1결을 경작하는 자가 풍년을 만났다면, 비록 전체가 잘된 것으로 보고 조세를 받더라도 조금도 과할 것이 없지만, 10말만 거두고 만다면 국가의 세입이 줄어들 것이요, 만약 척박한 땅 1결을 경작하는 자가 수재(水災)나 한해(旱害)를 당하여 겨우 몇 부(負)의 작물 밖에 된 것이 없는데도 전체적인 감손은 아니라 하여 10말을 다 채워 받는다면 반드시 꾸어서 보태어 내는 경우가 있을 것이니, 인민들은 곤란할 것입니다. 이렇게 되면 공법의 폐해는 앞으로 답험의 폐단보다도 더 심한 것이 있을 것입니다.」

여론조사 결과를 도별로 찬반여부를 살펴보면 경기도, 경상도 및 전라도는 전체적으로 찬성하였으며, 평안도, 황해도, 충청도, 강원도 및 함길도는 반대하였다. 그런데 이러한 찬반의 결과는 도별로 너무 극한 대립을 보인 것이 특징이다. 경기도와 경상도, 전라도는 거의 99%정도가 공법을 찬성하였으며, 평안도 및 함길도는 90% 이상을 반대하였다. 그 이유는 비옥한 지역은 조세부담이 줄어든다고 생각하고, 척박한 지역은 조세부담이 늘어난다고 보기 때문이다. 세종대왕이 여론조사를 하는 당시의 공법안(案)은 토지의 등급이나 한해의 풍흉에 따른 연분을 고려하지 않고 조세를 징수하는 것이었다. 그 당시 작황은 경상·전라도와 같은 연해 지대의 논에는 1, 2두의 볍씨를 뿌리면 그 소출이 10

석이 달하여, 1결의 소출이 많으면 5, 60석을 넘고 적어도 2, 30석을 내려가지 않으며 밭도 역시 아주 비옥하여 소출이 많은데 반하여, 경기·강원도와 같은 산간 지역의 고을은 비록 1, 2석의 볍씨를 뿌린다 해도 소출이 5, 6석에 불과하였다.

세종대왕이 공법을 입법하는 과정에서 전국적인 여론조사를 실시한 것은 세계사적인 사건이다. 왕권시대이며 양반관료 사회인 조선시대에 조세법인 공법을 입법하고자 정부 및 육조를 포함한 전현직 관료와 각 품관, 그리고 각도의 감사·수령 및 품관으로부터 일반 백성에 이르기까지 가부(可否)를 물었다는 것은 현대의 조세법을 입법하는 과정과 별 차이가 없는 세종대왕만의 민주적 사고라고 볼 수 있다. 또한 세종대왕이 공법에 대한 여론조사를 대신부터 촌민까지 모든 백성을 대상으로 하였다는 것은 양반에 의하여 정치적 결정이 이루어진 사회에서, 조세와 직접 관련된 농민의 의사를 중시하고자 한 애민사상의 총합이라 볼 수 있다. 백성을 진정한 주인으로 여긴 것이다.

공법의 입법을 위한 이러한 여론조사에 대해서 손보기는 "세종대왕이 세법의 공정성과 실제로 거두어들이는 양에 따라 세금을 부과하여야 이치에 맞는데, 일정의 세곡을 정해 놓고 조세를 납부하게 하는 법을 주장하는 관료와 양반들과 맞섰다. 이에 세종대왕은 아마도 세계에서 가장 먼저 국민투표(여론 수렴) 형식을 통해서 그 문제를 해결하려 하였다, 그러나 그 국민투표가 부정을 저지른 결과 농민들의 뜻과는 반대로 나타났다. 이러한 잘못된 정보의 왜곡을 막기 위해 전제상정소를 만들고 그 뒤 세종대왕은 여러 해를 기다려 부정 투표를 못하게 하고 다시 수의(국민투표)하도록 하였다. 그 결과 세종대왕이 생각했던 것과 같이 농민들의 뜻에 맞는 실수확에 따른 공정한 세법을 시행하기 이르렀다."라고 주장하였다.[150]

이처럼 공법의 입법을 위한 여론조사는 조세법의 입법에 대한 국민투표로 여길만큼 역사적 가치가 있다.

뿐만 아니라 왕권시대의 세종대왕은 공법의 입법과 시행은 진정 '백성의 뜻'에 따라 행하고자 하였다. 이에 대한 『세종실록』 기사는 다음과 같다. ①은 공법의 입법을 강행하지 않고 여론을 수렴하여 3분의 2가 찬성하여야 시행하겠다는 기사이며, ②는 공법에 대한 신하들과 백성의 의견은 제각기 달라 세종대왕은 편부를 시험하고 신중하게 민의를 수렴하게 한 것이다. 참으로 현대의 조세법 입법자들에게도 귀감이 되는 조세정책과 입법과정이다. 군왕인 세종대왕이 공법을 입법할 때 오르지 백성을 위하여 편부를 시험하고, 여론조사를 실시한 것은 현대의 입법에서도 필요한 과정이기 때문이다.

> ① 「지난해에 공법을 시행하려고 했던 것을, 중외의 인민들은 거개 알고 있을 것이다. (중략) 공법은 지금 행하지 않더라도 후세 자손들이 반드시 다시 의논하여 행하려는 자가 있을 것이기는 하나, 이제 법제를 이미 제정하여 인민들도 익히 알고 있는 터인지라, 경솔히 버릴 수도 없거니와, 만약 고식적으로 여러 해 미루어 가게 되면, 그 일의 어렵고 쉬운 사정도 다시 거리가 멀게 될 것이다. 나는 경상·전라 양도의 인민들 가운데 공법의 시행을 희망하는 자가 3분의 2가 되면 우선 이를 양도에 시행하려니와, 3분의 2에 미달한다면 기어이 강행할 필요는 없다고 본다. 만약 이 법을 시행하여 어떤 폐단이 생기게 되면 즉시 이를 개정하곤 하면, 거의 그 폐단도 없게 될 것이다. 그러나 내 마음은 반드시 이 법을 시행하려는 것도 아니니, 경들은 이 법의 이해(利害)를 잘 알아서 속히 의논하여 아뢰도록 하라.」[151]

150) 손보기. 1993. "세종대왕의 민본정신을 되살리자면". 「세종학연구」 제8호.
151) 『세종실록』 20년(1438) 7월 10일 1번째기사.
   (원문) 「故去年欲行貢法, 中外之民, 擧皆知之, (중략) 貢法今雖不行, 後世子孫, 必有更議而欲行之者. 今法制已定, 民已熟知, 不可輕易棄之也, 若姑息曠年, 則事之難易,

② 「전라·경상·충청도 관찰사에게 전지하기를, (중략) 내가 공법의 편부
(便否)를 시험하려고 우선 하삼도에 시험한 것이 이미 여러 해 되었으
나, 내가 깊이 궁궐 속에 있으므로 민간의 일을 알지 못하니, 어찌 공
법과 손실의 편부를 살펴서 하나로 정하겠는가. 민간에 물어서 백성이
바라는 것으로 가부를 살피고자 하나, 서민의 마음이 무상(無常)하여서,
한 사람이 가하다고 하면 다 가하다고 말하고, 한 사람이 옳지 않다고
하면 역시 옳지 않다고 말하여, 바람에 타고 따라가는 것은 형세가 진
실로 그러한 것이라, 내가 이미 실험하여 알고 있는 것이다. 감사와 수
령은 백성에게 가까운 직무이니, 이 법의 편부를 자세하게 갖추 알 수
있을 것이요, 서민들의 원하는 바를 역시 알지 못하는 것이 없을 것이
다. 여러 사람의 일치하지 못한 말에서 지당한 하나의 결론을 듣고자
하니, 경은 나의 지극한 마음을 알아서, 그 각 고을 수령들과 여러 사
람의 뜻을 참작하고, 자기의 의견도 합하고, 각기 경내 인민의 바라는
것과 두 가지 법 가운데에 행해서 폐단 없는 것과 마땅히 행할 수 있
는 조건을 다시 생각하고 의논을 더하여 밀봉해서 아뢰라."하였다.」[152]

이러한 과정을 걸친 세종대왕은 공법의 제정을 마무리하기 위하여
세종 25년(1443) 11월에 전제상정소(田制詳定所)[153]를 설치하고, 1년여

相去遠矣. 予聞慶尙、全羅兩道之民, 望其貢法之行者多矣. 今令兩道訪于民間, 民
之欲者三分之二, 則姑試於兩道; 未滿三分之二, 則不必强行. 若行此法而弊生, 則
隨卽改定, 庶乎無弊. 然予心, 非必欲行此法也. 卿等熟知此法利害, 速議以啓."」

152) 『세종실록』 25년(1443) 7월 19 5번째기사.
(원문)「傳旨全羅、慶尙、忠淸道觀察使: (중략) 予(敘)〔欲〕試驗貢法之便否, 姑試之於
下三道, 已有年矣. 然予深居九重之內, 未諳民間之事, 安能察貢法損實便否之歸一
乎? 伊欲訪於民間, 以審民望之可否, 然庶民之心無常, 一人可則皆曰可, 一人否則
亦曰否, 乘風趨向, 勢固然也. 予已驗之審矣. 監司守令, 近民之職, 玆法之便否,
備詳知之; 庶民之趨向, 亦莫不知, 肆將衆人不一之說, 欲聞至當歸一之論, 卿其體
予至懷, 其與各官守令酌衆人之意, 參一己之見, 各其境內人民之望及兩法中行之
無弊合行條件, 更加аре確, 密封啓聞.」
153) 1443년 경무법(頃畝法)·오등전품제·연분구등제(年分九等制)를 골격으로 하는 갱정공
법(更定貢法)이 제정되었다. 그러나 공법을 시행하려면 전국적으로 새로운 양전(量田)
과 전품의 등급(等級)을 매겨야 했으므로 이를 위한 많은 실험과 준비가 필요하였다.
그래서 그 해 11월 전제상정소를 설치하였다. 전제상정소는 설치된 직후부터 경무법
에 의한 양전을 실험하였다. 그리하여 1444년 6월 결부제(結負制)를 따르되 주척(周

의 논의 끝에 결국 세종 26년(1444)에 공법을 최종 입법하였다. 군주 시대의 왕인 세종대왕이 보여준, 공법을 입법하는 과정과 절차는 민주 시대인 현대의 입법과정과 절차에 뒤지지 않다고 본다. 지금은 조세법을 입법하기 위해서 공청회 등을 통한 논의를 실시하고, 여론조사를 실시하고 있지만, 세종대왕이 보여준 전국적인 여론조사를 하고, 편부를 시험하고, 무려 25년 이상 논의하는 입법과정에는 미치지 못한다고 보기 때문이다. 3분의 2이상의 백성이 찬성할 때 공법을 시행하겠다는 세종대왕의 민주적인 조세법의 입법사상은 참으로 위대하다.

## 3. 세계적으로 최장기 논의에 의한 입법

『세종실록』에 의하면 세종대왕 21년에 "내가 공법을 행하고자 한 것이 이제 20여 년이고, 대신들과 모의(謀議)한 것도 이미 6년이였다."고 하였다. 세종대왕이 조선만의 공법을 만들고자 한 목적은 백성들에게 불편함 없고, 관리들의 농간에 시달리지 않는 완전하고 공평한 조세법을 제정하기 위한 것이다.

당시 대신들과 공법에 대해서 논의한 『세종실록』의 주요 기사에는 다음과 같은 것이 있다. ①은 공법의 시행을 논의하고도 지금까지 아직 정하지 못하였으니 슬픈 일이다라는 것이고, ②는 공법(貢法) 원하지 않는 자가 적고 행하기를 원하는 자가 많다는 것이며, ③은 백성에게 불편이 있을까 염려하는 까닭으로 이제 전라 · 경상 두 도에만 행하여 그 편리한 여부를 시험하게 하였다는 내용이다. 마지막 ④는 조세의 일은 반복해 생각하여도 그 요령을 얻지 못하겠다는 겸허한 심경을

尺)에 의거해 양전하고, 육등전품제 · 연분구등제를 뼈대로 하는 공법수세제(貢法收稅制)를 제정하였다. (한국학자료쎌터 「고문헌용어 디지털사전」 참고)

토로한 내용이다.

① 세종 11년 : 「좌우에게 이르기를, "연전에 공법의 시행을 논의하고도 지금까지 아직 정하지 못하였으나, 우리나라의 인구가 점점 번식하고, 토지는 날로 줄어들어 의식이 넉넉하니 못하니, 가위 슬픈 일이다.」[154]

② 세종 19년 : 「내 항상 공법을 행하고자 하여 몇 해 동안의 중간 수량을 참작해서 답험하는 폐단을 없애버리고, 여러 대소 신료로부터 서민에 이르기까지 물어 보았더니, 공법(貢法) 원하지 않는 자가 적고 행하기를 원하는 자가 많으니, 백성들의 지향하는 바가 가히 알었었다. 그러나 조정의 논의가 분분해서 잠정적으로 그대로 두고 행하지 않은 지가 몇 해가 되었다."」[155]

③ 세종 21년 : 「경상도 관찰사 이선에게 전지하기를, "(중략) 내가 공법을 행하고자 한 것이 이제 20여 년이고, 대신들과 모의한 것도 이미 6년이 있다. 공법을 이제 징하였으나 오히려 백싱에게 불편이 있을까 염려하는 까닭으로, 이제 전라・경상 두 도에만 행하여 그 편리한 여부를 시험하게 하였다.」[156]

④ 세종 25년 : 「임금이 좌우에게 이르기를, "조세의 일은 반복해 생각하여도 그 요령을 얻지 못하겠으니 장차 무슨 방법으로 대처한 연후에야 정리에 합하겠는가. 또 1결의 소출이 몇 석 몇 말이나 되는가." 하니, 여럿이 아뢰기를, "여러 도의 토품이 각각 달라 소출이 같지 아니하오니, 하나로 미루어 논할 수는 없습니다." 하였다.」[157]

---

154) 『세종실록』 11년(1429) 11월 16일 1번째기사.
　　(원문) 「又謂左右曰: "年前議行貢法, 迄今未定. 我國生齒漸繁, 土地日窄, 衣食不裕, 可謂於悒."」
155) 『세종실록』 19년(1437) 7월 9일 1번째기사.
　　(원문) 「予常欲行貢法, 酌數歲之中, 以除踏驗之弊, 訪諸大小臣僚, 以至庶民, 不願者少, 願行者多, 民之志向可知. 然朝論紛紜, 姑寢不行者有年矣.」
156) 『세종실록』 21년(1439) 5월 4일 7번째기사.
　　(원문) 「傳旨慶尙道觀察使李宣曰: (중략) 肆予欲行貢法, 于今二十餘載, 謀議大臣, 又已六年, 而貢法乃定, 猶慮不便於民, 故令行於全羅、慶尙兩道, 試〔險〕〔驗〕便否.」
157) 『세종실록』 25년(1443) 9월 11일 1번째기사.
　　(원문) 「上謂左右曰: "租稅之事, 反復思之, 未領其要, 將何術以處之, 然後乃合情理歟?

[표 6]은 『세종실록』과 『증보문헌비고』에 기록된 일자별 공법에 관한 기사이다. 기사 내용은 약 30년 동안 총 68건으로 『증보문헌비고』의 3건을 제외한 65건이 『세종실록』에 기록된 것이다. 세종대왕은 백성을 위한 조선만의 공법을 입법하기 위하여, 25년의 긴 세월동안 지속적인 연구와 논의를 한 것이다.

### [표 6] 『세종실록』과 『증보문헌비고』에 기록된 일자별 공법을 관한 기사

| 년월일 | 공법관련 내용 | 비고 |
|---|---|---|
| 세종 3년(1421) | 충청도에 금년부터 비로소 공법(貢法)을 시행하기를 계청하니. | 증보문헌비고 |
| 세종 9년(1427) 3월 16일 | 책문의 제(題)를 내다. "공법을 사용하면서 이른바 좋지 못한 … | 실록 본문 |
| 세종 11년(1429) 11월 16일 | 연전에 공법의 시행을 의논하고도 지금까지 아직 정하지 못하다. | 〃 |
| 세종 12년(1430) 3월 5일 | 호조에서 공법에 의거하여 전답 1결마다 조 10두를 거둘 것… | 〃 |
| 세종 12년(1430) 7월 5일 | 공법의 편의 여부 등의 일들을 백관으로 하여금 숙의케 하라. | 〃 |
| 세종 12년(1430) 8월 10일 | 호조에서 공법에 대한 여러 의논을 갖추어 아뢰다. | 〃 |
| 세종 13년(1431) | 공법을 고쳤다. | 증보문헌비고 |
| 세종 18년(1436) 2월 23일 | 공법 시행에 대한 의논. | 실록 본문 |
| 세종 18년(1436) 5월 21일 | 황희·안순·신개·하연·심도원 등과 공법을 의논하다. | 〃 |
| 세종 18년(1436) 5월 22일 | 황희 등과 공법의 절목을 의논하다. | 〃 |
| 세종 18년(1436) 윤6월 15일 | 공법 상정소를 두다. | 〃 |
| 세종 18년(1436) 10월 5일 | 내가 일찍이 개연히 생각하여 공법을 시행하여… | 〃 |
| 세종 19년(1437) 7월 9일 | 공법의 시행 방안을 의논하여 아뢰게 하다. | 〃 |

且一結所出幾石幾斗?" 僉曰: "諸道土品各異, 所出不同, 不可以一槪論也."」

| 년월일 | 공법관련 내용 | 비고 |
|---|---|---|
| 세종 19년(1437) 7월 27일 | 황해도 감사가 공법 시행 보류를 건의했으나 윤허하지 아니하다. | 〃 |
| 세종 19년(1437) 7월 28일 | 함길도 각 고을의 백성에게 공법의 수량을 감해주다. | 〃 |
| 세종 19년(1437) 8월 22일 | 경상도 감사가 공법 시행으로 인한 피해를 구제할 것을 건의하다. | 〃 |
| 세종 19년(1437) 8월 27일 | 공법의 시행 여부를 다시 의논하게 하다. | 〃 |
| 세종 19년(1437) 8월 28일 | 공법을 버리고 예전대로 손실법을 행하게 하다. | 〃 |
| 세종 20년(1438) 7월 10일 | 의정부와 육조에서 답험손실법과 공법에 대하여 의논하다. | 〃 |
| 세종 20년(1438) 7월 11일 | 경상·전라 양도에 공법을 시험 실시하게 하다. | 〃 |
| 세종 20년(1438) 10월 12일 | 공법의 시행 여부에 대해 논의하다. | 〃 |
| 세종 20년(1438) 10월 15일 | 공법의 시행에 있어 조관을 파견하여 심사하도록 하다. | 〃 |
| 세종 20년(1438) 11월 20일 | …공법에 의거하여 전손한 집은 면세하다. | 〃 |
| 세종 21년(1439) 5월 4일 | 공법의 시행에 대해 이선에게 전지하다. | 〃 |
| 세종 21년(1439) 6월 16일 | 정종성이 공법의 절차에 대해 아뢰다. | 〃 |
| 세종 21년(1439) 7월 21일 | 지금 큰 법(공법)을 세우고자 하는데 너희들이 어찌 이렇게 … | |
| 세종 21년(1439) 8월 15일 | 제주도는 공법을 쓰지 않다. | 〃 |
| 세종 21년(1439) 9월 18일 | 사간원에서 장수의 선택·공법 시행의 불가 등을 …상소하다. | 〃 |
| 세종 22년(1440) 5월 8일 | 우선 경상·전라 양도에 공법을 시행하다. | 〃 |
| 세종 22년(1440) 6월 4일 | 공법 실시를 위해 지품을 3등으로 나누어 아뢰도록 하다. | 〃 |
| 세종 22년(1440) 6월 13일 | 의정부에서 각조의 공법을 정하여 상정하다. | 〃 |
| 세종 22년(1440) 7월 5일 | 임금이 공법 시행의 폐단에 대해 전지하다. | 〃 |
| 세종 22년(1440) 7월 13일 | 의정부가 공법의 편의성에 대해 아뢰다. | 〃 |
| 세종 22년(1440) 8월 16일 | 호조에서 명주 징수와 공법에 대해 보고하다. | 〃 |
| 세종 22년(1440) 8월 30일 | 의정부가 미진한 공법의 보완책을 건의하다. | 〃 |
| 세종 23년(1441) 7월 5일 | 공법에 관해 묻고 의정부로 하여금 논의하게 하다. | 〃 |
| 세종 23년(1441) 7월 7일 | 충청도에 공법을 시행하다. | 〃 |

| 년월일 | 공법관련 내용 | 비고 |
|---|---|---|
| 세종 23년(1441) 12월 17일 | 하삼도에 공법을 먼저 행하여 편리한 여부를 시험한 것이고… | " |
| 세종 24년(1442) 6월 1일 | 이흥·전유선 등이 공법을 도용하니 징계하다. | " |
| 세종 24년(1442) 7월 21일 | …공법과 환곡을 민생을 위해 처리하도록 말하다. | " |
| 세종 24년(1442) 7월 27일 | …민생을 살펴 공법과 의창을 실행할 것을 말하다. | |
| 세종 25년(1443) 7월 11일 | 하삼도에 우선 공법을 실시하다. | " |
| 세종 25년(1443) 7월 15일 | 승정원에 공법의 실행 여부를 묻다. | " |
| 세종 25년(1443) 7월 19일 | 공법의 실행에 대해 자신과 고을 수령·백성들의 의견 등을 수렴… | " |
| 세종 25년(1443) 8월 5일 | 공법의 실행하는 데에는 덕을 잃는 것이 국가의 입법한 데에 … | " |
| 세종 25년(1443) 10월 23일 | … 밭에 대한 조세의 기준·해의 등급을 나누는 일 등을 묻다. | " |
| 세종 25년(1443) 10월 27일 | 양전의 실시 등을 의논하다. | " |
| 세종 25년(1443) 11월 2일 | 호조에 공법을 실시할 방도를 하교하고 중외에 이를 알릴 것… | " |
| 세종 26년(1444) 1월 10일 | … 백성으로 하여금 국가에서 후렴하려는 의사가 없음을 알게 … | " |
| 세종 26년(1444) 6월 6일 | 신하들과 함께 폐단이 없이 공법을 시행할 방도에 대해 의논하다. | " |
| 세종 26년(1444) 윤7월 23일 | 임금이 한확·김종서 등과 복식과 공법 문제에 대해 논의하다. | " |
| 세종 26년(1444) 윤7월 23일 | 경덕궁직 오흠로의 군의 징집·공법 등에 대한 상소. | " |
| 세종 26년(1444) 윤7월 26일 | 내가 공법을 시행하고자 하나 대소 신민들이 입법의 뜻을 알지 … | " |
| 세종 26년(1444) 윤7월 27일 | … 공법을 정지할 것을 건의하였으나 윤허하지 않다. | " |
| 세종 26년(1444) 윤7월 28일 | 지평 김인문과 우헌납 신후갑의 공법을  반대하는 상소. | " |
| 세종 26년(1444) 8월 1일 | …벼곡식을 살펴보게 하니, 장차 공법을 정하기 위한 것이었다. | " |
| 세종 26년(1444) 11월 13일 | …시행할 수 있는 조건들을 의논하여 올리라. | " |
| 세종 27년(1445) 11월 12일 | …공법을 시행하지 않는 지역은 세를 감하게 하다. | " |

| 년월일 | 공법관련 내용 | 비고 |
|---|---|---|
| 세종 27년(1445) 1월 1일 | 새로 공법을 시행하는 지역에서는 묵은 토지의 조세를 받지 … | 〃 |
| 세종 27년(1445) 7월 9일 | 농사에 실패한 경기 충청도에 공법 시행을 정지하게 하다. | 〃 |
| 세종 28년(1446) 4월 30일 | 공법·입거·축성·의염의 법 등에 관한 사간원 우사간 변효경 등… | 〃 |
| 세종 28년(1446) 5월 3일 | 축성·공법·입거에 관한 집현전 직제학 이계전 등의 상소문. | 〃 |
| 세종 28년(1446) 5월 4일 | 평안도·함길도의 축성·공법·입거에 관한 절목을 마련하게 하다. | 〃 |
| 세종 28년(1446) 6월 18일 | 공법의 폐단을 논한 이계전 등의 상소가 있어 이를 의논하다. | 〃 |
| 세종 28년(1446) 7월 2일 | 공법의 폐단 및 그 방책에 관한 성균 주부 이보흠의 상소문. | 〃 |
| 세종 28년(1446) 11월 10일 | 시위패의 번상을 공법의 인분법을 사용하여 하기 하였다. | 〃 |
| 세종 30년(1448) | … 중외의 벼슬아치에게 공법답험의 편부를 물었다. | 증보문헌비고 |

『증보문헌비고』에는 세종 3년부터 충청도에 공법을 시행하였다는 기록이 있지만, 『세종실록』에는 세종 11년 신하들과 공법의 시행을 논의하기 시작한 후 세종 19년(1437) 8월에 전라도와 경상도에, 22년(1440) 역시 경상·전라 양도에 공법을 시범적으로 시행하였으며[158], 세종 26년(1444)에 완성된 공법이 공포되었다.

[표 7]은 시범실시한 공법과 완성된 공법의 내용을 비교한 것이다.

158) 우선 경상·전라 양도에 공법을 시행하다.(『세종실록』 22년(1440) 5월 8일)

| 구분 | | 년도 | 전품 | 답험 | 결당세액(수전) |
|---|---|---|---|---|---|
| 시범실시 공법 | | 세종19년 | 3등도 3등전 9등급 | 답험 없음 | 정액세 12말 ~ 20말 |
| | | 세종22년 | 3등도 3등전 18등급 | | |
| 완성 공법 | | 세종26년 | 전분육등 | 답험 없음 군현 단위 연분구등 | 정액세 4말~20말 |

**[표 7] 시범실시한 공법과 완성된 공법의 비교**

    따라서 세종 26년(1444)에 최종 입법된 공법은 군주시대의 군왕인 세종대왕이 백성을 위한 조세법을 제정하기 위하여 25년 이상 뜻을 두고 고심하면서, 15년 이상 조정의 대신들과 논의한 결과물이었다. 세종대왕은 조선에 맞는 공법을 입법하기 위하여 세종 9년(1427년)에 당하관의 과거시험 문제로 "공법을 사용하면서 이른바 좋지 못한 점을 고치려고 한다면 그 방법은 어떻게 해야 하겠는가."를 출제하면서부터 오르지 백성이 행복해질 수 있는 세법을 구상하고 입법과정을 진행한 것이다. 새로운 세법의 입법을 위해서 수많은 기간동안 군신과 촌부 그리고 과거시험 응시자까지 다양한 계층과 의사소통을 한 것이다. 참으로 역사적으로 위대하고 세제사(税制史)에 기록되어야 할 세계적인 유산이다.

## 4. 군왕 스스로 근대적 조세원칙을 추구한 입법

### 가. 의미

조선왕조의 최고 통치자는 왕이며, 왕은 입법·사법·행정의 삼권을 가진 최고 권력자이다. 비록 군주의 전제화를 견제하게끔 의정부 등 관제의 일부가 편제되었다고 하여도 기본적으로 권력 구조는 왕권 중심으로 마련되어 있었다. 실로 조선왕조의 군왕은 만인지상(萬人之上)이였다. 조세(租稅)에 있어서도 왕은 세법의 입법권과, 부과하고 징수하는 과세권(행정권)을 가지고 있었으며, 또한 조세범을 처벌하는 사법권을 가진 무소불위(無所不爲)의 존재였다.

이러한 조선시대의 세종대왕은 아담 스미스보다 약 300년 전의 군주로서 자본주의나 산업시대와는 연결 지울 수 없는 농본주의시대의 왕이다. 세종대왕이 심사숙고 하고 논의하여 입법하고자한 공법(貢法)은 백성에게 공평하고, 편의하며, 징세비용이 적게 드는 조세법을 만드는 것인데, 이 과정에서 보여준 조세원칙의 내용은 어떤 것이 있는가? 물론 국가의 지배구조나 조세제도의 차이, 그리고 시대적인 차이로 인하여 공법의 입법과정에서 세종대왕이 추구한 조세원칙을 아담 스미스가 제시한 체계적인 조세원칙과는 직접 비교할 수 없다. 또한 세종대왕이 '조세원칙'이라고 명확히 밝히면서 이를 추구한 것도 아니다. 다만, 공법의 입법과정과 공법의 규정 속에 들어있는 내용을 아담 스미스가 제시한 조세원칙 측면에서 다음과 같이 분석하여, 세종대왕이 공법을 통하여 추구하고자 한 조세원칙을 정립한 것이다.

조세원칙은 국가가 경비를 조달하기 위하여 국민에게 과세함에 있어서 지켜야할 원칙이며, 조세제도와 조세정책을 결정하는 기초가 되는 원칙이다. 이제까지 널리 알려져 있는 조세원칙은 아담 스미스의 '조세의 4원칙'[159]과 A.바그너의 조세원칙이 있으며, 최근의 혼합경제체제 (混合經濟體制)하에서 대표적인 것은 R.A.머스그레이브의 '조세 5원칙' 등이 있다. 이 중 아담 스미스는 산업자본을 대표하여 개인주의적 법 치국가의 이념하에서 『국부론』에 조세의 원칙을 제시함으로써 절대왕 제에 의한 수탈에 대하여 시민사회를 옹호하였다. 즉, 아담 스미스는 절대제왕의 조세에 의한 수탈로 부터 백성을 지키기 위하여 근대적 조 세원칙을 제시한 것이다. 하지만 세종대왕은 제왕 스스로 백성을 조세 로부터 보호하기 위하여 공법을 입법하는 과정에서 조세원칙을 실현한 것이다.

## 나. 공평의 원칙

공법(貢法)은 전분육등법과 연분구등법에 따라 세액을 산정하여 징수 하는 조세법이다. 전분육등법은 전국의 토지를 비옥하고 척박한 정도에 따라 6등급으로 나누고, 등급마다 결의 넓이를 달리하는 결부법을 채 택하였다. 전분육등법에 의한 상상년(上上年)의 경우 1결당 수확량은 수전의 경우 쌀 40섬, 한전의 경우에는 콩 40섬 또는 조 20섬을 기준 으로 하여 등급별 그 넓이를 달리하였지만 세액은 같았다.[160] 즉, 6등 전 1결의 면적은 1등전의 4배이지만 수확량은 동일하게 취급하며 세액 또한 동일하다. 연분구등법은 각 고을(군·현)마다 연분을 살펴 정하되,

---

159) 이 조세원칙은 1776년에 아담 스미스가 발간한 「국부론」에서 제시한 다음의 원칙이다.
　① 공평의 원칙: 국민은 누구나 그 능력에 따라 비례적으로 조세를 부담한다.
　② 확실의 원칙: 조세의 납세방법·시기·금액 등은 모든 사람이 알 수 있도록 간 단·명료하여야 한다.
　③ 편의의 원칙: 조세는 납세자에게 편리한 시기, 가장 편리한 장소, 가장 편리한 방 법으로 징수되어야 한다.
　④ 징세비 최소의 원칙: 조세의 징수하는 비용이 가장 적게 들도록 하여야 한다.
160) 토지등급에 따른 1결의 면적은 1등전이 약 3,000평, 2등전이 약 3,500여 평, 3등전이 4,200여 평, 4등전이 5,400여 평, 5등전이 약 7,500평, 6등전이 약 12,000평 정도이었다.

재상(災傷)외의 곡식의 실·불실(實·不實)이 비록 다 같지 아니할지라 도 총합하여 10분으로 비율을 삼아서, 전실(全實)을 상상년, 9분실을 상중년, 8분실을 상하년, 7분실을 중상년, 6분실을 중중년, 5분실을 중 하년, 4분실을 하상년, 3분실을 하중년, 2분실을 하하년으로 하여, 수전 과 한전을 각각 등급을 나누고, 1분실은 9등분에는 미치지 아니하므로 조세를 면제하였다. 세율은 작황에 따라 상상년 1결 20말에서 상중년 18말, 이하 차례로 체감하여, 하하년 4말로 하고, 그 이하는 면세하였 다. 이러한 조세부담액은 소출액의 20분의 1에 해당하는 것이다.

세종대왕이 입법한 공법에 대해 손보기는 "세종대왕의 민본정신은 모든 분야에 걸쳐 나타났지만 그 가운데 가장 뜻 깊은 시책의 하나는 공법의 시행이다. 우리는 전분육등 연분구등이라는 말로 알고 있지만 이를 시행에 옮기는 데는 세종대왕의 고심이 컸다. 그 결과 세종대왕 이 생각했던 것과 같이 농민들의 뜻에 맞는 실수확에 따르는 공정한 세법을 시행하게 되었다. 근대형의 진보된 세법을 시행하게 했던 것이 다."라고 주장하였다.161)

결론적으로 세종대왕이 만든 공법은 양전에 의하여 전답을 6등급으 로 나눈 다음, 매년 군·현단위로 연분에 따라 9등급의 세율을 적용하 여 각 전답의 산출세액을 계산하여 공평과세를 추구한 세법이다. 비옥 도에 따른 전답의 크기를 기준하여 1차적 공평을 실현하고, 매년 연분 결정으로 2차적 조세공평을 실현하고자 한 것이다. 공평과세를 위해 전답의 수세 기준은 총 54등분으로 세분화되었다.

---

161) 손보기. 1993. "세종대왕의 민본정신을 되살리자면". 「세종학연구」 제8호.

## 다. 확실의 원칙

확실의 원칙은 조세의 납세방법·시기·금액 등은 모든 사람이 알 수 있도록 간단·명료하여야 한다는 것이다. 세종대왕은 공법에 전답을 양전하는 방법과 답험하는 방법들을 상세히 규정함으로써 조세의 불확실성을 배제하려 하였다. 『세종실록』의 공법 규정[162]을 보면 다음과 같이 ①은 전분(田分)의 등급과 등급에 따른 면적, ②는 결실률에 따른 연분 결정과 세율, ③은 재상에 따른 조세의 면제, '④-⑥'은 토지 상태에 따른 과세 여부 등을 보다 확실히 규정하고 있음을 알 수 있다.

① 6등 전지의 1결은 1백 52묘(畝), 5등 전지의 1결은 95묘, 4등 전지의 1결은 69묘, 3등 전지의 1결은 54묘 2분, 2등 전지의 1결은 44묘 7분, 1등 전지의 1결은 38묘다.

② 연분(年分)을 9등으로 나누고 10분 비율로 정하여 전실(全實)을 상상년 (上上年)으로 하고, 9분실(九分實)을 상중년, 8분실(八分實)을 상하년, 7분실을 중상년, 6분실을 중중년, 5분실을 중하년, 4분실을 하상년, 3분실을 하중년, 2분실을 하하년으로 하여서, 상중년(上中年)이 된 1등 전지의 조세는 27말, 2등 전지의 조세는 22말 9되, 3등 전지의 조세는 18말 9되, 4등 전지의 조세는 14말 8되, 5등 전지의 조세는 10말 8되, 6등 전지의 조세는 6말 7되이고, 상하년(上下年)이 된 1등 전지의 조세는 24말, 2등 전지의 조세는 20말 4되, 3등 전지의 조세는 16말 8되, 4등 전지의 조세는 13말 2되, 5등 전지의 조세는 9말 6되, 6등 전지의 조세는 6말이며, 중상년(中上年)이 된 1등 전지의 조세는 21말, 2등 전지의 조세는 17말 8되, 3등 전지의 조세는 14말 7되, 4등 전지의 조세는 11말 5되, 5등 전지의 조세는 8말 4되, 6등 전지의 조세는 5말 2되이고, 중중년(中中年)이 된 1등 전지의 조세는 18말, 2등 전지의 조세는 15말 3되, 3등 전지의 조세는 12말 6되, 4등 전지의 조세는 9말 9되, 5등 전지의

---

162) 『세종실록』 26년 갑자(1444) 11월 13일.

조세는 7말 2되, 6등 전지의 조세는 4말 5되이고, 중하년이 된 1등 전지의 조세는 15말, 2등 전지의 조세는 12말 7되, 3등 전지의 조세는 10말 5되, 4등 전지의 조세는 8말 2되, 5등 전지의 조세는 6말, 6등 전지의 조세는 3말 7되이며, 하상년(下上年)이 된 1등 전지의 조세는 12말, 2등 전지의 조세는 10말 2되, 3등 전지의 조세는8말 4되, 4등 전지의 조세는 6말 6되, 5등 전지의 조세는 4말 8되, 6등 전지의 조세는 3말이고, 하중년(下中年)이 된 1등 전지의 조세는 9말, 2등 전지의 조세는 7말 6되, 3등 전지의 조세는 6말 3되, 4등 전지의 조세는 4말 9되, 5등 전지의 조세는 3말 6되, 6등 전지의 조세는 2말 2되이고, 하하년(下下年)이 된 1등 전지의 조세는 6말, 2등 전지의 조세는 5말 1되, 3등 전지의 조세는 4말 2되, 4등 전지의 조세는 3말 3되, 5등 전지의 조세는 2말 4되, 6등 전지의 조세는 1말 5되이다.

③ 각도 감사는 각 고을마다 연분을 살펴 정하되, 재상(災傷)외의 곡식의 실(實)·불실(不實)이 비록 다 같지 아니할지라도 총합하여 10분으로 비율을 삼아서, 전실(全實)을 상상년(중략) 1분실(分實)은 9등분에는 미치지 아니하니, 마땅히 조세를 면제할 것입니다.

④ 정전(正田) 내의 묵은 전지는 다 해마다 경작할 수 있는 토지인데, 사람들이 혹은 토지를 많이 가지고서 해를 갈아 묵히기도 하고, 혹은 농사를 게을리 해서 경작하지 아니하기도 하여, 토지가 묵는 것이 많으니 심히 옳지 못합니다. 이러한 것은 일부 묵은 것이나 전부 묵은 것임을 물론하고 다 조세를 받을 것입니다.

⑤ 속전(續田) 내에 만약 묵은 땅이 있으면 수령들로 하여금 경작자의 신고서를 받아서 친히 심사한 후에 감사에게 보고하게 하고, 감사나 수령관이 다시 그 수량을 조사하여 위에 아뢰고 조세를 면제할 것입니다.

⑥ 정전(正田)이나 속전(續田) 안에 수해로 침몰된 토지도 역시 경작자의 신고를 받아서 수령이 친히 답사하여 감사에게 보고하고, 감사나 수령관이 사실을 조사하여 서울에서 내려오는 관원의 고험(考驗)을 받은 후에, 그 관리로 하여금 결복(結卜)의 수량을 문서에 기록하게 하고, 위에 아뢰어 면세하게 할 것입니다.

더욱이 세종대왕은 과세의 보다 객관적이고 과학화를 위하여 다음과 같이 전답의 측정방법을 자세히 규정하면서, 이전의 수지척(手指尺)에 의한 측량을 주척(周尺)으로 통일시켰다.

「6등급의 전지 결복(結卜)의 실지 면적을 평방(平方)으로 계산할 때는 1면(面)에 대한 숫자에 가끔 몇 치(寸) 몇 푼(分)의 끝수가 있어서 계산이 매우 곤란하게 되므로, 6등급의 전지를 매(每) 1면(面)마다 백으로 평분하여 그땅에 대한 계량의 척도(尺度)로 합니다. 1등 전지의 척(尺)은 주척(周尺) 4척 7촌 7분이고, 2등 전지의 척은 주척 5척 1촌 8분이고, 3등 전지의 척은 주척 5척 7촌이고, 4등 전지의 척은 주척 6척 4촌 3분이고, 5등 전지의 척은 주척 7척 5촌 5분이고, 6등 전지의 척은 주척 9척 5촌 5분이니, 이렇게 하면, 척(尺)은 6등급의 긴것과 짧은 것이 있으나, 수량은 다 〈그척으로〉 1백 척을 1면(面)으로 하고, 1만 척을 적(積)으로 하는 것이니, 비록 계산에 익숙하지 못한 자라도 계산하기가 어렵지 아니합니다.」[163]

이태진은 공법의 이러한 측면에 대해서 "공법에서의 전분과 연분의 새로운 기준은 결국 그 기준 자체의 객관성을 높임에 따라 이서배(吏胥輩) 및 관리의 작위를 그만큼 배제시켜, 일반 부담자 측으로서는 수탈당하는 기회가 줄어드는 결과를 가져왔다."라고 하였다.[164] 세종대왕의 공법이 조세의 객관성과 확실성을 높였다는 것을 말하고 있다.

### 라. 편의의 원칙

앞의 '세종대왕의 조세사상'에서 살펴보았듯이 세종대왕은 공법(貢

---

163) (원문)「以六等田結實, 積開方所得一面之數, 各有寸分之奇, 計算甚難, 故六等田每一面, 分爲百, 爲其田所量之尺. 一等田尺, 周尺四尺七寸七分; 二等田尺, 周尺五尺一寸八分; 三等田尺, 周尺五尺七寸; 四等田尺, 周尺六尺四寸三分; 五等田尺, 周尺七尺五寸五分; 六等田尺, 周尺九尺五寸五分. 如此則尺有六等長短, 而數則皆以百尺爲面, 萬尺爲積, 雖不熟算者, 計之無難.」
164) 이태진. 1989.「朝鮮儒敎社會史論」. 지식산업사.

法)을 세우게 된다면, "반드시 백성들에게는 후하게 되고, 나라에서도 일이 간략하게 될 것이다."[165]라고 말하였다. 여기서 후하게 된다는 말은 백성에게 이익이 된다는 것이고, 나라 일이 간략하게 된다는 것은 과세절차가 간편하게 된다는 의미이다. 다음의 『세종실록』 기사를 보면 세종대왕이 입법하고자 한 공법이 납세자인 농민의 '명색 없는 비용'과 '복잡한 문서'를 줄이며, '관가의 일'을 줄이기 위한 것임을 알 수 있다. 조세를 부과하고 징수함에 있어서 편의의 원칙을 강조한 내용이다.

> 「태종조에서도 또 조관(朝官)을 보내 심검(審撿)하는 법을 세워서, 제도가 지극히 세밀하여 실로 아름다운 법이었다. 그러나 봉행하는 관리들이 능히 그 아름다운 뜻을 체득해서 지당하게 행하는 자가 대개 적었다. 답험할 때에 으레 향곡(鄕曲)에 항상 거주하는 사람을 위관(委官)으로 삼는데, 〈이들은〉 대개 용렬하고 대체를 알지 못하여, 혹은 허실을 요망스럽게 헤아리고, 혹은 사정을 끼고 더하기도 하고 감하기도 하며, 또 그 하인들의 접대도 모두 민간에서 나오고, 논밭의 두둑에 함부로 급히 다니고 여염을 시끄럽게 한다. 그 농민들은 다투어 가면서 술과 음식을 가지고 후하게 대접하면서 청탁하므로, 명색 없는 비용이 거의 보통 부세(賦稅)의 수효에 맞먹으며, 문서가 복잡하고 관가에서 일이 많아지는 것도 역시 이 때문이다. 공사간에 이롭지 못하며 여러 해 쌓인 폐단이 되었다.」[166]

공법으로 조세를 징수할 경우 답험하는 절차가 생략되므로서 국가와

---

165) 『세종실록』 11년(1429) 11월 16일 1번째기사.
166) 『세종실록』 19년(1437) 7월 9일 1번째기사.
　(원문) 「太宗朝, 又立遣朝官審檢之法, 制度纖悉, 誠爲美法. 然奉行之吏, 能體美意而行之至當者蓋寡. 踏驗之際, 例以鄕曲恒居之人爲委官, 率皆庸劣, 不識大體, 或妄度虛實, 或挾私增減, 且驕從供億, 皆出民間, 驅馳阡陌, 騷擾閭閻, 其農民爭持酒食, 厚饋干請, 無名之費, 殆幾於常賦之數. 文籍浩繁, 官家多事, 亦此之由. 不利於公私, 而爲積年之弊.」

백성 모두에게 편의해 진다는 것이다.

## 마. 징세비 최소의 원칙

세종대왕은 즉위하면서부터 백성을 위한 조세제도에 대해서 고뇌하였다. 세종대왕은 "백성을 사랑하는 시초란 오직 백성에게 취하는 제도에서 시작되기 때문에 전제(田制)와 공부(貢賦)만큼 중한 것이 없다"고 하였다. 하지만 전답의 손실(損實)이 조신(朝臣)들의 손에 의하여 올리고 내림으로 백성이 그 해를 입는데, 이는 "답험하는 데에는 지대(支待)하는 폐해가 있고, 종이와 필묵(筆墨)의 비용167)"이 있기 때문이라고 하였다. 세종대왕은 답험손실법에 의한 징세는 국가나 납세자에게 비용이 많이 들기 때문에 전분육등과 군·현 단위의 연분구등제의 공법을 시행함으로써 비용을 최소화할 수 있다고 생각한 것이다. 다음 『세종실록』의 기사는 공법을 통하여 징세비용을 줄일 수 있다는 것을 말하고 있다.

「경상도 관찰사 이선(李宣)에게 전지하기를, "이제 온 계본(啓本)의 뜻이 본래 백성을 위하는 일에 관계되므로 나는 지나치다고는 생각하지 아니한다. 다만 처음에 공법(貢法)을 의논해 정할 때에, 조세(租稅)가 전의 수량보다 더한 것을 미리 요량하지 못하고 정한 것은 아니었다. 그러나 비교해 보면, 위관(委官)이 답험할 즈음에 추종(騶從)과 공억(供億)의 명색 없는 비용이 공부(貢賦)의 수량보다 갑절이나 되었다.」168)

---

167) 『세종실록』 24년(1442) 7월 21일 3번째기사.
168) 『세종실록』 21년(1439) 5월 4일 7번째기사.
　　(원문) 「傳旨慶尙道觀察使李宣曰: 今來啓本之意, 本係爲民之事, 予不以爲過也. 但初議定貢法之時, 租稅加於前數, 非不預料而詳處之也. 然較委官踏驗之際騶從供億無名之費, 倍於賦數.」

## 5. 조선왕조의 근간(根幹) 조세법

앞에서 살펴보았듯이 전국적인 여론조사와 오랫동안 군신 등과 수많은 논의를 거쳐 만들어진 공법은 세종 26년(1444)에 공포되어 조선왕조의 실질적인 조세법으로 시행되었다. 그리고 이 공법의 규정은 『경국대전』의 호전(戶典)에 실렸다. 『경국대전』은 세종대왕의 공법이 입법되고 단계적으로 시행된지 약 40년 후인 성종 16년(1485년)에 최종본이 완성 반포되었다. 하지만 『경국대전』 중 재정·경제의 기본이 되는 호전(戶典)은 그 이전인 세조 6년(1460) 7월에 반포되고 시행되었다.169) 이때 공법의 규정이 『경국대전』 호전에 실린 것이다. 세종대왕이 공법을 제정한지 약 16년이 지난 후에 조선왕조의 완전한 조세법의 지위를 얻게 된 것이다.

성종 16년에 최종 완성되어 반포된 『경국대전』은 만세불변의 조종성헌으로서 조선 통치 500년간의 기본법이 되었다. 때문에 『경국대전』 호전에 규정되어 양전조의 결부법에 의한 전분육등법은 조선말까지 약 450년 동안 바뀌지 않고 유지되었으며, 『경국대전』 호전의 수세조의 연분구등법은 약 190년간 지속되다. 영정법으로 개정되었지만 공법의 하하년 세율로 고정된 것이다. 따라서 『경국대전』의 호전(戶典)에 실린 공법의 규정은 조선시대 마지막 법전이 『대전회통』까지 남아 조선왕조의 근간 조세법이 되었다.

---

169)『세조실록』 6년(1460) 7월 17일 2번째기사. 「명하여 새로 제정한 『경국대전』 호전을
반행(頒行)하고 <원속전(元續典)과 등록(謄錄) 내의 호전을 거두도록 하였다.」
(원문)「命頒行新定《經國大典》戶典, 收《元》、《續典》及《謄錄》內戶典.」

# 02 세종대왕의 **조세** 과학화

## 1. 공평한 조세 징수를 위한 주척(周尺) 사용

세종대왕은 공법을 입법하면서 조세의 과학화를 추구하였는데 그 중 하나가 주척(周尺)[170]을 사용하여 전지(田地)를 측량하도록 한 것이다. 여기서 주척이란 이름은 중국의 모든 문물제도(文物制度)[171]가 주대(周代)에 기원을 두고 있다는 유가사상(儒家思想)[172]에서 나온 것이다. 따라서 주척은 가장 오래된 자(尺)로 모든 자의 기준이 되었다.

『조선왕조실록』의 기사 중 처음 주척(周尺)을 기록한 것은 『태종실록』이다. 『태종실록』에 따르면 각 품의 관원과 서인의 분묘 면적을 제한하는 규정을 상정케 하였는데 "1품(品)의 묘지(墓地)는 90보(步) 평방(平方)에, 사면(四面)이 각각 45보(步)이고, 2품은 80보 평방, 3품은 70보 평방, 4품은 60보 평방, 5품은 50보 평방, 6품은 40보 평방이며,

---

170) 세종대의 주척 1척은 20.81cm이었으며, 영조대의 주척 1척은 20.83cm 였다.
171) 문물과 제도를 아울러 이르는 말이다. 문물이란 문화의 산물로 곧 정치, 경제, 종교, 예술, 법률 따위의 문화에 관한 모든 것을 통틀어 이르는 말이다.
172) 공자를 개조(開祖)로 하여 발전해 온 중국의 대표적 철학사상.

7품에서 9품까지는 30보 평방이고, 서인(庶人)은 5보 평방인데, 이상의 보수(步數)는 모두 주척(周尺)을 사용한다."라고 하였다. 이와 같이 분묘의 면적을 제한하기 위하여 규격화된 주척을 사용하도록 하면서, 조세의 징수를 위해서는 누구도 주척을 사용해야 한다는 생각은 못하였다.

세종대왕이 공법에서 전지의 측량을 주척을 사용하도록 규정하기 전까지는 농지를 소유한 농부의 수지척(手指尺)[173]을 사용하였다. 이에 대한 내용은 다음 『세종실록』에서 볼 수 있다.

「전조(前朝)로부터 다만 상·중·하의 3개 등급으로 법식을 정해 왔사온데, 농부의 손 이지(二指)로 열 번을 재서 상전척(上田尺)으로 삼고, 이지(二指)로 다섯 번 재고, 또 삼지(三指)로 다섯 번을 재서 중전척(中田尺)으로 삼고, 삼지(三指)로 열 번을 재서 이를 하전척(下田尺)으로 삼고는, 〈이 재척를 사용하여〉 6척(尺)을 1보(步)로 치고, 둘레 3보(步) 3촌(寸)을 1부(負)로 치며, 25보(步)를 1결(結)로 쳐서 계산하고, 거두는 조세는 모두 30말를 받고 보니, 3개 등급의 전세의 차이가 그리 많지 않으며, 또 상등전(上等田)은 오직 경상·전라도 등에 1천 결에 겨우 1, 2 결이 있고, 중등전(中等田)도 역시 1백 결에 1, 2 결이 있을 뿐, 그 밖에 각도에는 다만 중등전이 역시 1천 결에 겨우 1, 2 결이 있는 정도입니다.」[174]

이에 세종대왕은 합리적이고 객관적인 조세를 징수하기 위하여 공법에 의한 양전시 수지척의 사용을 폐지하고 주척을 사용하도록 하였다. 전지를 측량하는 자를 수지척에서 주척으로 바꾸게 한 것은 세종대왕

---

173) 농부의 손마디 길이.
174) 『세종실록』 12년(1430년) 8월 10일 5번째기사.
(원문) 「自前朝只以上中下三等定制, 將農夫手二指計十爲上田尺, 二指計五、三指計五爲中田尺, 三指計十爲下田尺, 六尺爲一步, 以三步三寸, 四方周廻爲一負, 二十五步爲一結而打量, 其收租則皆取三十斗, 三等之田, 差等不遠.且上等之田, 惟慶尙、全羅等道, 於千結僅有一二結焉, 中田, 於百結亦有一二結焉, 其餘各道, 只有中田, 亦於千結僅有一二結焉.」

의 과학적 사고이며, 공평과세에 대한 강한 의지이다. 다음 『세종실록』의 기사에서 이를 확인 할 수 있다. ①과 ② 모두 양전때 주척을 사용할 것을 세종대왕이 직접 명하였다. 주척을 사용하게 한 이유는 수지척으로 측량할 경우 실지 면적의 차가 고르지 못할 뿐만 아니라 편하지 못하기 때문이었다.

① 「호조에 하교하기를, (중략) 종전에는 3등 전척(田尺)의 장단(長短)과 3등 전방면(田方面)이 그 차(差)가 고르기는 하나, 실지 면적의 차는 고르지 못하였으니, 지금 각 등급의 한전(旱田)과 수전(水田)을 한 모양으로 고쳐 측량하여, 조세(租稅)를 등급을 보아 가감(加減)하여 고제(古制)에 따르게 하라. 이미 고제를 따른 것이라면, 밭을 계산하는 재(尺)와 결·복·속·파를 옛날 제도에 의하지 않고, 종전 그대로 하는 것은 편하지 못하니 마땅히 주척(周尺)을 써서 고쳐 측량하여야 할 것이나, 1, 2년 내에는 고쳐 측량하기가 쉽지 않으니 우선 구전안(舊田案)을 가지고 먼저 5등의 전품으로 나누고, 결·복·속·파를 고쳐 경(頃)·묘(畝)·보(步)의 법으로 만들어 5등의 조(租)를 거두면, 거의 고제(古制)와 시무(時務)가 아울러 행하여져 어긋나지 않을 것이다.」[175]

② 「임금이 말하기를, "경무보법(頃畝步法)을 고쳐서 예전대로 결(結)·부(負)·속(束)·파(把)로 하고, 5등전의 1, 2등을 추이(推移)하여 6등으로 하며, 그 6등의 전지는 모두 주척으로 측량하고 토지의 넓고 좁은 것을 따라 동과(同科)로 조세를 거두는 것이 어떻겠는가."하니, 여럿이 아뢰기를, "상교(上敎)가 윤당하옵니다."하였다.」[176]

---

175) 『세종실록』 25년(1443년) 11월 2일 1번째기사.
    (원문) 「下敎戶曹. (중략) 前此三等田, 尺長短三等田方面, 其差雖均, 然實積之差不均. 今各等旱田水田, 一樣改量, 租稅視等加減, 以遵古制. 旣遵古制, 則其計指田尺結卜束把, 不依古制, 仍舊未便, 宜用周尺改量. 然一二年內, 未易改量, 姑將舊田案, 先分五等田品結卜束把, 改作頃畝步法, 以收五等之租, 庶幾古制時務, 竝行不悖.」
176) 『세종실록』 26년(1444년) 6월 6일 1번째기사.
    (원문) 「上曰: 改頃畝步法, 仍舊爲結負束把, 以五等之田一二等推移爲六等, 其六等之田, 皆用周尺量之, 隨地廣狹, 同科收稅何如?" 僉曰: "上敎允當."」

이처럼 통일되고 표준화된 주척을 사용하여 전지를 측량하게 한 것은 공평과세를 위한 세종대왕의 근대화된 조세이념을 볼 수 있다.


## 2. 연분 결정을 위한 측우기 사용

세종대왕은 조세를 징수하는 과정에서 관리들이 재량권을 남용하여 농간을 부리는 폐단이 답험에서 발생하므로 이를 결단코 배제하기 위하여 군현 단위의 연분구등법을 도입한 것이다. 하지만 그 당시 군현 단위로 연분을 결정하는 것 또한 쉽지가 않았다. 이에 세종대왕은 연분(年分)결정에 강우량을 이용하고자 하였고, 그 도구로 측위기를 사용하도록 하였다고 본다. 수리시설이 부족한 조선시대에 농사의 풍흉 결정은 강우량이 절대적이기 때문이다.

조선초기의 강우량 측정법은 비가 땅 속에 스며든 빗물의 깊이를 측정하는 것이었다. 이러한 측정도 처음에는 정기적으로 시행된 것이 아니고 농경기나 한발(旱魃)이 계속될 때에만 토성(土性)의 조습(燥濕) 정도를 알 필요가 있을 때마다 영(令)을 내려 조사케 했다. 그러나 이러한 측정법은 땅이 말랐을 때와 젖어 있을 때에 따라서 땅 속에 스며드는 빗물의 깊이가 같지 않아 그것을 헤아리기가 어려우므로 보다 과학적인 측정법이 요청되었다. 이에 세종 23년(1441) 8월에 세계에서 최초로 원통형 철제우량계(鐵製雨量計)인 측우기를 만들었는데, 『세종실록』의 기사는 다음과 같다. 호조에서 서운관과 각 고을의 관청 뜰 가운데에 측우기를 설치하고, 수령이 측우기 물의 천심을 재어서 감사(監司)에게 보고하게 하고, 감사가 전문(傳聞)하게 하는 절차이다.

「호조에서 아뢰기를, "각도 감사(監司)가 우량(雨量)을 전보(轉報)하도록 이미 성법(成法)이 있사오니, 토성(土性)의 조습(燥濕)이 같지 아니하고, 흙속으로 스며 든 천심(淺深)도 역시 알기 어렵사오니, 청하옵건대, 서운관에 대(臺)를 짓고 쇠로 그릇을 부어 만들되, 길이는 2척(약 41cm)이 되게 하고 직경은 8촌(약 16cm)이 되게 하여, 대(臺) 위에 올려놓고 비를 받아, 본관(本觀) 관원으로 하여금 천심을 척량하여 보고하게 하고, 또 마전교 서쪽 수중(水中)에다 박석(薄石)을 놓고, 돌 위를 파고서 부석(趺石) 둘을 세워 가운데에 방목주(方木柱)를 세우고, 쇠갈구리[鐵鉤]로 부석을 고정시켜 척(尺)·촌(寸)·분수(分數)를 기둥 위에 새기고, 본조(本曹) 낭청이 우수(雨水)의 천심 분수(分數)를 살펴서 보고하게 하고, 또 한강변의 암석(巖石) 위에 푯말[標]을 세우고 척·촌·분수를 새겨, 도승(渡丞)이 이것으로 물의 천심을 측량하여 본조(本曹)에 보고하여 아뢰게 하며, 또 외방(外方) 각 고을에도 경중(京中)의 주기례(鑄器例)에 의하여, 혹은 자기를 사용하던가, 혹은 와기(瓦器)를 사용하여 관청 뜰 가운데에 놓고, 수령이 역시 물의 천심을 재어서 감사(監司)에게 보고하게 하고, 감사가 전문(傳聞)하게 하소서."하니, 그대로 따랐다.」[177]

그리고 강우량에 대한 보다 객관화를 위하여 1년 후 개량된 측우기의 규격과 측우기를 이용하여 측정한 강우량을 주척(周尺)으로 물의 깊고 얕은 것을 측량(測量)하고 기록하여 임금에게 보고하고, 이를 후일에 참고하여 전거(典據)[178]로 삼게 한 『세종실록』 기사는 다음과 같다.

---

177) 『세종실록』 23년(1441년) 8월 18일 4번째기사.
　　(원문) 「戶曹啓: "各道監司轉報雨澤, 已有成法. 然土性燥濕不同, 入土淺深, 亦難知之. 請於書雲觀作臺, 以鐵鑄器長二尺、徑八寸, 置臺上受雨, 令本觀官員尺量淺深以聞. 又於馬前橋西水中, 置薄石, 石上刻立趺石二, 中立方木柱, 以鐵鉤鏁趺石, 刻尺寸分數於柱上, 本曹郞廳審雨水淺深分數以聞. 又於漢江邊巖石上立標, 刻尺寸分數, 渡丞以此測水淺深, 告本曹以聞. 又於外方各官, 依京中鑄器例, 或用磁器, 或用瓦器, 置廳宇庭中, 守令亦量水淺深報監司, 監司傳聞."」
178) 규칙이나 법칙으로 삼는 근거.

「호조에서 아뢰기를, "우량을 측정하는 일에 대하여는 일찍이 벌써 명령을 받았사오나, 그러나, 아직 다하지 못한 곳이 있으므로 다시 갖추어 조목별로 열기(列記)합니다.

1. 서울에서는 쇠를 주조하여 기구를 만들어 명칭을 측우기(測雨器)라 하니, 길이가 1척(尺) 5촌(寸)(약 31cm)이고 직경이 7촌(약 14cm)입니다. 주척 (周尺)을 사용하여 서운관에 대(臺)를 만들어 측우기를 대(臺) 위에 두고 매양 비가 온 후에는 본관의 관원이 친히 비가 내린 상황을 보고는, 주 척으로써 물의 깊고 얕은 것을 측량하여 비가 내린 것과 비오고 갠 일 시(日時)와 물 깊이의 척·촌·분(尺寸分)의 수를 상세히 써서 뒤따라 즉시 계문(啓聞)[179]하고 기록해 둘 것이며,

1. 외방(外方)에서는 쇠로써 주조한 측우기와 주척 매 1건(件)을 각도(各道) 에 보내어, 각 고을로 하여금 한결같이 상항(上項)의 측우기의 체제에 의거하여 혹은 자기(磁器)든지 혹은 와기(瓦器)든지 적당한 데에 따라 구워 만들고, 객사(客舍)의 뜰 가운데에 대(臺)를 만들어 측우기를 대(臺) 위에 두도록 하며, 주척도 또한 상항(上項)의 체제에 의거하여 혹은 대 나무로 하든지 혹은 나무로 하든지 미리 먼저 만들어 두었다가, 매양 비가 온 후에는 수령이 친히 비가 내린 상황을 살펴보고는 주척(周尺) 으로써 물의 깊고 얕은 것을 측량하여 비가 내린 것과 비오고 갠 일시 (日時)와 물 깊이의 척·촌·분(尺寸分)의 수를 상세히 써서 뒤따라 계 문하고 기록해 두어서, 후일의 참고에 전거(典據)로 삼게 하소서." 하니, 그대로 따랐다.」[180]

---

179) 조선 시대에 신하가 글로 임금에게 아뢰던 일.
180) 『세종실록』 24년(1442년) 5월 8일 1번째기사.
　(원문) 「戶曹啓: "測雨事件, 曾已受敎. 然有未盡處, 更具條列. 一, 京中則鑄鐵爲器, 名曰測雨器, 長一尺五寸、(經)〔徑〕七寸, 用周尺. 作器於書雲觀, 置器於臺上, 每當雨水後, 本觀官員親視下雨之狀, 以周尺量水深淺, 具書下雨及雨晴日時、水深寸分數, 隨卽啓聞置簿.
　一, 外方則以鑄鐵測雨器及周尺每一件, 送于各道, 令各官一依上項測雨器體制, 或磁器或瓦器, 隨宜燔造, 作臺於客舍庭中, 置器臺上. 周尺亦依上項體制, 或竹或木, 預先造作, 每當雨後, 守令親審下雨之狀, 以周尺量水深淺, 具書下雨及雨晴日時、水深尺寸分數, 隨卽啓聞置簿, 以憑後考." 從之.」

이처럼 호조가 측우기의 규격을 보다 명확히 하고, 강우량을 주척을 이용 측정하여, 수령이 강우량을 기록하여 임금에게 계문하고, 이를 전거(典據)로 삼도록 한 그 이유는 무엇일까? 이태진은 "세종 26년에 확정된 새 세제 공법이 전품과 연분을 함께 참작한 새로운 제도라는 것은 주지하는 사실이다, 그런데 이 세제의 논의에서 풍흉의 연분이 본격적으로 거론된 것은 최종 결정이 있기 바로 한해 전, 측우기의 시험사용을 일년 거친 시점에서였다. 그리고 확정된 세제에서 매년의 연분등제는 매번 측정된 강우량이 보고되는 계통과 똑같은 각급 관에서 심사 또는 확인하는 것으로 규정되었다. 말하자면 측우기의 제작이 새 세제의 가장 중요한 면모인 연분등제를 가능하게 하였던 것이다."181)라고 하여 공법에 따른 연분 결정의 근거로 측우기를 사용한 것임을 주장하였다.

그리고 이영훈에 따르면 조선시대 하급관청이 상급관청에 대하여 행정상(行政上)의 보고나 청원을 위하여, 흑은 판결이나 지시를 구하기 위하여 상송(上送)한 공문서(公文書)가 보첩(報牒)인데 그 내용 중 한 가지가 강우량이었다고 하면서 "각종 수취(收取)의 전제가 되는 것은 그 해의 농사상황이다. 수령은 기경(起耕)에서 제초(除草)에 이르는 노동과정의 진행 상황, 특히 풍흉에 결정적 영향을 미치는 강우량(降雨量)의 세밀한 상황을 다달이 농형보첩(農形報牒)으로서 감영(監營)에 보고한다. 감영은 이 농형보첩을 검토하여 각읍(各邑)의 연분(年分)을 구별하여 수취량(收取量)을 지정하는데, 연분의 고저(高低)는 결세(結稅)뿐 아니라 군포(軍布) 등 제반 수취(收取)에 대해서도 영향을 미친다."182)고 하였다.

---

181) 이태진. 1989. 「朝鮮儒教社會史論」. 지식산업사. pp.51-72.
182) 이영훈편, 2001, 한국지방사자료총서(韓國地方史資料叢書) 보첩편(報牒篇) 제일책(第一

『만기요람』재용편 연분조에서는 다음과 같이 호조에서 각도의 우택
(雨澤)과 농형(農形)을 참고하여 연분사목을 정하여 비총(比摠)하도록
하고 있다.

「매년 추(秋) 8월이면 호조에서 각도의 우택(雨澤)과 농형(農形)을 참고하되,
상당년(相當年)과 비교 상량(商量)해서 총수를 결정하고, 급재할 것을 구별하
여 사목(事目)[183]을 성출(成出)해서, 대신에게 의논하고, 입계하여 윤허를 얻은
뒤에, 비국(備局)에 등초(謄抄)하여 보고하고, 헌부(憲府)에 이문(移文)하여 곧
각도에 사목을 반포해서, 재결(災結 재해를 당한 전답의 면세)을 분표(分俵)하
고 [사목 이외에는 조정에 아뢰지 않고, 만일 분표를 제멋대로 한 것이 있으
면, 해당 도의 관찰사를 나처(拿處)할 일로 영조 22(1746)에 특지를 받았음. 사
목으로 급재를 반포한 것이 혹 부족한 것이 있어서, 관찰사가 사유를 갖추어
장문(狀聞)하면, 조정으로부터 참작하여 가급(加給)함 서북 양도(西北兩道 평안
도·함경도)에는 원세(元稅) 내에서 3분의 1을 예감(例減)[184]하기 때문에 사목
(事目) 시에 급재하지 않고, 다만 실결(實結)로써 상당년(相當年)에 준하여 비총
(比摠)한다.[185]

공법은 답험을 폐지했는데 수령은 군현단위의 한 고을에 적용되는
연분을 어떻게 정하고, 조정에서는 각 고을의 연분의 적정성을 어떻게
판단하였을까? 강우량이 가장 객관적인 자료였고, 이 자료는 측우기에
의해 측정되어 보고된 것이다. 그래서 호조에서는 강우량의 측정을 전

　　冊) 보첩편(報牒篇)『지방관(地方官) 보첩류(報牒類)』해제(解題) 이(二).
183) 행정(行政) 혹은 군정(軍政), 법률의 적용 등에 관한 규정.
184) 정례에 의하여 감해 주는 것.
185)『만기요람』재용편2 연분(年分).
　　(원문)「每年秋八月 戶曹參考各道雨澤農形狀 比較於相當年 商量定摠 區別給災 成出事
　　　　目就議大臣 入啓蒙允後 謄報備局 移文憲府 仍頒事目于各道 使之分俵災結 事目
　　　　外 不稟朝家 若有擅分 則該道道臣拿處事 英宗丙寅 受特教 事目頒災 或有不足
　　　　道臣具由狀聞則自朝家參量加給 西北兩道 元稅內 例減三分一 故事目時不爲給災
　　　　只以實結準相當年比摠.」

국적으로 통일시킬 필요가 있어, 측우기를 보다 규격화하고 주척으로 강우량을 측정하여 보고하게 한 것이다.

## 3. 표준화된 말[斗]과 되[升]의 사용

쌀과 콩 등의 곡물로 조세를 납부하는 조선시대에서 그 곡물의 수량을 재는 말[斗]과 되[升]의 통일된 규격은 매우 중요하다. 『태종실록』을 보면 다음과 같이 ① 수조(收租)할 때 통일된 규격의 말[斗]과 되[升]를 쓰지 않는 것을 금지하고, ② 각관(各官)의 말[斗]과 되[升]를 마음대로 조작한 경우 처벌하도록 하였다.

> ① 「관리(官吏)에게 명하여 공사전(公私田)의 수조(收租)하는 폐단을 엄하게 금지하였다. 간혹 평교(平校)[186]의 말[斗]과 되[升]를 쓰지 않고 큰 말大斗로 중하게 거두어, 폐단을 일으키기 때문이었다.」[187]
>
> ② 「서흥 현령(瑞興縣令) 박지(朴持)를 인주(仁州)로 귀양보내었다. 헌부(憲府)에서 상언(上言)하기를, "박지는 정해년에 풍해도(豊海道) 녹전 차사원(祿轉差使員)이 되어 계수관(界首官)의 평교두승(平校斗升)을 쓰지 않고 임의로 각관(各官)의 말[斗]과 되[升]를 마음대로 조작(雕掘)하여, 매(每) 한 말에 한 되를 남기고, 한 되에 두 홉을 남기었으니, 백성을 병들게 하고 환(患)을 끼친 죄가 심합니다."하여, 귀양을 보내었다.」[188]

---

186) 평교(平校)는 각종 도량형(度量衡) 기구(器具)인 자와 되·말 등의 장단(長短)과 대소(大小)를 가지런하게 통일하고 저울의 경중(輕重)의 차(差)를 고르게 하는 등, 바르게 고치는 것을 말한다.

187) 『태종실록』 7년(1407) 12월 28일 1번째기사.
(원문)「命官吏痛禁公私田收租之弊. 或有不用平校斗升, 而以大斗重斂作弊故也.」

188) 『태종실록』 8년(140 ) 3월 21일 6번째기사.
(원문)「流瑞興縣令朴持于仁州. 憲府上言: "持爲丁亥年豊海道祿轉差使員, 不用界首官平校斗升, 擅將各官斗升, 自加雕掘, 每一斗剩一升, 每一升剩二合, 病民貽患, 其罪甚矣." 乃流之.」

이러한 일은 세종대에서도 마찬가지였다. 공전(公田)이나 사전(私田)에 조(租)를 받아들이면서 표준이 균평하게 검정되지 아니한 말[斗]이나 되[升]를 사용한 경우 이를 죄로 다스리게 한 내용이 다음과 같이 『세종실록』에 기록되어 있다.

「예조에서 계하기를, "《원(元) · 속육전(續六典)》안에 실려 있는 여러 해 동안 내린 판지(判旨)를 서울에서나 지방 관리들이 받들어 시행하지 아니하니, 그 받들어 시행하지 않는 조건을 삼가 기록하여 올리오니, 청컨대 지금부터 더욱 명백히 거행하도록 하고, 이에 어긴 자는 논죄하소서. (중략) 영락 5년[189]의 일인데, 공전(公田)이나 사전(私田)에 조(租)를 받아들이면서 표준이 균평하게 검정되지 아니한 말[斗]이나 되[升]를 가지고 받아들이다가 소작인의 고발이 나오게 되면, 소재지 수령이 죄를 받아야 되고, 심한 자는 관찰사에게 보고하여 죄를 다스리게 하라 하였고,」[190]

그리고 공법을 최종 입법하고 시행한지 2년이 안된 세종 28년(1446) 9월에 새로 만든 영조척(31.24cm)을 기준으로 하여 곡(斛) · 말(斗) · 되(升) · 홉(合)의 양기(量器) 체제를 경정(更正)하게 하였다. 이에 대한 『세종실록』 기사는 다음과 같다.

「의정부에서 호조의 정장(呈狀)에 의거하여 계청(啓請)하기를, "새 영조척(營造尺)[191]으로써 곡(斛) · 말(斗) · 되(升) · 홉(合)의 체제를 다시 정하여 곡(斛)의 용량이 20말[斗]인 것은 길이는 2척(尺), 넓이는 1척 1촌(寸) 2푼(分), 깊이는 1척 7촌 5푼으로서 용적(容積)이 3,920촌이 되게 하고, 용량이 15말[斗]인 것은

189) 태종 7년(1407).
190) 『세종실록』 2년(1420) 11월 7일 3번째기사.
　　(원문) 「 禮曹啓: "《元續六典》內: '各年判旨, 中外官吏或不奉行.' 其不奉行條件, 謹錄
　　　　以聞, 請申明擧行, 違者論罪.(중략) 永樂五年公私田收租者, 以不平校斗升收納,
　　　　爲佃客所告者, 所在守令論罪, 甚者報觀察使治罪.'」
191) 영조척은 두승(斗升)과 같은 계량기를 만드는 기준척이어서 매우 중요했다. 영조척은
　　시대에 따라 척도가 여러 번 바뀌었으며 약 30.65cm이다.

길이는 2척, 넓이는 1척, 깊이는 1척 4촌 7푼으로서 용적이 2,940촌이 되게 하며, 말(斗)의 길이는 7촌, 넓이도 7촌, 깊이는 4촌으로서 용적이 196촌이 되게 하고, 되(升)의 길이는 4촌 9푼, 넓이는 2촌, 깊이도 2촌으로서 용적이 19촌 6푼이 되게 하고, 홉(合)의 길이는 2촌, 넓이는 7푼, 깊이는 1촌 4푼으로서 용적이 1촌 9푼 6리(釐)가 되게 하소서."하니, 그대로 따랐다.」[192]

이 때 영조척을 기준으로 하여 곡(斛)·말(斗)·되(升)·홉(合)의 양기(量器)를 표준화 시킨 목적에 대해서는 명확히 제시하지 않고 있지만, 도량형(度量衡)의 담당 부서인 공조(工曹)가 아닌 호조에서 양기의 개량을 시행한 것은 조세징수의 공평을 위해서라고 본다. 조세를 징수할 때 관리와 서리들이 눈속임할 수 있는 말[斗]과 되[升]를 정확히 표준화 하는 일은, 세종대왕이 공법을 입법한 취지인 조세부패를 척결하고 공평과세를 실시하여, 백성을 행복하게 만들고자 한 것과 합치되기 때문이다.


## 4. 명확한 조세 부과를 위한 『지리지』 편찬

정도전이 편찬한 『조선경국전』 총서조에는 "주군(州郡)·판적(版籍)[193]이란 부의 소출이요, 경리(經理)[194]란 부의 통제이며, 농상(農桑)이란 부의 근본이요, 부세(賦稅)란 부의 헌납이다."라고 하면서 "부의 소출임을 안다면 민생을 후하게 하지 아니할 수 없고, 주군을 다스리

---

192) 『세종실록』 28년(1446년) 9월 27일 1번째기사.
193) 호적(戶籍).
194) 經理(전지(田地)의 경영 관리): 국역 증보문헌비고 번역문 증보문헌비고 제141권 전부고 1 경계 1 고려. 공민왕(恭愍王) 11년(1362)에 하교(下敎)하기를, "전법(田法)의 폐단이 오래 되어 나라가 궁핍하고 백성이 가난하니, 도평의사사(都評議使司)는 마땅히 농극(農隙 농한기)에 관리(官吏)를 가려 경리(經理)를 고쳐 행하여서 공사(公私)에 모두 편리하게 하라."하였다.

지 않을 수 없으며, 판적을 상세하게 하지 않을 수 없다. 부의 통제인 것을 안다면 경리를 올바르게 하지 않을 수 없다."고 하였다.195) 이는 농업국가인 조선에 있어서 부세인 조세를 확충하기 위해서는 국가의 행정구역을 체계화하고, 인구를 명확히 파악하여 관리하며, 또한 전지(田地)의 소유자와 비척의 정도를 기록하고 관리할 필요가 있다는 것이다. 국가의 재정은 나라의 성패를 결정할 수 있기 때문에 조선왕조 역시 행정구역을 체계화하고, 인구와 전지(田地)의 관리를 체계화할 필요가 있었던 것이다.

더욱이 조세의 과학화와 선진화를 이룩하려는 세종대왕에게는 행정구역별 인구의 실태와 전지(田地)의 결수 및 비옥도의 파악은 공평하고 정확한 조세의 부과와 징수를 위한 첩경이라고 생각하였을 것이다. 그래서 세종대왕은 새로운 공법을 시행하고자 하면서 다음의 『세종실록』 기사와 같이 "우리나라는 판적이 밝지 못하여'라고 하면서 '판적의 법은 요역이 관계된다."는 것을 강조하고 있다. 하지만 호적 관리가 백성들이 싫어하여 쉽지 않음을 말하고 있다. 호적은 조세와 직결되기 때문이다.

「우리나라는 판적이 밝지 못하여 가끔 헌의(獻議)하는 자가 말하기를, '중외의 백성 수효를 호적에 올려 호구의 증감을 보게 하소서.' 하였으나, 다만 어리석은 백성들이 대체를 모르고 새 법이라 하여 놀래고 의심하고 소동할까 두려워 지금까지 거행하지 못하였다. 변군(邊郡)의 백성들이 비록 피살되고 사로잡혔어도 국가에서 그 수효를 알 수 없으므로 변방 장수가 임금과 윗사람을 속이는 것이 바로 이 까닭이다. 근래 경원(慶源)의 일이 족히 밝은 거울이 될 만하니, 이것으로 말한다면 변경 백성의 수를 더욱 알지 않을 수 없는 것이다. 경이 엄자치에게 이르기를, '네 진의 백성 수를 일찍이 진제 때에 이

---

195) 『조선경국전』 상(朝鮮經國典 上) 부전(賦典) 총서(總序)조

미 태반은 알았으니, 올 가을 입보(入保)할 때에 수령들이 마음만 쓴다면 거민의 수효를 빠짐없이 다 호적에 올릴 수 있다.'고 하였다니, 내 생각에는 경의 계획이 그럴 듯하다. 그러나 대개 백성의 마음이란 오랜 습관을 편안히 여기고 새 법은 싫어하여, 비록 백성을 이롭게 하는 일이라도 오히려 모두 꺼리거든, 하물며 판적의 법은 요역이 관계되는 것이니, 변경의 무지한 백성들이 반드시 싫어하고 꺼릴 것이다. [196]

판적의 중요성을 안 세종대왕은 왕명으로 1425년(세종 7)에 발간된 『경상도지리지』를 비롯한 『8도지리지』를 편찬하게 하고, 1432년(세종 14) 1월에 『신찬팔도지리지(新撰八道地理志)』를 편찬하였다. 그리고 이를 수정한 『세종실록지리지』가 1454년(단종 2)에 만들어져 『세종실록』의 제148권에서 제155권까지 8도에 관한 내용이 8권으로 실려 있다.

『세종실록지리지』에는 당시의 지방 명칭의 변천, 행정 단위의 승강(陞降) 등이 기록된 연혁·소관조 등의 행정 관계 사항과 호구·군정·공부·전결·토산 등의 경제·재정 관계 사항, 명산·군영·성곽·목장·관방조 등의 군사 관계 사항, 성씨·인물조 등 주민들의 신분 구성에 관한 사항이 상세하다. 그 중에서도 호수와 인구, 토지의 비옥도와 경지 면적, 해당 지역에서 잘되는 농작물뿐만 아니라 현물로 납세하는 곡식의 종류까지 명확히 기술하였다는 것은 조세를 체계적으로 징수하기 위한 세종대왕의 의지라고 본다. 다음 『세종실록』 기사를 보면 지리지(地理誌)를 상고하여 토지를 비옥도에 따라 전지의 등급을 나눌 것을 말하고 있는데, 이는 『세종실록지리지』 또한 조세와 관련된 기능을 하였다고 본다.

「만약 마지못하여 전지의 품등(品等)을 고쳐 바로잡게 된다면 또 설명이

---

196) 『세종실록』 19년(1437) 3월 19일. 4번째기사.

있습니다. 경상도 한 도로써 말한다면 진주(晉州)·하동(河東)·곤양(昆陽)·남해(南海)·거제(巨濟)·안음(安陰)·함양(咸陽)·산음(山陰)·합천(陝川)·초계(草溪)·진해(鎭海)·고성(固城)·창원(昌原)·김해(金海)·동래(東萊)·기장(機張)·울산(蔚山) 등 각 고을의 인민들은 진실로 흉년만 아니라면 공법(貢法)으로써 기뻐하는 사람이 많게 되니, 대개 그 전세(田稅)가 손실(損實)을 시행하던 시기보다 가벼움이 있기 때문이요, 다른 나머지 상도(上道)의 각 고을에서는 공법(貢法)으로써 원망하는 사람이 많으니, 대개 그 전세(田稅)가 손실(損實)을 시행하던 시기보다 무거움이 있기 때문입니다. 신이 망령되이 생각하건대, 그 지리지(地理誌)를 상고하여 토지를 비옥하였다고 인정하는 것을 10분으로 율(率)을 삼아, 상등 전지를 3등급으로 나누고 중등 전지를 3등급으로 나누며 하등 전지를 3등급으로 나누되, 나머지는 또 평지의 일갑전(一甲田)은 20분의 1로 하고, 토지의 비옥하고 척박함이 서로 반반이 된 것은, 상등의 전지는 1등급으로 나누고, 중등의 전지는 3등급으로 나누고, 하등의 전지는 5등급으로 나누며, 평지의 일갑전(一甲田)은 1등급으로 나누고, 토지가 척박한 것은, 상등의 전지는 20분의 1로 하고, 중등의 전지는 10분의 2로 하고, 하등의 전지는 6등급으로 나누되, 일갑전(一甲田)은 2등급으로 나누어, 대략 이것으로써 예(例)로 삼아 토지를 친히 조사하고 참작하여 가감(加減)한다면, 그것이 건국 초기의 3등급의 제도에 있어서는 진실로 배나 거듭될 것입니다.」[197]

그래서 『세종실록지리지』의 각 관(官)에는 해당지역의 비척이 표시되어 있다. 땅이 기름지다는 '비(肥)', 메마르다는 '척(堉)'과 두 표현을 사용한 '비척상반(肥堉相半)[198]', 비소척다(肥少堉多)[199] 등으로 그 지역의 비옥도를 나타내고 있는데, 이는 그 지역의 전품(田品)의 상중하를 반영한 것으로 본다. 비척상반(肥堉相半)의 토지는 경기도의 광주목에 속하는 여흥도호부, 음죽현, 천녕현에 나타나며, 비소척다(肥少堉多)

197) 『세종실록』 28년(1446) 7월 2일 1번째기사.
198) 기름지고 메마른 것이 반반임.
199) 기름진 것이 적고 메마른 것이 많음.

의 토지는 충청도의 연기현과 공주목의 정산현, 홍산현, 석성현에 나타
난다.

다음 『세종실록지리』는 김제군의 내용으로 토지에 대해서 '비척반지
(肥塉半之)'라고 하여 '땅이 기름지고 메마른 것이 반반이다'라고 기록
하고 있다.

「호수는 409호이요, 인구가 2,065명이다. 군정(軍丁)은 시위군(侍衛軍)이 23
명이요, 진군(鎭軍)이 48명이요, 선군(船軍)이 353명이다. (중략) 땅이 기름지고
메마른 것이 반반이며[厥土肥塉半之], 간전(墾田)이 7,281결이요,【논이 8분의 5
이다.】토의(土宜)는 오곡·삼[麻]이었다. 토공(土貢)은 여우가죽·삵괭이가죽·
족제비털[黃毛]·고니[天鵝]·죽순[笋]·모시요, 약재(藥材)는 잉어쓸개[鯉膽]·겨
우살이풀뿌리[麥門冬]이다.」[200]

다음 [표 8]은 비척(肥塉)별 군현 수를 『세종실록지리지』의 각 군현
별 기록을 분석하여 종합 정리한 것이다.

---

200) 『세종실록지리지』 전라도 전주부 김제군

## [표 8] 『세종실록지리지』의 비척별 군현 수 현황

| | 비후<br>(肥厚) | 비<br>(肥) | 비다<br>(肥多) | 비척<br>상반 | 비척<br>반지<br>(半之) | 비소<br>척다 | 척다<br>(堉多) | 척<br>(堉) | 다척<br>(多堉) | 비(肥)<br>+분수<br>(分數) | 척(堉)<br>+분수 | 기타 | 합계 |
|---|---|---|---|---|---|---|---|---|---|---|---|---|---|
| 경기도 | | 3 | | 20 | | | | 14 | 3 | | | 1 | 41 |
| 충청도 | | 1 | | 26 | | 8 | 1 | 19 | | | | | 55 |
| 경상도 | | 26 | | 27 | | | | 13 | | | | | 66 |
| 전라도 | | 10 | 1 | 4 | 9 | | 1 | 20 | 3 | 7 | 1 | 1 | 57 |
| 황해도 | | 1 | | 2 | | | 16 | | 4 | | | | 24 |
| 강원도 | | | | 2 | | | 1 | 17 | 4 | | | 1 | 24 |
| 평안도 | 3 | | | 15 | | | 11 | | 17 | | | | 47 |
| 함길도 | | 2 | | | | | | | 1 | | | 12 | 15 |
| 합계 | 3 | 43 | 1 | 96 | 9 | 8 | 30 | 83 | 32 | 7 | 1 | 15 | 329 |

출처: 강제휼답험손실법의 시행과 전품제의 변화, 한국사학보 2000년 3월)

『세종실록지리지』 중 경상도와 전라도 편을 예를 들어 보면 다음과 같이 호수와 인구, 전답, 부세의 곡물과 공물의 유형 등을 기록하여 도별 조세 부과의 근거를 명확히 하고 있음 알 수 있다. 『세종실록지리지』는 정치·경제·국방의 핵심적이고 필수적인 내용을 담고 있지만, 조세와 관련된 내용이 대부분을 찾이 하고 있다. 이는 보다 객관적인 근거과세를 위한 것이다.

경상도 : 「호수는 42,227호, 인구가 173,759명이다. 군정(軍丁)은 시위군(侍衛軍)이 2,630단(單) 1명, 영진군(營鎭軍)이 3,876명, 선군(船軍)이 15,934명이다. 간전(墾田)이 301,147결(結)이다. 부세(賦稅)는 쌀稻米【흰쌀白米·조미(糙米·찹쌀糯米·좁쌀이 있다.】·콩【콩과 녹두가 있다.】·밀小麥·참깨芝麻·향유(香油)·차조기기름蘇子油·꿀·밀黃蠟·명주綿紬·모시苧布·무명綿布·베正布·풀솜雪綿子【품질이 가장 좋으며, 타도에는 없다. 또, 상면자

(常綿子)가 있다.】 · 면화(綿花)이다. 공물(貢物)은 호랑이가죽[虎皮] · 표범가죽
[豹皮] · 곰가죽[熊皮] · 사슴가죽[鹿皮] · 노루가죽[獐皮] · 여우가죽[狐皮] · 삵가죽
[狸皮] · 잴山獺皮] · 수달피(水獺皮)　말가죽[馬皮] · 쇠가죽[牛皮] · 돼지가죽[猪
皮] · 점찰피(占察皮) · 어피(魚皮) · 가죽줄[皮絃] · 표범꼬리[豹尾] · 여우꼬리[狐
尾] · 족제비털[黃毛] · 돼지털 · 늑(肋) · 잡깃[雜羽] · 쇠뿔[牛角] · 마른　사슴고기
[乾鹿] · 마른　돼지고기[乾猪] · 마른　노루고기[乾獐] · 녹포(鹿脯) · 사슴꼬리[鹿
尾] · 대구어(大口魚) · 문어(文魚) · 상어[沙魚] · 마른　물고기[乾水魚] · 백조[白
條] · 전포(全鮑) · 홍합(紅蛤) · 어교(魚膠) · 곽(藿) · 해모(海毛) · 우무[牛毛] · 참가
사리[細毛] · 오해조(吾海曹) · 칠(漆) · 송연(松煙) · 송진(松脂) · 밤 · 대추 · 홍시(紅
柿) · 곶감[乾柿] · 모과(木瓜) · 석류[石榴] · 배개암[榛子] · 잣 · 송화(松花) · 귤(
橘) · 호도(胡桃) · 치자(梔子) · 작설차(雀舌茶) · 석이[石茸] · 느타리[眞茸] · 표고버
섯 · 겨자[芥子] · 마른　죽순[乾竹笋] · 지초(芝草) · 홍화(紅花) · 괴화(槐花) · 뇌록
[磊碌] · 저마승색[苧麻繩索] · 마의(馬衣) · 지차(紙箚)【중국에 바치는 표지(表紙)
와 나라에서 쓰는 표지, 도련지(擣鍊紙) · 안지(眼紙) · 백주지(白奏紙) · 상주지
(常奏紙) · 장지(狀紙) 등이 있다.】 · 유둔(油芚) · 유기(柳器) · 목기(木器) · 자기 ·
초마선석(哨麿船席)【중국에 바치는 황화석(黃花席) · 채화석(彩花席) · 만화침석
(滿花寢席) · 만화석(滿花席) · 염석(簾席) · 방석(方席) 등이 있고, 타도에는 없다.
또 나라에서 쓰는 만화 각색석(滿花各色席) · 별문상석(別文上席) · 답석(踏席) ·
상문답석(常文踏席) · 백문석(白文席) · 초석(草席) 등이 있다.】 · 죽피방석(竹皮
方席) · 가는대[篠]【검은대[烏竹]와 살대[箭竹]가 있다.】 · 왕대[簜]【통대[全竹]
와 쪽대[片竹]가 있다.】 · 입초(笠草) · 자단향(紫檀香) · 백단향(白檀香) · 정철(正
鐵)이다.」[201]

　　전라도 : 「호쉬戶는 24,073호요, 인귀口는 94,246명이다. 군정(軍丁)은 시위
군(侍衛軍)이 1,167명이요, 영진군(營鎭軍)이 2,424명이요, 기선군(騎船軍)이
11,793명이다. 간전(墾田)이 277,588결(結)이다.【논이 10분의 4이다.】 그 부세
(賦稅)는 볍쌀【찹쌀 · 멥쌀.】 · 콩【누렁콩 · 팥 · 녹두.】 · 밀[小麥] · 참깨[芝麻] ·
차조기씨[蘇子] · 모시[苧布]요, 그 공물(貢物)은 꿀 · 밀[黃蠟] · 범가죽[虎皮] · 표

---

201) 『세종실록지리지』 경상도편.

범가죽[豹皮]·곰가죽·쇠가죽·말가죽·이긴 사슴가죽[熟鹿皮]·이긴 노루가죽[熟獐皮]·여우가죽·삵괭이가죽·잘[山獺皮]·수달가죽[水獺皮]·활줄[弓絃]·표범꼬리[豹尾]·여우꼬리[狐尾]·족제비털[黃毛]·사슴·돼지·토끼·산돼지·말린 사슴·말린 노루·말린 돼지·정향[丁香]·포[脯]·사슴꼬리[鹿尾]·돼지털·쇠뿔·녹각[鹿角]·갖풀[阿膠]·힘줄[筋]·잡깃[雜羽]·가뢰[斑猫]·대모[玳瑁]·고니[天鵝]·상어·말린 숭어·전복·생복[生鰒]·말린 홍합·낙지·굴·감합[甘蛤]·대합조개·은어·붉은 큰새우·인포[引鰒]·조포[條鰒]·오징어·옥둥어[玉頭魚]·다시마·부레·칠[漆]·겨자·황밤[黃栗]·대추·곶감·연감[紅柿子]·모과·석류·배[梨]·개암·가시연밥[芡仁]·유자[柚子]·감자나무열매·비재[榧子]·유감[乳柑]·동정귤[洞庭橘]·금귤[金橘]·푸른귤[靑橘]·산귤[山橘]·마름[菱仁]·분곽[粉藿]·상곽[常藿]·올멱[早藿]·해모[海毛]·우무·해각[海角]·황각[黃角]·매산이[苺山伊]·김[海衣]·감태[甘苔]·오해자[烏海子]·송이·석이·느타리·표고·새앙·고사리·지초·회화나무꽃·치자·작설채[雀舌茶]·송화[松花]·소나무그을음[松煙]·송진[松脂]·목화·모시·삼[麻]·삼노·각색 종이【표전지(表箋紙)·자문지(咨文紙)·부본단자지(副本單子紙)·주본지(奏本紙)·피봉지(皮封紙)·서계지(書契紙)·축문지(祝文紙)·표지(表紙)·도련지(擣鍊紙)·중폭지(中幅紙)·상표지(常表紙)·갑의지(甲衣紙)·안지(眼紙)·세화지(歲畫紙)·백주지(白奏紙)·화약지(火藥紙)·장지(狀紙)·상주지(常奏紙)·유둔지(油芚紙)·유둔(油芚).】·자리[席]【별무늬돗자리[別紋踏席]·보통무늬돗자리[常紋踏席]·흰무늬돗자리[白紋席]·왕골 자리[草席].】·대껍질방석[竹皮方席]·가는 대[篠]·오죽(烏竹)·화살대[箭竹]·바닷대[海竹]·등상재[土藤箱子]·대껍질[竹皮]·말린 죽순[乾筍]·자기[磁器]·나무그릇[木器]·버들고리[柳器]이다.약재(藥材)는 우황(牛黃)·쇠쓸개[牛膽]·범의 뼈[虎骨]·고슴도치가죽[蝟皮]·곰쓸개[熊膽]·녹용·녹각상(鹿角霜)·토끼머리[兎頭]·녹각(鹿角)·담비쓸개[獺膽]·산양이뿔[羚羊角]·도아조기름[島阿鳥油]·두꺼비[蟾蜍]·뽕나무벌레[桑螵蛸]·자라껍데기[鼈甲]·오징어뼈[烏魚骨]·말린 잉어[乾鯉]·잉어쓸개[鯉膽]·자네[蜈蚣]·등에[䖟蟲]·매미허물[蟬脫皮]·거북껍데기[龜甲]·결명좌[石決明]·인삼(人蔘)·영릉향(零陵香)·곽향(藿香)·박상(舶上)·회향(茴香)·가시연밥[鷄頭實]·연꽃[蓮花蘂]·겨우살이꽃[金銀花]·궁궁이[芎藭]·나팔꽃씨·으름덩굴[木

通·호라비좆뿌리[天門冬]·겨우살이풀뿌리[麥門冬]·패랭이꽃이삭[瞿麥穗]·수자해좆뿌리[天麻]·택사[澤瀉]·새삼씨[兔絲子]·탱알[紫菀]·탱알뿌리·연밥[蓮子]·회초미뿌리[貫衆]·파고지[破古紙]·삽주뿌리[蒼朮]·쪽[藍]·칠[漆]·감제뿌리[虎杖根]·당귀(當歸)·하국[旋覆花]·하눌타리[括蔞]·작약(芍藥)·끼무릇뿌리[半夏]·부들꽃[蒲黃]·끼절가리뿌리[升麻]·도라지[桔梗]·꽃창포[馬藺花]·족두리풀뿌리[細辛]·칡꽃[葛花]·버들옷[大戟]·검화뿌리껍질[白蘇皮]·두여머조자기[天南星]·쇠무릎지기[牛膝]·범부채[射干]·쓴너삼뿌리[苦蔘]·구리때뿌리[白芷]·사양채뿌리[前胡]·바꽃[草烏頭]·계소(鷄蘇)·병풍나물뿌리[防風]·숭나물[藁本]·자리공뿌리[商陸]·다시마[昆布]·흰띠[茅香]·겨우살이덩굴[忍冬草]·아기풀[遠志]·갈뿌리[蘆根]·박새[莒蘆]·암눈바앗씨[蔚子]·진득찰[稀薟]·꽈리[酸醬]·검산풀뿌리[續斷]·할미씨깨비[白頭翁]·향부자(香附子)·심황[鬱金]·수자해좆씨[赤箭子]·난향[蘭香]·지치[紫草]·현삼[玄蔘]·멧미나리[柴胡]·매자기뿌리[京三稜]·흰바곳[白附子]·등대풀싹[澤漆]·가위톱[白斂]·대왕풀[白芨]·오미자(五味子)·창이(蒼耳)·외나물뿌리[地楡]·창포[菖蒲]·자주연꽃[紫荷蕖]·개구리밥[水萍]·감국화[甘菊花]·더위지기[茵陳]·절국대[漏蘆]·수뤼나물[葳靈仙]·영생이[薄荷]·속수재[續隨子]·꼭두서니뿌리[茜草根]·두루미냉이씨[葶子]·단너삼[黃耆]·순비기나무열매[蔓荊子]·쥐방울[馬兜苓]·게로기뿌리[薺苨]·항가새[大薊草]·조방가새[小薊草]·사하(蘘荷)·파초·산해백[徐長卿]·익관초(益貫草)·초결명씨[決明子]·백작약[白芍藥]·모시잎[苧葉]·석골풀[石]·골풀[草]·말오줌나무[蒴藋]·마뿌리[山藥]·두릅뿌리[獨活]·속수재[蜀有子]·소태나무열매[川練子]·석류껍질[石榴皮]·흰매화[白梅]·매화열매[烏梅]·탱자껍데기[枳殼]·괴좆나무열매[枸杞子]·흰매화열매[鹽梅實]·복령(茯苓)·모란껍데기[牧丹皮]·닥나무열매[楮實]·솜대속껍질[竹茹]·괴좆나무뿌리껍질[地骨皮]·죽력[竹瀝]·황경나무껍데기[黃蘗皮]·조피나무열매[川椒]·백복령(白茯苓)·호도(胡桃)·오갈피[五加皮]·솜대잎[淡竹葉]·철쭉꽃[躑躅花]·쥐엄나무열매[皂莢]·쥐엄나무가시[皂角刺]·산이스랏씨[郁李仁]·말린 모과[乾木瓜]·살구씨[杏仁]·오배자(五倍子)·복숭아씨[桃仁]·삿갓나물[蚤休]·측백나무잎[側栢葉]·아가위[棠]·배[梨]·잣[松子仁]·묵은 귤껍질[陳皮]·엄나무껍질[海桐皮]·푸른 귤껍질[靑皮]·후박(厚朴)·두충(杜沖)·솔씨[松實]·담배[八角]·복신(茯神)이다.」202)

## 5. 전국적인 수확량의 균등화를 위한 『농사직설(農事直說)』

서정상은 『농사직설』이 공법(貢法)의 전국적 시행이라는 정책적 목적과 연관되어 편찬되었다고 주장하였다.203) 또한 김상태 역시 『농사직설』을 편찬하고 전국적으로 보급하게 된 데에는 공법시행이라는 문제와 밀접한 관계를 가지고 있다고 하였다.204) 이처럼 『농사직설』의 편찬과 보급이 표면적으로는 양계지방의 농업생산력을 향상시키기 위한 것이었지만, 실제로는 공법과 관련하여 전국적으로 농업생산력을 향상시켜 균등한 조세부과를 위한 것이었다. 그 이유로 공법은 전품(田品)에 따른 결당 정액수세제이기 때문에 전국적으로 전지의 비척 차이를 극복하기란 쉬운 문제가 아니었다. 때문에 이 시기 통일된 조세징수를 위해서 농사에서 가장 우선적으로 해결해야 하는 핵심 문제는 전답의 수확량 차이를 극복하는 것이었다. 지역별 수확량의 차이를 극복하고 생산력을 균일화하기 위하여, 하삼도 지방에서 행해지고 있던 농법 가운데 진전된 농업기술을 정리하여 『농사직설』을 편찬하게 한 것이다.

이러한 주장은 세종대왕이 공법을 시행하는 과정에서 다음 『세종실록』 기사와 같이 "우리나라는 토지의 비옥하고 척박한 것이 고을마다 다르기 때문에 시행할 수 없다."는 빈번한 대신들의 반대에 부딪치면서 결당 생산성이 낮은 지역의 수확량을 높여 공법 시행의 타당성과 과세의 공평을 얻기 위해서 『농사직설』을 편찬한 것이라고 볼 수 있다.

---

202) 『세종실록지리지』 전라도편.
203) 서정상. 1999. "『農事直說』의 農法과 老農", 泰東古典研究 16, 翰林大學校 泰東古典研究所.
204) 김상태. 2010. "『農事直說』의 편찬과 보급에 대한 재검토" 「한국민족문화」 36.

「우리 동방 토지의 비옥하고 척박한 것이란 반 걸음 한 걸음 사이도 서로 달라서 비옥한 토지를 경작하는 자는 별로 인력을 들이지 않고도 1결의 논에서 1백 석을 거둘 수 있고, 척박한 땅을 짓는 자는 인력을 다 들여도 1결의 소출이 10말에 지나지 않사온데, 정말 이렇게 10말의 세를 정해 받는다면 비옥한 토지를 받아 가지고 경작하는 자만이 혜택을 누리게 되고, 척박한 땅에다 거름을 줘가며 지은 자는 빚을 얻어 충당하는 억울함을 면치 못할 것이니, 그런 공법을 어떻게 행할 수 있겠습니까. 또 더욱이 흉년에 백성들은 기근(飢饉) 속에 허덕이고 있는데도 기어코 10말을 다 받는다면 과중하여 중용을 잃는 결과가 될 것이요, 풍년에 곡식이 지천할이만치 많은 수확을 보았는데도 10두만을 거둔다면 이는 너무 경하여 역시 중용을 잃는 결과가 되어 국가의 공용이 이 때문에 혹 말라버리기도 할 것이요, 민생도 이 때문에 생활을 이루어 나가지 못할 것이니 시행하지 말아야 할 것은 분명합니다.(중략) 경기(京畿)의 수령(守令) 29명과 품관(品官)·촌민(村民) 등 1,776명은 모두 가하다 하고, 수령 5명과 품관·촌민 합계 236명은 모두 불가하다 하고, 도관찰사 최사의·도사 양수·수원 부사 윤처성·원평 부사 오영로·해풍 군사 황득수·이천 현사 김훤·고양 현령 유흥부·가평 현감 김위 등은 아뢰기를, "전답의 비옥하고 척박한 것이 일정하지 않아서, 좋은 토지를 부치고 있는 자는 10말의 조세가 너무 경하고, 나쁜 땅을 부치고 있는 자는 10말의 조세가 비록 적다해도 오히려 그 수량을 충당하지 못하고 있으며, 또 각 관사(官司)의 위전(位田)과 외방 관서의 늠록전(廩祿田) 등 1년의 경비를 참작해 헤아려서 이를 떼어 주어서 풍년으로 보고 조세를 거두어도 오히려 부족한 실정이온데, 공법을 시행할 것 같으면 반드시 2분(分)은 늘어나게 되어 군국(軍國)의 수용량이 이로 말미암아 삭감될 것이니, 종전대로 하는 것이 더 좋을 것입니다. 만일 다시 공법을 정하려 하신다면 토지의 비옥 척박을 변별하여 3등급으로 나누게 하소서." 하다.」[205]

공법에 따른 전조(田租)의 수취를 통한 정전(正田) 등의 토지지배가

205) 『세종실록』 12년(1430) 8월 10일 5번째기사.

관철되기 위해서는 농지의 상경화가 전제되어야 했다. 농지를 상경화(常耕化)해야 전국적으로 공평한 조세를 수취하는 기반이 마련되기 때문이다. 전국적인 농지의 상경화를 위해서는 휴한법(休閑法)의 제약에서 벗어나, 해마다 땅을 놀리지 않고 농사를 지을 수 있게 농사기술의 발전이 요구되므로, 『농사직설』의 편찬과 보급으로 이를 해결하려 하였던 것이다.

제 5 장

# 공법의 후퇴와
# 조세정책의 혼란

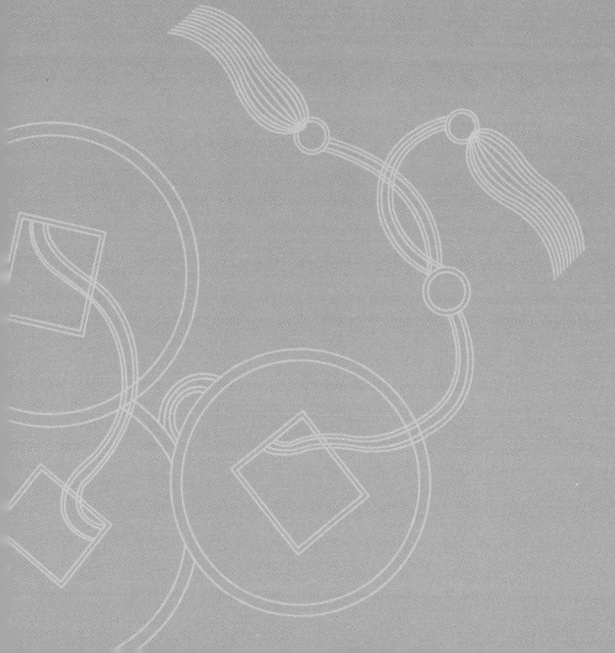

# 01

# 세종대왕의 **공법**이 후퇴한 원인

## 1. 연분구등법과 중복된 재상법(災傷法)의 시행

연분구등법은 공법의 근간이다. 세종대왕은 공평과세를 위하여 매년 풍흉에 따라 고을별 연분을 정하여, 1결당 연분 1등급인 상상년이면 20말에서 연분 9등급인 하하년이면 4말까지 차등하여 조세를 징수하도록 하였다. 공법의 세율은 연분(年分)에 따라 상상년 1결당 평균 수확량 20석(石)의 20분의 1인 20말(斗)를 기준으로 하여 산정된 것이다. 본래 중국식 공법은 1무(畝)당 단일세율을 적용하여 조세를 징수하는 것이 원칙이지만, 세종대왕은 우리나라 토지의 실정을 감안하고, 공평과세를 실현하기 위해 그 해의 연분에 따라 세액이 달라지는 9개의 다단계 세율을 시행하였다. 따라서 공법의 연분구등법은 재해 등으로 인한 수확량 감소에 따른 세액 감소가 반영되어 있기 때문에 재상에 따른 감면은 불필요하다. 재상감면을 하는 것은 이중적인 감면을 초래하는 것이다.

그러나 재해에 따른 백성들의 고통을 덜어주기 위하여 세종대왕은 공법에 "재해(災害)를 입은 전지는 일부분의 재해를 제(除)한 외에, 일반 사람들에게 널리 알려진 10결(結) 이상의 넓은 면적이 전부 손상(損傷)한 전지는 수령이 친히 심사하여 감사에게 보고하고, 감사가 위에 아뢴 후에, 파견된 경차관(敬差官)이 재해의 수량을 위에 아뢰어서 분부에 따라 조세를 감면한다."고 규정하였다.

농민 개개인의 조세부담은 전분육등법과 연분구등법에 따라 합리적으로 산정되지만, 재해로 '10결(結) 이상이 연복(連伏)'한 경우에는 면세하여 다시 한번 개별적인 사정을 고려하고자 한 것이다. 그 이유는 공법은 여러 해의 평균 수확량을 기준하여 세액을 정하였기 때문에 한 해의 수확량에 따라 세액이 좌우되어서는 안된다는 것이며, 만일 좁은 면적의 재상을 인정하게 되면 답험손실법에서 발생한 폐단이 똑같이 일어날 수 있기 때문이다.

하지만 공법이 입법된 후 2년도 되지 않아 대신들의 주청에 의하여 '5결(結) 이상이 연복(連伏)한 경우' 그 재상(災傷)을 인정하는 것으로 개정되었다. 여기서 세종대왕이 '5결(結) 이상'으로 정한 이유는 5결(結) 미만(未滿)인 재해지(災害地)를 일일이 두루 돌아본다면 이것은 손실(損實)의 법과 다름이 없다는 것이다. 답험손실법처럼 사정(私情)에 따라 경(輕)하게 하고 중(重)하게 하여, 말류(末流)의 폐단이 이루 말할 수 없이 발생할 것을 염려하였기 때문이다.

하지만 문종은 '전전(全田)이 재상'인 경우 면세하도록 개정하였으며, 또한 재손(災損)이 비록 8, 9분(分)에 이르더라도 취득(取得)한 것이 1, 2분(分)에 불과한 경우에도 그 전답의 조세를 전액 바치게 되어 백성들의 삶이 고단하기 때문에 재실(災實)에 따른 면세를 인정하는 것이 바람직하다고 하면서, 재상(災傷)이 반(半)이 넘는 전지와 혹은 질병(疾病)으로 인하여 능히 경작하지 못하여 온전히 묵어서 황폐하게 된 전

지는 손(損)에 따라 조세(租稅)를 감면하도록 하였다.

더욱이 세조는 '재상(災傷)이 반(半)이 넘는 전지의 면세'를 다음『세조실록』의 기사와 같이 '재상(災傷)을 10분(分)으로 율(率)을 삼아 8분 이상은 조세를 면제'하도록 개정하였다. 답험손실법이 되살아난 것이다.

> 「충청도 관찰사 정척이 아뢰기를, "무릇 전지의 재상(災傷)은 10분(分)으로 율(率)을 삼아, 8분 이상은 으레 조세를 거두지 않는데, 이제 호조(戶曹)의 관문(關文)을 살펴보니, '재상(災傷)이 8분(分)에 이르면 2분이 남고, 9분이면 1분이 남으니, 아울러 그 연분(年分)에 따라서 조세를 걷는다.'고 하였습니다. 본도는 해마다 흉년이 들었으며, 금년에 또 한재가 들어 실농(失農)한 것이 더욱 심하여 백성의 생활이 민망합니다. 청컨대 재상 8분 이상은 구례에 의하여 그 조세를 전부 면제하도록 하소서." 하니, 그대로 따랐다.」[206]

그 결과 다음과 같이『경국대전』호전 수세조에는 재해율에 따라 감면하거나 면세하도록 한 재상법(災傷法)이 규정된 것이다.

> 「전부 재해를 입은 전지 및 전부가 묵혀진 전지는 면세하고, 반이 넘게 재해를 입은 전지는 그 재해가 6분(分)에 이른 것은 6분(分)을 면세하고 4분(分)을 수세하며, 9분에 이르기까지 모두 이 예에 의한다.」

공법에서 이러한 재상법의 인정은 답험없는 조세법을 만들어 관리의 부패를 척결하고, 공평과세를 실현하고자 한 세종대왕의 조세원칙이 사라져 버린 것이다. 공법에서 손실에 따른 재상법의 인정은 답험손실법이 부활된 것이며, 다단계로 이루어진 연분결정과 함께 재상률의 답험

---

206)『세조실록』1년(1455) 10월 18일 3번째기사.
　　(원문)「忠淸道觀察使鄭陟啓: "凡田災傷十分爲率，八分以上例不收租，今照戶曹關, '災傷至八分則餘二分，九分則餘一分，竝從年分收租.' 本道連年凶歉，今年又旱，失農尤甚，民生可憫. 請災傷八分以上，依舊全免其稅." 從之.」

은 조세체계를 더욱 복잡하게 만들어, 국가에서 조세를 과세하는 권한의 집중력이 사라지면서 공법의 하하년 세율인 1결 4말의 세액으로 고정되는 영정법으로 개정되게 된 것이다. 그래서 영정법은 과세권의 중앙집권화를 포기한 것이며, 수확량에 따른 공평과세를 전혀 고려할 수 없는 악법이 되었다. '빈익빈 부익부' 현상을 초래할 수 밖에 없기 때문이다.


## 2. 결부법의 핵심인 양전의 미흡

### 가. 결부법의 문제점

(1) 결부법에 대한 세종대왕의 생각

최종 입법된 공법은 결부법에 따라 전분육등법으로 정하여진 1결당의 면적에서, 다단계의 정액세를 수세하도록 하였다. 여기서 결부법은 토지를 파악함에 있어서 토지의 면적과 수확량을 동시에 표시한 계량법이다. 결부법의 기본단위는 파(把)·속(束)·부(負:卜)·결(結)로서 줌·뭇·짐·멱이라는 우리 말의 한자표시로 쓰였는데, 곡식단 한 줌을 1파, 10파를 1속, 10속을 1부, 100부를 1결이라 하였다. 즉, 1결이란 곡식 100부를 생산할 수 있는 전답의 면적이다. 이에 반해 경무법은 옛날 중국에서 쓰던 토지의 면적계산 단위법으로 전한(前漢) 이전에는 주척(周尺)으로 6자 평방을 1보(步), 100보를 1무(畝), 100무를 1경(頃) 또는 1부(夫)라 하였고, 전한 이후로는 주척 5자 평방을 1보, 240보를 1무, 100무를 1경으로 하였다. 따라서 경무법은 토지의 생산량과는 관계없이 절대적인 면적으로 1경을 정하는 것이다.

그런데 『목민심서』와 『경세유표』가 편찬되기 전 약 370년 전의 세종

대왕은 정약용 등이 지적한 결부법의 문제점을 이미 파악하고 있었다고 본다. 즉, 세종대왕은 결부법과 경무법의 장단점을 논의하여 분석하고, 납세자인 농민에게 미치는 영향을 철저히 분석한 후 공법을 시행한 것이다. 『세종실록』에 따르면 세종대왕은 공법의 입법을 마무리하면서 결부법의 문제점을 인식하고, 전분5등전의 경무법으로 토지를 양전할 것을 다음과 같이 논의하였다. 같은 면적 1경에 5등의 세율로 조세를 징수하자는 것이다.

「호조에 하교하기를, (중략) 종전에는 3등 전척(田尺)의 장단(長短)과 3등 전방면(田方面)이 그 차(差)가 고르기는 하나, 실지 면적의 차는 고르지 못하였으니, 지금 각 등급의 한전(旱田)과 수전(水田)을 한 모양으로 고쳐 측량하여, 조세(租稅)를 등급을 보아 가감(加減)하여 고제(古制)에 따르게 하라. 이미 고제를 따른 것이라면, 밭을 계산하는 자(尺)와 결·복·속·파를 옛날 세노에 의하지 않고, 종전 그대로 하는 것은 편하지 못하니 마땅히 주척(周尺)을 써서 고쳐 측량하여야 할 것이나, 1, 2년 내에는 고쳐 측량하기가 쉽지 않으니 우선 구전안(舊田案)을 가지고 먼저 5등의 전품으로 나누고, 결·복·속·파를 고쳐 경(頃)·묘(畝)·보(步)의 법으로 만들어 5등의 조(租)를 거두면, 거의 고제(古制)와 시무(時務)가 아울러 행하여져 어긋나지 않을 것이다.」[207]

하지만 많은 대신들이 경무법을 반대함으로써 다음의 『세종실록』 기사와 같이 세종대왕은 절충안을 만들어 전분6등전의 결부법에 따른 공법을 시행한 것이다.

---

207)『세종실록』 25년 11월 2일 1번째기사.
　　(원문)「下下教戶曹: (중략) 前此三等田, 尺長短三等田方面, 其差雖均, 然實積之差不均. 今各等旱田水田, 一樣改量, 租稅視等加減, 以遵古制. 旣遵古制, 則其計指田尺結卜束把, 不依古制, 仍舊未便, 宜用周尺改量. 然一二年內, 未易改量, 姑將舊田案, 先分五等田品結卜束把, 改作頃畝步法, 以收五等之租, 庶幾古制時務, 竝行不悖.」

「호조 판서 박종우·좌찬성 하연·우찬성 황보인·우참찬 이숙치·지중추원사 정인지·한성부 윤 윤형을 불러서 이르기를, "이제 전분 5등(田分五等)은 백성들이 1, 2등이 너무 많다고 하여 원망이 없지 아니하고, 또 근일에 대신(大臣)들이 여럿이 의논하여 이르기를, '이제 상정(詳定)한 전품(田品)의 1, 2등은 옛날에 비해서 더 많다.' 하니, 나는 생각하기를 새 법은 쓸 수 없고 옛날대로 공법을 쓰는 것이 편리하기는 하나, 공법도 역시 간혹 민폐(民弊)가 있으니, 어찌하면 전법(田法)이 적당하게 되어 백성들이 원망하지 않겠느냐. 다시 잘 의논해 서 아뢰라."하매, 여럿이 아뢰기를, "새 법은 진실로 행하여야 하되, 다만 1, 2등이 옛날에 비해서 많으며, 경무보법(頃畝步法)은 여러 사람들의 귀를 놀라게 합니다."하니, 임금이 말하기를, "경무보법(頃畝步法)을 고쳐서 예전대로 결(結)·부(負)·속(束)·파(把)로 하고, 5등전의 1, 2등을 추이(推移)하여 6등으로 하며, 그 6등의 전지는 모두 주척으로 측량하고 토지의 넓고 좁은 것을 따라 동과(同科)로 조세를 거두는 것이 어떻겠는가."하니, 여럿이 아뢰기를, "상교(上敎)가 윤당하옵니다."하였다.」[208]

## (2) 결부법에 대한 실학자의 비판

조선후기에 실학자들은 결부법(結負法)은 생산량을 단위로 한 점에서 보면 지세부과의 합리적인 원칙이였지만, 20년마다 실시하도록 법으로 규정된 토지의 양전이 제대로 이루어지지 않음으로써 결부 산정이 현실과 부합되지 못하는 경우가 많았다고 주장하였다. 그 중 유형원은 현종 11년(1670)에 저술된 『반계수록』에서 결부법은 공평하지 못하고, 토지정책이 문란하여진 뒤에 해마다 실지 답사하는 폐단이 생겨서, 그

---

208) 『세종실록』 26년(1444) 6월 6일 1번째기사.
　　(원문) 「召戶曹判書朴從愚、左贊成河演、右贊成皇甫仁、右參贊李叔時、知中樞院事鄭麟趾、漢城府尹尹炯謂曰: "今田分五等, 民以爲一二等過多, 不無怨咨. 且近日大臣僉議云: "今詳田品, 一二等, 比古加多. 予惟新法不可用也, 仍舊貢法爲便, 然貢法亦或有民弊, 若之何則田法得宜而民不致怨耶? 更加商搉以啓." 僉啓云: "新法固可行也, 但一二等, 比古居多, 而頃畝步法, 駭於衆聽耳." 上曰: "改頃畝步法, 仍舊爲結負束把, 以五等之田一二等推移爲六等, 其六等之田, 皆用周尺量之, 隨地廣狹, 同科收稅何如?" 僉曰: "上敎允當."」

해독이 한정 없기 때문에 혁파를 주장하였는데 그 내용은 다음과 같다. 경무법은 형체가 있는 전지를 기준하여 전답의 면적을 정하지만, 결부법은 형체가 없는 비옥도를 기준하여 면적을 정하기 때문이다.

「선대 임금들의 제정하여 놓은 제도를 상고하건대 그 조리가 이와 같이 세밀하니 국가와 백성을 소중히 여기며 부역과 조세를 고르게 하고 헐하게 하려는 의도가 지극하였다. 진실로 이 의도대로 실행한다면 비록 천만 대를 지나더라도 폐단이 없을 것인데 지금에 와서 결부법(結負法)에 대한 원칙이 없고 부역과 조세가 공평하지 못한 것은 무슨 까닭인가? 이는 정치가 문란하고 관리들이 태만해서 그렇게 될 뿐만 아니라 원래에 결부법은 조세의 수량에 기준을 두면서 토지측량 척수를 일정하게 하는 데는 치중하지 않았기 때문에 폐단이 생기기 쉬운 것이다. 결(結)이니 부(負)니 하는 것도 척수가 없는 것은 아니지마는 장부에 기록된 숫자는 실지면적과 맞지 않는데다가 자의 장단이 너무 복잡하여 이에 따르는 승제가감법(乘除加減法)을 지방관들도 완전히 알지 못하거든 하물며 농민들이야 말할 나위가 있겠느냐?

지방관이 완전히 알지 못하고 농민들도 역시 잘 모르게 되면 아전들이 농간하기 쉬운 것이니 완전히 알지도 못하는 법을 가지고 뭇 아전들의 농간을 단속하려 해도 실지 형편이 그렇게 될 수 없을 것이다. 이러한 데로부터 뇌물, 청탁, 누락, 기만 등 온갖 폐단이 발생하여 결과 부는 원칙이 없어지고 부역과 조세는 공평하지 못한 결과를 초래한다. (중략) 결부법이 공평하지 못하고 토지정책이 문란하여진 뒤에 해마다 실지 답사하는 폐단이 생겨서 그의 해독이 한정 없고 국가 법전에 규정되어 있는 재상법(災傷法)조차 실행할 수 없게 되었으니 한심한 생각을 어찌 금할 수 있겠는가? 이 문제는 일체를 법에 의하여 모든 폐단을 엄격하게 혁파해야 된다.」[209]

그리고 정약용은 1817년(순조 17)에 저술한 『경세유표』에서 공법에

---

209) (국역) 『반계수록』 권지6, 전제(田制)에 관한 역사적 고찰[田制攷說] 하(下), ㄷ) 우리 나라의 전제[國朝田制]

따른 양전에 대해서 다음과 같이 문제점을 기술하면서, 전제(田制)를 경무법(頃畝法)으로 개정할 것을 주장하였다.

> 「중국에서는 경·무(頃·畝)로써 전지를 경계했으니 이것은 형체가 있는, 전지의 모양이 크고 작은 것을 살펴 경계한 것이고, 우리나라는 결·부로써 전지를 경계했으니 이것은 형체가 없는, 전지의 기름짐과 메마름을 살펴 경계한 것이다. 전지를 측량할 적에 뇌물이 은밀히 오가고 온갖 간사한 일이 일어나 비록 우(禹)와 직(稷)이 감독하더라도 그 간사함을 밝혀낼 수 없을 것이다. 법에는 '20년 만에 개량한다.'고 되어 있으나 지금 100년이 다 되도록 개량하지 않음은 무슨 이유인가? 개량하게 되면 아전들의 농간이 일어나고 아전의 농간이 일어나면 백성의 저주가 일어나며, 백성의 저주가 일어나면 관원의 비방이 일어나서 죄벌(罪罰)이 따르게 되므로 개량하는 것은 오직 아전만이 원할 뿐, 백성과 관원은 모두 즐겨하지 않는다. 또 숨겨진 결수가 밝혀지게 될까 두려워하여 아전도 꺼린다. 이것이 100년이나 되어가도 전지를 개량하지 않는 이유이다. 대저 법을 세운 것이 좋지 못한 까닭으로 받들어 시행하는 자가 반드시 죄과(罪過)에 빠지게 된다. 그러므로 나는 결·부로써 전지를 경계하는 법은 좋지 못하다고 주장한다.」[210]

그러나 실학자들의 이런 주장은 답험 없이 경무법을 적용하여 영정법이나 비총법에 의하여 수세하는 경우에는 타당성을 가질 수 있다. 영정법에 의하여 수확량에 따른 백성들의 개인별 공평과세를 고려하지 않을 때 타당하다는 것이다. 만약 경무법에서 공평과세를 고려한다면 매년 모든 전답을 답험하여 실질 수확량을 산정하여야 한다. 그 결과 경무법에서 세종대왕이 추구하고자 한 공평과세를 행하려면 인력과 비용이 결부법에 따른 양전(量田)의 비용보다 더 많이 필요하다. 세종대왕의 결부법에 의한 전분육등법에 따른 양전은 매년 각 농민의 전지를

---

210) (국역) 『경세유표』 제6권 지관수제(地官修制).

답험하는 어려움과 그에 따른 폐해를 방지하기 위하여, 미리 전지의 비옥도에 따라 평균 수확량을 확정하고, 전답의 등급을 정하여 조세의 공평과세를 위한 1차적인 단계이다. 그리고 공평과세를 위한 2차적인 단계는 군현 단위로 매년 감사 등이 연등을 정하는 것이다. 물론 완전한 개인적인 공평과세를 위해서는 각 전답마다 수확량을 실사하는 것이 절대적이지만 그에 따른 비용과 인원의 확보가 어렵고, 전문 관리가 부족한 상황에서 최선의 정책은 아니라고 생각한 것이다. 따라서 결부법에 따른 전분육등법은 관리들의 부패를 최소화 하거나 방지할 수도 있다고 본다. 양전과 수세의 책임을 지는 관리는 양반들로 사서오경에는 능할지 모르지만 농사와는 거리가 먼 사대부였다는 점도 고려하여야 했다.

## 나. 세종 10년의 전국적인 양전 시행

다음 『세종실록』 기사를 보면 세종 10년(1428)에 전국적인 양전을 시작하여 세종 14년까지 계속되었던 것을 알 수 있다. ①은 경기·강원·충청·전라도 등에 전국적인 양전이 실시되었고, ②는 경상도와 충청도에 양전을 실시하면서 1만 결(結)에 경차관 한 사람씩을 보냈으며, ③은 세종 14년까지 양전이 시행되었음을 알 수 있다.

> ① 「호조(戶曹)에서 계하기를, "경기·강원·충청·전라도 등 지가 금년에는 곡식이 좀 잘 되었으니, 청컨대 경차관(敬差官)을 나누어 보내서 양전(量田)하게 하소서." 하니, 그대로 따랐다.」[211]
> ② 「양전경차관을 경상도의 예천·진주·창녕·함양·선산·경주·대구·김해·순흥·의성·금산·용궁과 충청도의 공주·한산·괴산·보은·

---

211) 『세종실록』 10년(1428) 8월 7일 5번째기사.

정산·홍주·진천 등 고을에 나누어 보냈으니, 대개 전지 1만 결(結)에
경차관 한 사람씩을 보내었다.」[212]

③ 「우정언(右正言) 우효강이 아뢰기를, "금년에 경기에서는 풍년이 들지
않고, 또 사신을 접대하는 일에 시달리고, 지금 또 무예(武藝)를 연습하
매 일이 번거로우니, 원컨대 금년의 양전(量田)하는 사무를 정지하소
서."하니, 임금이 말하기를, "장차 대신에게 의논하겠다."하였다.」[213]

이러한 양전의 목적이 공법을 시행하기 위한 기초 작업이었음을 다
음 『세종실록』 기사에서 확인할 수 있다.

「좌사간 변계손·우사간 권맹손·좌헌납 이장손·우헌납 이사맹·우정언
윤미견·동부 교수관(東部教授官) 채윤·중부 교수관 정종본 등은 아뢰기를,
'이번에 정하신 공법은 실로 좋은 법제입니다. 다만 토품의 비옥 척박을 분별
하지 않고 1결에 대한 세금을 10말로 한정한다면 경중(輕重)의 구별을 어지럽
게 하는 폐단이 없지 않을 것이오니, 양전(量田)이 끝나기를 기다려서 다시
수납할 세량을 정하여 공사간에 모두 편리하게 하시기를 바라나이다.' 하고,
」[214]

따라서 세종대왕은 국가적인 사업인 양전이 정확하게 실시되도록 다
음 『세종실록』의 기사와 같이 여러 차례 명하였다. ①은 양전하는 경
차관이 측정하는 계산법을 알아야 한다는 것이고, ②는 양전의 경중이
한결같지 않다는 것이며, ③은 양전(量田)은 국가의 중대사이므로 양전
관리(量田官吏)로 하여금 더욱 근면하고 태만하지 않도록 명한 것이다.

① 「찬성 권진(權軫)이 계하기를, "신이 을유년에 사명을 받들고 외지에 나

---

212) 『세종실록』 11년(1429) 10월 10일 1번째기사.
213) 『세종실록』 14년(1432) 9월 22일 1번째기사.
214) 『세종실록』 12년(1430) 8월 10일 5번째기사.

가 있을 때에 양전(量田)하는 상황을 살펴보니, 경차관(敬差官)이 전제(田制)의 계산하는 법(算法)을 알지 못하고 아무렇게나 하기 때문에 착오(錯誤)가 매우 많았습니다. 이제 양전(量田)의 의논도 이미 정해졌사오니 마땅히 경차관(敬差官)으로 하여금 미리 계산하는 방법을 익히게 하여, 전답을 측량할 수 있는 자를 시험하여 보내게 되면 착오가 거의 없을 것입니다."하니, 임금이 말하기를, "양전(量田)의 일이란 매우 중요한 것인데, 만일 계산하는 법도 모르는 자를 보낸다면 반드시 착오가 있을 것이니 경(卿)의 말은 진실로 옳도다."하였다.」[215]

② 「임금이 말하기를, "양전(量田)하는 일은 가장 어려운 것이다. 요사이 경차관(敬差官) 등으로 하여금 교외(郊外)에 나아가 밭 하나를 시험하게 했는데 소견(所見)이 각기 다르니, 대저 양전(量田)이란 것은 부결(負結)의 수를 바르게 하고자 함인데 정밀하게 계산한다고 하는 자들도 오히려 이와 같으니, 하물며 그 나머지 사람들을 여러 도에 나누어 보낸다면 경중(輕重)이 필경 한결같지 못할 것이다."」[216]

③ 「호조에 전지하여 이르기를, "양전(量田)은 국가의 중대한 일이거늘 처음에는 부지런히 하다가 뒤에 태만하기도 하고, 혹은 앞을 다투어 일을 마치기도 하여 착오를 일으키니, 그 각도의 양전 관리(量田官吏)로 하여금 더욱 근로하고 태만함이 없게 하여 힘써 중립을 기하도록 하라."하였다.」[217]

그래서 경차관이 양전을 잘 수행하지 못한 경우 세종대왕은 다음 『세종실록』과 같이 처벌하도록 하였다.

「임금이 말하기를, "전라도 경차관(敬差官) 이치(李治)는 양전(量田)을 잘하지 못하였으니, 헌부에 내려 국문(鞫問)하라."하였다.」[218]

---

215) 『세종실록』 10년(1428) 8월 18일 1번째기사.
216) 『세종실록』 10년(1428) 9월 17일 1번째기사.
217) 『세종실록』 10년(1428) 12월 22일 5번째기사.
218) 『세종실록』 11년(1429) 2월 23일 2번째기사.

세종때에는 양전을 30년 주기로 하도록 정하였기에, 세종 10년에 실시한 후 26년 지난 단종 1년에 양전이 시행되어 개량된 것을 다음 『단종실록』에서 볼 수 있다.

「의정부에서 호조의 정문(呈文)에 의거하여 아뢰기를, "전제상정소(田制詳定所)에서 국가의 양전(量田) 할 개요를 바쳤는데, 30년을 기한으로 하였습니다. 이보다 앞서는 혹은 28년으로 하고, 혹은 24년으로 하여서 개량하였습니다. 지난 무신년[219] 에 개량(改量)한 뒤에 지금에 이르기까지 26년이 되었으니, 마땅히 양전을 고쳐야 합니다. 청컨대 금년에 풍년과 흉년이 드는 것을 보아서 전라도에서부터 시작하여 개량하게 하소서." 하니, 그대로 따랐다.」[220]

### 다. 세종대왕 이후 규정된 양전이 미 실시된 이유

#### (1) 양전은 인력과 비용이 많이 드는 대사업

공법이 영정법으로 개정된 이유는 여러 가지가 있다. 그 중 하나는 양전이 제대로 실시되지 못함으로써, 전분육등에 의한 결부법으로 해결하고자 한 '비옥도에 따른 공평과세'가 이루어지지 못했다는 점이다. 양전은 『경국대전』에 20년마다 실시하도록 규정되어 있었지만 인력·경비 등이 막대하게 소요되는 국가적인 대사업이라 규정대로는 실시하지 못하였고, 수십 년 혹은 백 년이 더 지난 뒤에 실시되기도 하였다. 그래서 조선시대 500년 동안 전국적 규모의 양전은 단 4차례 정도 이루어졌을 뿐이다. 이는 양전사업이 아담 스미스가 말하는 것처럼 "나라의 토지 전체를 실제로 측량하고 평가하는 것은 힘들고 비용이 많이 드는 사업"이기 때문이다. [221]

---

219) 『세종실록』 10년(1428).
220) 『단종실록』 1년(1453) 4월 9일 4번째기사.
221) 최호진·정해동 역. 1992. 「국부론(하)」. 범우사.

1818년 완성된 『목민심서』에서 정약용은 양전에 대해서 다음과 같이 문제점을 기술하고 있다.[222) ①은 우리나라 양전법이 좋지 못함을, ②는 양전의 문제점를 해결하기 위해 우선적으로 '관리로서 적임자'가 필요하다는 것을 주장하고 있다.

> ① 「수령의 직책 54조 중에서 전정(田政)이 가장 어려운 것인데, 그것은 우리나라의 양전법(量田法)이 본래 좋지 못하기 때문이다.」
> ② 「양전하는 법은 아래로 백성을 해치지 않고 위로 국가에 손해를 끼치지 않을 것이요 오직 공평하게 해야 할 것이다. 먼저 적임자를 얻은 후에라야 이에 가히 의논할 수가 있다.」

이처럼 조선후기 실학자들은 양전이 결부법(結負法) 때문에 제대로 실시되지 못하였다고 주장하였다. 결부법으로 할 경우 양전시 뇌물, 청탁, 누락, 기만 등 온갖 폐단이 발생하여 결(結)과 부(負)는 원칙이 없어지고 부역과 조세는 공평하지 못한 결과를 초래하기 때문에 경무법으로 하여야 한다는 것이다. 하지만 이 문제는 동전의 양면성과 같다. 앞에서도 언급하였지만 경무법으로 할 경우 균등한 과세를 위해서는 전답에 대해서 매년 재실(災實)과 풍흉에 따른 답험을 실시하여야 하는데, 이 또한 더 많은 폐해를 발생시킬 수 있기 때문이다.

조선후기 양전의 문제 중 하나는 사대부의 농지 과점이고, 다른 하나는 청렴하고 양전에 능한 적임 관리가 없었다는 점이다. 따라서 세종대왕의 공법에 규정된 전분육등법의 양전은 법 규정 자체에 문제가 있는 것이 아니라, 법의 집행 과정에서 문제가 발생하였다고 볼 수 있는데 다음의 『증보문헌비고』에서 그 내용을 확인할 수 있다. 옥토와 척토를 바꾸어 기록한다는 것이다.

---

222) (역주) 『목민심서』 권2 제6부 호전(戶典) 육조(六條)1 제1장 전정(田政)

「숙종 35년(1709)에 평천군 신완이 상소하기를, (중략) 뒤에 고쳐 6등으로 만들었으며, 6등으로 차등을 둔 뒤에야 옥토와 척토(瘠土)의 부세가 차츰 균평함을 얻었습니다. 대체로 부유하고 세력 있는 자는 전지가 많아도 결수는 적고, 빈약한 자는 전지가 적어도 결수는 많으며, 옥토와 척토를 바꾸어 기록하여서 부세가 고르지 않습니다.",223)

그리고 20년 마다 하도록 되어 있는 양전을 제대로 실시하지 못한 조정의 책임이 가장 크다고 보는데, 이 또한 다음의『증보문헌비고』에서 그 내용을 확인할 수 있다.

「양남224)은 인조조 갑술년(1634년, 인조 12년)에 양전한 후로 또한 개량하지 않았습니다. 삼남의 토품(土品)은 비옥하기가 양서(兩西)에 비하면 10배나 되어 조가(朝家)의 부세가 오로지 여기에 의지하는데도 개량하지 않은 지 이미 70년이 되어 그 문란에 일임하여서 세입이 점점 줄어들고 호족과 강자가 이익을 독점하고 있으니, 이미 지극히 한심합니다. 호서(충청도)와 관동의 반만 측량하고 중지하였으며 해서(황해도)는 네 고을만 측량한 것 또한 40년에 가깝습니다. 우리나라는 일하는 데 있어 능히 오래 견디면서 사업을 성취시키지 못하는 것이 진실로 고질적인 폐단이 됩니다.",225)

(2) 양전 관리의 전문성과 청렴성 부족

세종대왕은 공법을 입법하고 시행하면서 양전으로 야기될 수 있는 문제점을 충분히 인식하고 있었던 것으로 보인다. 이에 세종대왕이 고심 끝에 내린 공법에 의한 양전 방법은 결부법에 따른 전분육등법이었다. 전분(田分)을 6등으로 정한 이유는 공평과세를 위한 것으로『세종실록』에는 다음과 같이 기록하고 있다. 여기서 전분육등법은 전품이

---

223) (국역)『증보문헌비고』제142권 전부고2 경계2 조선.
224) 兩南 : 영남과 호남을 이름.
225)『증보문헌비고』제142권 전부고2 경계2 조선.

바로잡혀 '부익부 빈익빈'의 모순을 제거할 수 있는 조세제도인 것을 말하고 있다.

「본국은 고려 때의 옛법을 그대로 써서 토지를 3등급으로 나누어 모두 방면(方面)의 수(數)를 쓰고 면적을 계산하지 아니합니다. 지질의 고척(膏墝)이 남쪽과 북쪽이 같지 아니한데, 그 전품(田品)의 분등(分等)을 8도(道)를 통(通)한 표준으로 계산하지 아니하고 다만 1도(道)로써 나누었기 때문에, 세 등급의 전지三等田가 고척이 같지 않으므로 납세(納稅)의 경중(輕重)이 아주 달라서, 부자는 더욱 부자가 되고 가난한 자는 더욱 가난하게 되니, 심히 옳지 못한 일입니다. 만약 여러 도(道)의 전품(田品)을 통고(通考)하여 6등급으로 나눈다면 거의 전품이 바로잡히게 되고 조세도 고르게 될 것입니다.」[226]

공법에 규정된 양전법은 시행상 어려움이 있었지만 그 골격인 '결부법에 따른 전분육등법'은 조선말[227]까지 약 450년 동안 바뀌지 않고 유지되었다. 세종대왕은 양전에 사용하는 자(尺)를 수지척에서 주척으로 바꾸었지만 토지의 비옥도에 따라 길이가 다른 자를 사용케 하는 수등이척법(隨等異尺法)이었다. 이 수등이척법(隨等異尺法)은 약 210년이 지난 효종 4년(1653년) 폐지되고 균일한 양전척(量田尺)[228]을 사용하도록 하였다.

하지만 세종대왕의 양전에 대한 이러한 제도적인 개선에도 불구하고

---

226) 『세종실록』 26년 갑자(1444) 11월 13일.
　　(원문) 「本國因高麗之舊, 三等之田, 皆用方面之數, 不計實積. 地之膏墝, 南北不同, 而其田品分等, 不通計八道, 只以一道分之, 故三等田膏墝不同, 納稅輕重頓異, 富者益富, 貧者益貧, 深爲不可. 若通考諸道田品, 分爲六等, 則庶幾田品得正, 收稅以均.」
227) 광무(光武) 2년(1898)에 양지 아문(量地衙門)을 설치하고 양지 감리(量地監理)를 각도(各道)에 차견하여 학도(學徒)를 가려 인솔하고 … (중략) 양전(量田)하였다.
228) 양척동일법 : 토지의 등급에 따라 길이가 다른 자를 사용하여 토지를 측량할 때의 복잡함과 불편함을 없애기 위해 자를 통일한 것이다. 이것은 종래의 1등급 자인 주척 4자 7치 7푼을 1자(尺)로 정하여 토지의 비옥도에 상관없이 동일자로 측량하여, 사방 100척을 1등전의 1결로 정한 것이다.

가장 큰 어려움은 전문성 있고 청렴한 양전관리를 양성하여 확충하는 문제였다. 다음의 『세종실록』 기사 ①은 양전하는 경차관으로 하여금 미리 계산하는 방법을 익히게 하고, 전답을 측량할 수 있는 전문성을 갖추게 할 필요성에 대해서 언급하고 있다. ②는 양전할 때에 계산 잘하는 자를 뽑아 미리 익히고 시험을 보인 뒤에 여러 도에 나누어 보냈어도 오히려 경중의 적중을 잃었다는 것이다. 인재가 적어 그 만큼 양전이 어렵다는 것이다.

① 「찬성 권진이 계하기를, "신이 을유년에 사명을 받들고 외지에 나가 있을 때에 양전(量田)하는 상황을 살펴보니, 경차관이 전제(田制)의 계산하는 법을 알지 못하고 아무렇게나 하기 때문에 착오가 매우 많았습니다. 이제 양전의 의논도 이미 정해졌사오니 마땅히 경차관으로 하여금 미리 계산하는 방법을 익히게 하여, 전답을 측량할 수 있는 자를 시험하여 보내게 되면 착오가 거의 없을 것입니다." 하니, 임금이 말하기를, "양전의 일이란 매우 중요한 것인데, 만일 계산하는 법도 모르는 자를 보낸다면 반드시 착오가 있을 것이니 경(卿)의 말은 진실로 옳도다."하였다. 또 호조 판서 안순에게 이르기를, "양전을 하는 데에는 마땅히 먼저 사람을 택하되 적중한 사람으로 택하여야 옳을 것이다. 하였다." 」[229]

② 「임금이 말하기를, "양전하는 일은 가장 어려운 것이다. 요사이 경차관 등으로 하여금 교외(郊外)에 나아가 밭 하나를 시험하게 했는데 소견이 각기 다르니, 대저 양전이란 것은 부결(負結)의 수를 바르게 하고자 함인데 정밀하게 계산한다고 하는 자들도 오히려 이와 같으니, 하물며 그 나머지 사람들을 여러 도에 나누어 보낸다면 경중이 필경 한결같지 못

229) 『세종실록』 10년 (1428) 8월 18일 1번째기사.
  (원문)「贊成權軫啓: "臣於乙酉年, 奉使在外, 審視量田之狀, 敬差官, 不知田制算法, 妄意爲之, 頗多錯誤. 今量田之議已定, 宜令敬差官預習算法, 試其量田, 能者遣之, 庶無差謬矣." 上〔曰〕: "量田之事甚重, 若遣不知算法者, 必有錯誤, 卿言誠是." 又謂戶曹判書安純曰: "量田宜先擇人, 使之得中可也."」

할 것이다"라고 하였다. 우의정 맹사성이 대답하기를, "을유년에 양전할 때에 계산 잘하는 자를 뽑아 미리 익히고 시험을 보인 뒤에 여러 도에 나누어 보냈어도 오히려 경중의 적중을 잃어 지금까지 근심이 되옵니다. 신은 생각하건대 계산하는 법에 정통하고 전제(田制)에 밝은 자를 뽑아서 금년에 한 도(道)를 측량하고 명년에도 한 도를 측량하게 하여, 8년만에 팔도를 모두 마치게 하면 일도 급하지 않고 측량도 적중하게 될 것입니다." 하니, 임금도 그렇게 여기고 말하기를, "경 등이 다시 의논하여 아뢰라."하였다.」230)

## 3. 세종대왕 이후 조세행정의 중앙집권 부재

이태진은 "공법에서의 전분과 연분의 새로운 기준은 결국 그 기준 자체의 객관성을 높임에 따라 이서배(吏胥輩) 및 관리의 재량권의 남용을 그만큼 배제시켜, 일반 부담자 측으로서는 수탈당하는 기회가 줄어드는 결과를 가져왔다."고 하였다. 하지만 세종대왕은 공법을 시행하기 이전에도 수세할 때 공전(公田)과 사전(私田)을 구분하지 않고 국가가 답험하게 하여 사전의 답험권을 수조권자인 전주로부터 환수했을 뿐만 아니라, 공법시행 후에는 각도 감사가 각 군현 단위로 연분을 살펴 정하도록 함으로써 공법시행으로 지방의 서원이나 색리들의 농간을 배제하여 과세의 중앙집권화를 이룩하였다.

그러나 이러한 공법이 강력하게 추진되지 못한 이유는 세종대왕 만

---

230) 『세종실록』 10년 (1428) 9월17일 1번째기사.
　　(원문) 「上曰: "量田之事最難, 近日令敬差官等, 就郊外試之一田, 而所見各異. 大抵量田者, 欲以正負結之數也, 號爲精算者, 尙如此, 況以餘人, 分遣諸道, 則輕重必不如一矣." 右議政孟思誠對曰: "歲乙酉量田之時, 擇其能算者, 預習試驗, 然後分遣諸道, 猶且輕重失中, 至今爲患. 臣以爲選精於算法, 明於田制者, 今年量一道, 明年又量一道, 及至八年, 八道皆畢, 事不邊而打量得中矣." 上然之曰: "卿等更議以聞."」

큼 조세행정에 대한 중앙집권이 부족하였기 때문이다. 다음의 『성종실록』 기사와 같이 공법이 입법되고 시행된지 28년이 흘렀지만 세종대왕이 입법할 당시보다 상황이 더 좋지 않았다. 후대 왕과 대신들이 세종대왕의 조세정책을 이해하지 못하였기 때문이다.

> 「전제상정소에서 아뢰기를, "경기·하삼도[231]는 이미 일찍이 양전(量田)하여 공법(貢法)으로 수세하는데, 강원도·황해도·영안도·평안도 등은 60여 년 동안 개량(改量)하지 못하고 단지 손실(損實)[232]로써만 수세하니, 비단 일국의 수세하는 법(法)이 남북(南北) 간에 다를 뿐만 아니라 세금이 들어오는 것의 많고 적음도 같지 아니하여, 이로 인하여 경계(經界)가 바르지 아니하고 차역(差役)도 고르지 못하여 더욱 불편(不便)하게 되니, 위 항목의 제도(諸道)도 청컨대 모두 타량(打量)[233] 하게 하소서."하니 그대로 따랐다.」[234]

성종 때에 세종대왕의 공법을 어떻게 평가하고 있었는지 다음의 『성종실록』 기사를 보면 알 수 있다. 공법(貢法)은 자세히 잘 갖추어져 있는데 관리가 조처할 줄 몰라서 봉행(奉行)하지 못했다는 것이다.

> 「호조(戶曹)에서 아뢰기를, (중략) 신 등이 세종조에 창립한 공법(貢法)의 절목(節目)을 상고하니 자세히 갖추어져 있는데, 관리가 조처할 줄 몰라서 봉행(奉行)하지 못한 것입니다. 근년 이래로 여러 도의 연분(年分) 등제(等第)가 맞지 않는데, 이는 공법이 미진(未盡)한 것이 아니라 봉행하는 자가 능하지 못하기 때문입니다.」[235]

---

231) 충청도·전라도·경상도.
232) 손실답험법(損實踏驗法).
233) 토지를 측량함.
234) 『성종실록』 2년(1471) 4월 29일 1번째기사.
　　(원문) 「田制詳定所啓曰: "京畿下三道, 已曾量田, 用貢法收稅; 江原、黃海、永安、平安　　　　等道, 六十餘年未得改量, 只以損實收稅. 非徒一國收稅之法, 南北各異, 稅入多寡　　　　不同. 因此, 經界不正, 差役不均, 尤爲不便. 前項諸道, 請皆打量." 從之.」
235) 『성종실록』 5년(1474) 1월 25일 6번째기사.

특히 다음 『성종실록』의 기사에서 지적된 내용은 연분을 결정할 때 충분히 고려되어져야 했는데, 이러한 연분결정이 적정하게 이루어지지 못한 것은 조세행정의 중앙집권을 이루지 못한 후대 왕과 조정의 책임이라고 본다. 공법의 전분육등제는 결부법에 따라 1결의 면적이 다르지만 연분등급이 같을 경우 '동과수조(同科收租)'이므로, 1등전에 비해 면적이 4배나 넓은 6등전을 경작하는데 드는 인력이나 비용을 고려하지 못한 것이다.

「의견을 말하는 사람들이, 공법(貢法)에 토지의 품질이 1등이나 2등이면 그 면적이 좁고, 5등이나 6등이면 면적이 넓어서, 수확되는 곡물도 비슷하므로, 연분법(年分法)은 법과 실정이 크게 틀리지 않는다고 합니다. 그러나 신은 농사일을 잘 아는데, 기름진 땅은 그 면적이 좁아 노력이 적게 들면서도 수확은 두 배로 많고, 척박한 땅은 면적이 넓어 노력이 많이 들면서도 수확은 기름진 땅에 미치지 못합니다. 그러니 절대로 토지의 정형(定形)만 가지고 일률적으로 말할 수는 없습니다. 한 면(面)의 토지를 모두 중하(中下) 이상으로 연분(年分)하면 척박한 땅의 납세(納稅)가 너무 무거워지고, 또 하상(下上) 이하로 연분하면 기름진 땅의 납세가 너무 가벼워집니다. 가벼워지는 것은 괜찮지만, 너무 무거워진 경우는 진실로 딱합니다. 또 의견을 말하기를, '한 가호(家戶)의 땅에 기름지고 척박한 것이 서로 섞여 있기 때문에 비록 이쪽 땅의 수세(收稅)가 무겁게 되었다 하여도 저쪽 땅에서는 가볍게 되므로 벌충이 될 수 있다.'고 하는데, 이것은 전혀 옳지 않습니다. 부유한 농부라면 그 전지(田地)가 많아서 연분(年分)이 합당하게 되지 않았다 하여도 그럴 수가 있겠습니다만, 일반 농민과 같이 단지 1경(頃)의 땅을 경작할 뿐일 경우에 지세(地稅)가 무거우면 빈민(貧民)이 받는 폐해가 적지 않습니다.」[236]

(원문)「戶曹啓 (중략) 臣等參詳世宗創立貢法節目, 詳備, 然官吏昧於時措, 未能奉行. 近年以來, 諸道年分等第之不中, 非貢法之未盡, 乃奉行者之不能耳.」

236)『성종실록』6년(1475) 4월 23일 5번째기사.
(원문)「議者皆云, 貢法田品一二等則地小, 五六等則地廣, 所收之穀 相當, 以之年分則於情法, 不甚相遠. 臣熟知農事, 膏腴處則地雖小, 用功簡而收穫倍多, 堉薄處則地雖

그러나 이러한 논란 때문에 성종은 다음『성종실록』기사와 같이 왕에 오른지 8년이 지났지만, 공법의 미비점을 개선하거나 전국적으로 공법을 시행하지도 못하였다. 그 후 10년이 지난 성종 18년에 평안도에서 공법이 시행되었다.[237]

> 「대사헌 이계손이 말하기를, (중략) 양계(兩界)[238]의 전지는 경계가 정해지지 아니하여, 호강(豪强)한 자들의 전지는 천백(阡陌)[239]을 연달은 데도 조세를 바치지 아니하는데, 빈궁한 자들은 단지 척촌(尺寸)의 작은 땅을 차지하고도 조세를 징납(徵納)하는 것은 다른 사람의 배가 됩니다. 국가에서 장차 양전(量田)하여 조세를 정하고자 하였는데, 백성들의 원망으로 인하여 또 이를 중지하였습니다. 신의 뜻으로서는 강역(疆域)을 바로잡지 아니할 수가 없다고 생각합니다. 원컨대 공법(貢法)을 정하여서 그 세금 거두는 것을 너그러이 한다면 백성들에게 세금을 거두는 것이 골라질 것입니다."하니, 임금이 말하기를, "백성들의 원망 때문에 공법(貢法)을 시행할 수가 없다."하였다.」[240]

결국 조선의 조세행정을 중앙정부가 장악하지 못한 이러한 상황에서 연산조의 정치적 혼란에 이은, 선조 때의 임진왜란은 공법의 수세체계를 무너뜨렸다.

---

廣, 用功多而收穫不及膏腴地. 萬萬是不可以一槪田形論也. 如是而以一面之地, 例從中下以上年分, 則塉薄者納稅太重, 例從上以下年分, 則膏腴者納稅太輕. 太輕者猶之可也, 太重者誠爲可矜. 議者云: ‘一戶之田, 肥磽相雜, 雖重於此, 或輕於彼, 可以推移充納矣’, 是大不然. 上農夫則其田多, 年分給不中, 尙或如是, 如匹夫匹婦, 止耕一頃之田, 而地重納稅, 則貧民受弊不貲」

237)『성종실록』18년(1487) 9월 7일 3번째기사.
238) 평안도를 북계(北界:뒤에는 西界라고도 하였다)라 하고, 함경도를 동계(東界)라고 함.
239) 밭의 가로 이랑과 세로 이랑.
240)『성종실록』8년(1477) 11월 12일 2번째기사.
　　(원문)「大司憲李繼孫曰: (중략) 且兩界之田, 經界不定, 豪强者田連阡陌, 而不納租稅, 貧窮者只占尺寸之地, 而微納倍於他人. 國家將欲量田定稅, 而因民怨咨且止, 臣意以爲疆域不可不正也. 願定爲貢法而寬其征稅, 則賦民均矣." 上曰: "以民怨咨, 故不行貢法耳."」

# 02

# 공법 후퇴에 따른 조세정책 문란

## 1. 영정법 시행으로 인한 조세체계의 와해

세종대왕은 답험손실법의 폐단을 방지하고, 수세(收税)의 합리화로 조세의 공평과 편의성을 추구하기 위하여, 조선만의 공법을 입법하였다. 이 공법은 근대적 조세원칙의 개념을 추구한 공평하고 합리적인 조세제도라고 생각한다. 특히 세종대왕때에는 국왕과 왕실이 절용과 절제를 솔선하면서 관리들의 탐학이나 방종이 쉽사리 이루어질 수 없었다. 더구나 행정체계가 의정부와 육조를 중심으로 한 엄격한 상하관계로 운영되었던 까닭에 책임소재 파악이 비교적 엄정했다. 따라서 부정을 저지른 관리들에 대한 추적과 처벌이 쉬운 편이였으며, 당시 관료사회가 공공의 질서를 우선시하는 분위기였으므로 관리들의 부정축재 행위가 용납되기 어려웠다.

그러나 세종대왕 이후 연분구등법에 의한 연분결정과 개별적인 전지의 재상답험간의 충돌이 발생하였다. 농민은 빈번이 발생하는 재해에 대해서 개별적으로 일일이 재상을 답험하여 감면해 줄 것을 요구하였기 때문이다. 결국 연분결정과 재상답험의 갈등 속에서 연분이 법대로 이루어지지 못하였고, 매년 재상에 따른 감면과 함께 거의 하하년으로 수세하는 관행이 시작되었는데, 이에 대한 『성종실록』 기사는 다음과 같다.

> 「호조(戶曹)에서 진언한 제1조에는 이르기를 대전(大典)에 해의 풍년과 흉년을 따져서 9등급으로 나눠 조세를 정하게 되었는데, 우리나라의 토지는 메말라서 상등에 해당되는 해는 얻기가 쉽지 않고 중등에 해당되는 해는 또한 자주 만날 수 있지만 수령들이 조심해서 살피지 않기 때문에 비록 풍년이 들었더라도 으레 모두 하등으로 판정할 뿐 아니라, 심한 자는 실제로 재앙이 들은 것같이 관찰사에게 전보하고 관찰사 또한 직접 자세히 살펴서 판단하지 않고 그 보고받은 것을 그대로 임금께 보고하는데, 이 때문에 부고(府庫)의 저축이 적어지게 됩니다.」[241]

그 결과 공법은 16세기에 이르러서는 연분이 무시된 채 저율의 세율로 과세되다가 조선후기의 조세법은 세종대왕의 조세사상과 원칙이 무시된 채 오로지 국가의 재정수입만을 추구하는 징구법으로 전락하게 되었다. 이것은 조세법과 조세정책이 원칙과 체계없이 후퇴한 것이다. 특히 연산군때 이래 왕실이 주도하고 관료들이 호응하는 가운데 사치와 낭비풍조가 구조화하고, 국왕과의 친소관계에 따라 중앙 각사의 직무수행 방식이 달라지면서 국왕을 정점으로 한 일원적 조세체계가 무너져 갔다. 게다가 각종 업무를 관장·견제할 국가의 기능이 약화되면서 관리 개개인의 행동반경이 넓어졌으며, 조세의 부정부패는 커져갔

---

241) 『성종실록』 16년(1485) 10월 8일 3번째기사.
　　(원문) 戶曹陳言第一條曰: "《大典》以年之豐歉分九等, 定租稅, 我國土地磽薄, 上等之年則不易得也, 如中等之年則亦廩矣. 而守令不謹驗察, 雖年豐, 例皆以下等審定, 甚者以實爲災轉報觀察使, 觀察使亦不親審, 從其所報, 轉聞于上, 府庫儲積之少, 實由於此.

다.[242] 그 결과 입안(立案)[243], 궁방전(宮房田), 둔전(屯田) 등을 비롯한 각종 명목과 방법으로 전국의 토지는 급속히 왕실, 국가 기관, 귀족 대관들, 지방 양반 지주들에게 겸병되어 가는 반면에 토지를 잃은 농민들은 유리걸식하거나 혹은 지주들의 토지에서 가장 가혹한 조건하에 반작농으로 전락하는 과정이 더욱 급속히 진행되었다.

연산군 이후 관리들의 부패에 대해서 선조는 『선조실록』에 다음과 같이 말하고 있다.

「상이 이르기를, "조종조 때는 종이 한 장 때문에도 장죄(贓罪)[244]를 받았으니 그렇게 보면 오늘날은 모두가 장죄인이다. 도감과 공조에서 만든 물건이 매우 많은데, 유기·철물·상탁·지의 따위의 물건들이 모두 간 곳이 없으니, 너무도 심하다. 속담에 '관가 돼지 배앓는 격'이란 말이 있는데, 말은 천박하지만 비유는 아주 적절하다. 관가의 돼지가 배앓는 것을 남이 누가 잘 치료해 주겠는가. 우리나라의 일이 바로 이런 꼴이다."」[245]

조세체계가 무너진 것은 국운의 쇠태를 의미한다고 볼 수 있다. 결국 1592~1598년의 임진왜란과 1627년 및 1634년의 청나라의 침입(정묘호란과 병자호란) 이후, 조선조 봉건통치하의 백성들의 생활은 혹심한 파탄의 길을 걸었다. 결국 이러한 상황 속에서 다단계 세율인 공법은 조세법으로써의 기능을 상실하고 인조 13년(1635)에 영정법으로 개정된 것이다. 조세제도와 조세정책이 이념과 체계 없이 후퇴한 것이다.

242) 김성우, 1995. 「16세기 국가재정의 위기와 신분제의 변화」, 역사와 현실 16.
243) 『경국대전』에는 토지·가옥·노비는 매매 계약 후 100일, 상속 후 1년 이내에 입안을 받도록 되어 있었다.
244) 관리(官吏)가 뇌물(賂物)을 받은 죄.
245) 『선조실록』 선조 39년 2월 12일 1번째기사.
　　(원문) 「上曰: "祖宗朝, 以紙一張被贓罪, 今則盡爲贓罪之人也. 都監、工曹所造物件甚多, 如鍮器、鐵物、床卓、地衣之物, 俱無置處, 極爲過甚. 俗談曰: '官猪腹痛.' 言雖鄙野, 取譬甚切. 官猪之腹痛, 人誰能治之? 我國之事, 正類此也."」

영정법의 특징은 전분육등은 유지하면서 연분법을 폐지하고, 풍흉과 생산에 관계없이 1결당 4말로 세액을 고정화246)하여 조세를 납부하게 하는 제도이다. 누구에게 유리한 조세제도인지는 불 보듯 확실하다. 영정법은 토지를 많이 소유한 지주들이 자신들의 조세부담을 줄이기 위한 수단이었다.

실제로 징수액이 4말로 고정된 영정법에서 백성들의 조세부담이 줄어든 것은 아니었다. 이때에는 이미 전답에 조세 이외에 대동미(大同米)247)와 삼수미(三手米)248)가 부과되고 있었으며, 그 이외에 많은 부가세가 부과되면서 납세자인 농민의 부담은 더욱 가중되었다. 『반계수록』에는 그때의 조세부담을 다음과 같이 기록하고 있다. 과중할 경우 70~80말을 징수하면서 조세원칙에 따른 조세법의 기능이 상실된 것이다.

「우리나라 제도에 정세(正稅)는 당년 농형(年分)249)에 따라 일정한 규정이 있으나 정세 이외에 공납물과 잡다한 부역을 내게 되므로 그의 복잡하고 간단한 정도에 따라 고되고 수월한 것이 대중없었으며 중엽 이후부터는 지방관을 함부로 채용하기 때문에 상하부가 서로 기만하여 당년 농형을 실지대로 사정하지 않는다. 이것이 항례(久例)로 되어 아무리 풍작을 이룬 해라도 거개 하하년으로 치기 때문에 정세만은 한 결(結)에 4말(斗)를 넘는 법이 없으나 잡다한 부역과 잡세가 점차 붙어서 헐한 자도 20~30말 이상이요, 과중하게 되는 경우에는 혹 70~80말에 달하는 것도 있다.」250)

---

246) 「대전회통(大典會通)연구」 해제(解題) 제2장 대전회통(大典會通)의 성격(性格)과 개요(槪要) 3. 호전(戶典)
247) 선조 41년(1608년)부터 시행, 토지 1결마다 쌀 12말씩 징수
248) 선조 35년(1602년) 경상도·전라도·충청도·강원도·황해도·경기도의 6도에서 1결(結)당 1두의 특별세를 부과하고, 다시 세액을 2두 2승으로 늘렸다.
249) 당년 농형[年分]이라고 하는 것은 매년 지방관이 들판에 돌아다니면서 실지 심사를 한 다음 그 지방 노인[鄕老]들과 함께 그 해의 흉풍과 등급을 사정하여 상부에 보고하는 것을 말한 것이다.
250) (국역) 『반계수록』 권지6(卷之六) 전제(田制)에 관한 역사적 고찰[田制攷說] 하(下) ㄷ) 우리나라의 전제[國朝田制]

## 2. 영정법 시행으로 인한 조세공평의 실종

공법(貢法)은 세종대왕 때 개혁된 조선식 조세제도이다. 세종대왕은 종래의 철법(徹法)에 의한 답험손실법(踏驗損失法)에 많은 폐해가 따르자, 1430년(세종 12)에 상·중·하 3등전에서 그해의 풍흉을 막론하고 일률적으로 1결(結)에 10말(斗)을 징수한다는 1차 시안을 내놓고, 이것을 전국 각도의 수령·품관·촌민 등에게 찬부를 물을 정도로 민의(民意)에 따라 조세법을 입법하려 하였다.

그리고 1436년(세종 18) 공법상정소(貢法上程所)를 설치하여 공법의 시행에 따른 문제를 집중적으로 연구하게 하고, 황희 등의 의견을 좇아 전국의 토지를 그 비척에 따라 상등도·중등도·하등도의 3등급으로 분류한 다음, 이 3등도의 전답을 다시 3등급으로 나누어 전등에 따라 각 세율을 달리하게 하였으며, 1441년(세종 23)에 이르러 경상·충청·전라의 하삼도 전역에 시험적으로 실시하게 되었다.

그러나 이 공법에도 여러 가지 결함이 나타나 1443년(세종 25) 3차로 개혁을 시도하여 전국의 토지를 전분오등(田分五等)으로 한 경무법(頃畝法) 안을 취소하고 결부법(結負法)[251]을 쓰며, 연분(年分)을 9등으로 구분한다는 절충안을 마련하는 한편, 진양대군을 전제상정소의 도제

---

251) 結負法은 곡식 수확량으로서 田地의 면적을 파악하고 이를 기준하여 課稅의 표준을 삼았던 조선특유의 토지제도이다. 結·負·束·把·握을 단위로 하며, 벼 한줌인 1악을 1파, 10파를 1속, 10속을 1부, 100부를 1결로 하였다. 결부법은 토지등급에 따라 1결의 넓이는 달랐으나 거기에서 생산되는 수확량과 그에 대한 세율은 같은 同科收租制이다.
세종 26년 공법에 따른 결부법은 隨等異尺·六周尺을 적용하였다. 이때 토지구분이 6등급으로 세분화되었다. 1 結의 면적은 1등 전지의 尺은 주척으로 4척 7촌 7분이고, 2등 전지의 척은 주척 5척 1촌 8분이고, 3등 전지의 척은 주척 5척 7촌이고, 4등 전지의 척은 주척 6척 4촌 3분이고, 5등 전지의 척은 주척 7척 5촌 5분이고, 6등 전지의 척은 주척 9척 5촌 5분이니, 이렇게 하면, 尺은 6등급의 긴 것과 짧은 것이 있으나, 수량은 다 주척으로 1백척을 1面으로 하고, 1만척을 積으로 하였다.

조로 삼아 본격적인 공법안의 연구를 시킨 후, 1444년(세종 26)에 신공법(新貢法)을 공포하였다.

　세종대왕이 공법을 만든 가장 중요한 이유는 공평과세이다. 세종대왕은 한 계층의 한 사람도 피해 보지 않는 공평한 조세법을 만들기 위해 전국적인 여론조사를 실시하면서, 무려 25년 이상의 세월을 거쳐 의견을 수렴하고 보완하여, 전분육등·연분구등제의 조선만의 공법을 입법 시행하였다. 세종대왕이 실시한 공법은 과거 중국의 한나라와 당나라에서 시행한 것을 그대로 답습하는 것이 아니라, 우리나라의 실정에 맞는 백성을 위한 조세제도를 설계한 것이다. 이 공법은 전답을 비옥 여부에 따라 6개의 등급으로 나누고, 다시 그 해 농사의 풍흉에 따라 9개의 등급으로 나누어, 1결당 20말에서 4말까지 차등하여 세액을 징수하게 하였다. 백성들이 소유한 각 토지의 조세등급을 무려 54단계로 세분화하여 조세의 공평과세를 실현하고자 한 것으로 그 당시 세계적으로 획기적인 공평과세 제도를 이룩한 것으로 볼 수 있다.

　하지만 공법은 시행상 재상답험 등 여러 가지 문제점을 보안하기 위하여 여러 번 개정하였으나 별다른 방책은 없었다. 세종대왕 이후 전문지식을 가지고 조세정책을 이끌 수 있는 사람이 없었기 때문이다. 문제는 연분결정이 법대로 이루어지지 못하여 세수 부족이 발생하였다는 것이다. 결국 성종은 세수 부족 때문에 대신들에게 공법의 개정에 대해 가부를 의논케 하였는데 그 내용은 다음과 같다.

　　「호조(戶曹)에서 진언(陳言)한 제1조에는 이르기를, "≪대전(大典)≫에 해의 풍년과 흉년을 따져서 9등급으로 나눠 조세(租稅)를 정하게 되었는데, 우리나라의 토지는 메말라서 상등에 해당되는 해는 얻기가 쉽지 않고, 중등에 해당되는 해는 또한 자주 만날 수 있지만 수령들이 조심해서 살피지 않기 때문에 비록 풍년이 들었더라도 으레 모두 하등으로 판정할 뿐 아니라, 심한 자는

실제로 재앙이 들은 것같이 관찰사에게 전보(轉報)하고 관찰사 또한 직접 자세히 살펴서 판단하지 않고 그 보고받은 것을 그대로 임금께 보고하는데, 이 때문에 부고(府庫)의 저축이 적어지게 됩니다. 그래서 수령을 치죄(治罪)하는 것이 이미 그 법이 있고 관찰사도 법으로써 엄하게 결단한다면 조세의 수입은 반드시 늘어날 것입니다."[252]

결국 세종대왕이 제정한 공법에 따른 전분육등법(田分六等法)과 연분구등법(年分九等法)은 관리들의 의지 부족으로 당시에도 제대로 시행되지 못하였고, 1결의 면적도 종전의 답험손실법의 3등전에 비해 축소되었으므로, 실지로는 하중년급 6말나 하하년급 4말의 적용이 많아 16세기에 이르러서는 거의 무시된 채 최저율의 세액이 적용되고 있었다.

그리고 조정에서는 이러한 관행을 법제화하여 『속대전』에는 "무릇 전지(田地) 1결(結)에는 조세(租稅)는 4말(斗)를 모든 전답(田畓)의 하지 중(下之中) 이상의 수세(收稅)는 이 규정에 따르지 않는다."[253]라고 하여 조세를 풍흉에 관계 없이 1결당 4말로 고정시켰다.

이것은 임진왜란 이후 1602년(선조 35)부터 전답에는 결당 삼수미[254]가 부과되고, 선조 41년(1608)부터는 대동법[255]이 실시되어, 연분구등법에 따른 중등 이상의 조세징수는 농민에게 더욱 부담이 될 수밖에 없었기 때문이다. 『반계수록』에는 그때의 조세부담을 다음과 같이 기록하고 있다.

---

252) 『성종실록』 16년(1485) 10월 8일 3번째기사.
253) 대전회통연구(大典會通) 역주(譯註) 대전회통(大典會通) 권지이(卷之二) 호전(戶典) 수세.
254) 선조 35년(1602) 경상도·전라도·충청도·강원도·황해도·경기도의 6도에서 1결(結)당 1두의 특별세를 부과하고, 다시 세액을 2두 2승으로 늘렸다.
255) 선조 41년(1608)부터 시행, 토지 1결마다 쌀 12말씩 징수.

「우리나라 제도에 정세(正稅)는 당년 농형[年分][256]에 따라 일정한 규정이 있으나 정세 이외에 공납물과 잡다한 부역을 내게 되므로 그의 복잡하고 간단한 정도에 따라 고되고 수월한 것이 대중없었으며, 중엽 이후부터는 지방관을 함부로 채용하기 때문에 상하부가 서로 기만하여 당년 농형을 실지대로 사정하지 않는다. 이것이 항례[久例]로 되어 아무리 풍작을 이룬 해라도 거개 하하년으로 치기 때문에 정세만은 한 결(結)에 4말[斗]를 넘는 법이 없으나 잡다한 부역과 잡세가 점차 붙어서 헐한 자도 20~30말 이상이요, 과중하게 되는 경우에는 혹 70~80말에 달하는 것도 있다.」[257]

영정법은 국가재정의 부담을 힘없는 농민에게 지우게 된 것이다. 더욱이 영정법은 해당 연도의 수확량과는 관계없이 전지의 등급에 따라 과세하는 제도로, 양전이 매우 중요하지만 20년마다 실시하도록 법적으로 규정된 토지의 측량이 제대로 이루어지지 못함으로써, 결부(結負) 산정이 현실과 부합되지 못한 상태에서 시행됨으로써 척박한 전답을 소유한 소농민의 부담은 상대적으로 무거울 수밖에 없었다. 때문에 영정법은 조세의 원칙과 공평의 측면에서는 많은 후퇴를 가져올 수밖에 없었다.

결국 영정법 실시로 "대개 부자는 좋은 전지를 많이 차지하고 있고, 빈민들은 경작하고 있는 것이 거의가 다 척박한 상황" 때문에 공평과세는 무너지고 국가경제의 부익부(富益富) 빈익빈(貧益貧) 현상은 심화되어 갔다.

---

256) 당년 농형[年分]이라고 하는 것은 매년 지방관이 들판에 돌아다니면서 실지 심사를 한 다음 그 지방 노인[鄕老]들과 함께 그 해의 흉풍과 등급을 사정하여 상부에 보고하는 것을 말한 것이다.
257) 『반계수록』 권지6(卷之六) 전제(田制)에 관한 역사적 고찰[田制攷說] 하(下) ㄷ) 우리나라의 전제[國朝田制]

제 **6** 장

# 세종대왕이 시행한
# 그 밖의 조세정책

# 01
# 조세 부패의 **척결**정책

## 1. 공전과 사전의 국가 답험

　조선시대는 왕토사상에 의하여 나라안의 모든 땅은 임금 것이지만, 소유에 따라 공전과 사전으로 나누어진다. 공전(公田)은 국가가 소유하는 토지를 의미하며, 개인 소유인 사전(私田)에 대립하는 것이다. 즉, 공전이라 함은 국가가 토지의 경작자인 농민으로부터 조(租)를 직접 징수하는 토지이며, 사전이라 함은 국가가 귀족 및 관리에게 봉록(俸祿)을 지급하는 대신에 토지를 급여하고, 그들로 하여금 전조(田租＝지대)를 징수토록 한 후 그 중 일부를 나라에서 세(稅)로 받는 토지를 말한다. 다시 말해 국가가 세(稅)를 받는 토지를 사전, 조(租)를 받는 토지를 공전이라고 한다. 조선시대의 공전과 사전의 종류를 열거하면 다음과 같다. 조선초 공전에는 농민이 직접 소유 경작하는 민전(民田)과 적전(籍田)·국행수륙전(國行水陸田)·둔전(屯田)·내수사전(內需司田)·혜민서약종전(惠民署藥種田)·원전(院田)·진부전(津夫田)·빙부전(氷夫田)·마전(馬田) 등이 있었고, 사전에는 과전(科田)·공신전(功臣田)·별

사전(別賜田)[258] · 사전(寺田) · 아록전(衙祿田) · 공수전(公須田) · 학전(學田) 등이 있었다.

공신전 · 과전 등을 조정으로부터 받은 전주는 이를 농민에게 경작시킨 후 그 수확 중에서 조(租)를 취하여 그들의 수입으로 삼았는데, 국가에서는 이 중 일부를 세(稅)로 받아들였다. 사전 이외의 토지는 모두 국가의 소유로 공전이며, 이 공전을 경작하는 농민은 그 수확 중에서 정부가 지정하는 조(租)를 바칠 뿐, 별도로 세를 내지 않았다. 따라서 정부는 공전에서는 조(租)수입을 얻었고, 사전에서는 세(稅)수입을 얻어 이것으로 국가재정을 운영해 나갔다. 하지만 조선초기 이러한 과전법상 조와 세의 구별은 성종때 관수관급법이 시행되면서 없어지고 조세로 통칭되었다.

태조는 고려말 겸병에 의한 토지제도의 문란을 막기 위해서 사전을 혁파[259]하였다. 하지만 과전법 시행으로 사전제도가 완전히 사라진 것은 아니었다. 과전법은 토지를 모두 국가 수조지로 만들고 나서, 국가재정의 용도에 따라 수조권을 나누어 해당 관아에 소속시키고, 벼슬아치와 직무를 맡은 자에게 지급하는 제도이다. 조선초 과전은 경기도의 토지만을 주었으며, 과전은 18등급으로 나누어 차등하여 지급하였는데, 예를 들면 제1과인 문하시중 등은 150결, 제9과인 전의정(典醫正)[260] 등은 73결, 가장 낮은 직급인 제18과인 권무산직(權務散職)[261]에게는 10결을 주었다.

그런데 공전(公田)은 당연히 국가에서 답험하지만, 다음 『세종실록』

---

258) 공신전(功臣田)에 준하는 일종의 사전(私田). 별사전(別賜田)은 삼공신(三功臣) 이외에 소공(小功)이 있는 자에게 왕의 특명(特命)으로 수시로 사여(賜與)하는데, 그 규모는 적으나 성격이 공신전과 유사하기 때문에 두 가지를 합쳐 사전(賜田)이라고 함.

259) 『태조실록』 총서 96번째기사.

260) 궁중의 의료를 담당한 전의시(典醫寺)에 소속된 실무자로 종9품이다.

261) 권무는 임시라는 뜻이고 산직은 실직은 없고 품계만 있는 벼슬아치를 말한다.

기사와 같이 사전은 전주(田主)가 답험하는게 원칙이었다. 문제는 전주가 답험하는 사전의 경우 많은 조(租)를 받기 위하여 손실을 인정해 주지 않는 횡포를 부렸다.

「또 과전(科田)이, 이미 영구히 하사해 준 것인 바에야, 그 땅의 수확 실태의 현지 검사를 지주에게 맡기는 것이 만세를 두고 〈변하지 않는〉 법이라고 하겠사옵고, 만약에 부득이 하다면, 흉년에는 경차관(敬差官)에게 맡기고, 풍년에는 지주에게 맡기면 될 것입니다. 올해는 오곡이 퍽 잘되었사오니, 지주를 시켜서 현지 검사케 함이 마땅할 것입니다.」[262]

하지만 세종대왕은 전주의 이러한 횡포로부터 백성을 구하기 위하여 공사전(公私田) 구분 없이 나라에서 파견한 경차관이 답험하도록 하였다. 다시 말해 사전의 경우에는 국가가 답험하여 전주가 조(租)를 거두게 한 것이다. 다음 『세종실록』 기사는 세종대왕이 "사전은 지주에게 맡겼기 때문에 각박한 사례가 많았다."라고 하면서, "경차관을 시켜서 답험케 하는 것이 더 좋다."라고 한 내용이다. 백성들의 조세에 대한 고통을 느끼면서 그 문제를 하나씩 해결한 것이다.

「임금이 말하기를, "공전과 사전은 다 나라의 땅이니, 수확 실태의 현지 검사에 다른 점이 있어서는 아니 되오. 내가 듣기로는, 옛날에는 공전의 현지 검사는 경차관에 맡겼기 때문에 허위와 소략을 초래한 일이 많았고, 사전은 지주에게 맡겼기 때문에 각박한 사례가 많았다는 거요. 올해는 공전과 사전의 〈수확 실태의 현지 검사는〉 다 경차관에게 맡기고, 경차관이 떠날 때에 재삼 타일러서 실제와 꼭맞는 검사를 하도록 힘쓰게 한다면야, 어찌 사전에서만 다 허위와 소략을 초래하게 되겠소. 하물며 주·현마다 위임관이 많지 않은데도, 오히려 맞지 않는 자가 생기는데, 전지(田地)를 받은 각품의 관원이

---

262) 『세종실록』 1년(1419) 9월 19일 3번째기사.

시키는 현지 검사하는 종들이야 어떻게 그들이 민폐가 되지 않는다는 것을 보증하겠소. 만세를 두고 〈변치 않는〉 법을 만들려고 한다면, 경차관을 시켜서 현지 검사케 하는 것보다 더 좋은 것은 없을 것이오.」263)

그러나 사전을 국가가 답험하는 것에 대해서 다음 『세종실록』 기사와 같이 반대 또한 많았다. 하지만 세종대왕은 백성들이 조세의 폐단으로부터 벗어날 수 있도록, 단호히 사전(私田)도 국가에서 답험하게 하였다. 조세의 횡포로부터 백성을 보호하고자 한 것이다.

「호조에서 각도 관찰사의 보고한 바에 의거하여 계하기를, "공전(公田)을 심사할 때에 아울러 사전(私田)도 심사함은 마땅하지 않습니다."하니, 임금이 말하기를, "다만 공전만 심사하는 것은 불가하다. 전자에 이 의논이 분운하므로, 익히 의논하여 정하였더니, 그 뒤에 여러 번 경차관(敬差官)이 답험을 불공평하게 한 실수로 인하여, 정승(政丞)이 생각하기를, '과전(科田)을 아울러 심사하는 것이 불가하다.'고 하나, 그러나 과전을 심사하지 아니한다면, 내자(內資)·내섬(內贍)에 소속한 밭도 역시 과전의 종류이므로, 마땅히 본사 관원으로 하여금 답험하게 하여야 한다. 그리고 과전도 아울러 심사하자는 의논이 어찌 조신으로 하여금 전조(田租)를 박하게 거두어 들여 가난하게 만들려고 함이었겠느냐. 종요로이 공사(公私)로 하여금 다 편리하게 하려고 함이었을 뿐이니, 경차관으로 하여금 아울러 다같이 심사하게 하라."하였다.」264)


## 2. 방납(防納) 금지

방납이란 공물을 대신 납부하고 그 대가를 받는 것을 말한다. 조선 초 공물은 호(戶)를 대상으로 부과된 토산물(土産物)을 백성들이 공납

---

263) 『세종실록』 1년(1419) 9월 19일 3번째기사.
264) 『세종실록』 2년(1420) 7월 30일 2번째기사.

하던 것을 말하는데, 공물의 종류와 수량은 국가의 소요 경비를 기준으로 책정된 것이기 때문에, 천재(天災)에도 그 감면(減免)이 어려웠으며, 더욱이 지역별 토산물이 생산되지 않는 곳에도 책정되는 수가 허다하여 그 피해가 막심하였다. 이때에 만일 해당 고을의 토산물이 아닌 품목으로 공물이 책정된 경우에는 현물로 구매해서라도 상납하지 않을 수 없었다. 이런 기회를 이용하여 이서(吏胥)와 상인들은 이익을 노렸다. 이서·상인들이 이러한 물품을 구입하여 공납하는 것을 대납(代納)이라 하였는데, 그들이 중간 이익을 취하기 위해 상납을 막는 일이 빈번하였으니, 이 때문에 '방납'이라는 명칭이 생겨나게 되었다. 조선후기에는 이러한 방납의 폐해가 극에 달하였지만 세종 때에도 빈번하였다. 따라서 세종대왕은 다음 『세종실록』 기사와 같이 방납을 금지하면서 방납의 실태를 파악하게 하였디. 방납에는 연화승도 개입하였다.

「각도 관찰사에게 유시(諭示)하기를, "전에 대소(大小) 인원(人員)과 연화승(緣化僧)[265]들이 주군(州郡)의 진성(陳省)을 받아 여러 관사에 공물을 방납(防納)하고서, 그 대가를 배나 징수하는 까닭으로 이미 이를 금단(禁斷)하였는데, 이제 전해 들건대, 민간(民間)에서 스스로 준비하지 못하는 물건을 혹 방납(防納)해 주기를 자원하는 사람이 있다고 하니, 백성의 사정이 편리하게 여기는가 그렇지 않는가를 실상대로 탐지하여 아뢰라."고 하였다. 주군(州郡)에서 여러 관사(官司)에 바치는 공물(貢物)을 백성들이 혹시 스스로 준비하지 못하는 자에게 이를 대신 관에 바치고 그 값을 받아서 보상(報償)하는 것을 방납(防納)이라고 한다.」[266]

그리고 다음 『세종실록』의 기사와 같이 곡초를 방납(防納)하고, 대가의 갑절이나 쌀을 거두고자 한 자를 엄하게 처벌하도록 하였다. 곡초

---

265) 불사를 경영하여 시연(施緣)을 구하는 중.
266) 『세종실록』 4년(1422) 윤12월 17일 4번째기사.

는 우마의 사료로 이용되는 볏짚 등을 말한다.

「부상(富商) 반석로란 자가 있어, 날마다 사복시(司僕寺)[267]의 문앞에 나아가서, 경기 농민이 바친 곡초(穀草)[268]를 제 마음대로 점고(點考)[269]하여 물리치고, 자기가 사사로이 준비한 곡초로써 방납(防納)하고 장차 백성들에게 대가의 갑절이나 쌀을 거두고자 하다가 일이 발각되었으니, 곤장 1백 대를 치고, 가산(家産)을 적몰(籍沒)[270]하고 외방(外方)의 관노(官奴)로 삼고, 판사 김광의와 판관 김자옹은 모두 이 사실을 자세히 알고도 금하지 않은 죄를 주라고 명하였다.」[271]

## 3. 국둔전의 혁파

국둔전은 조선시대 변경이나 군사요지에 설치하여 군량에 충당하게 한 토지로, 군사들이 경작하여 그 수확을 모두 군자(軍資)에 사용하였다. 국둔전의 관리는 그 지역의 수령이 맡았는데, 국둔전은 '차경차전(且耕且戰)' 즉, "한편으로 경작하고 한편으로 전투한다."는 취지 아래 부근의 빈 땅을 개간하여, 군량을 현지에서 조달함으로써 군량 운반의 수고를 덜고 국방을 충실히 수행하기 위한 것이다. 이 국둔전은 주로 진수군(鎭守軍)이 경작하고 일부 내륙지방에서만 공노비나 신역(身役)을 면제받은 농민이 경작했는데, 이들 경작자들은 자신의 소유지인 민전(民田)을 가지고 있는데도 농번기에 둔전 경작에 우선적으로 동원되었기 때문에 그 타격이 심했다. 또한 해당 관청들이 온갖 편법을 부려

---

267) 조선시대의 여마(輿馬)·구목(廐牧) 및 목장에 관한 일을 관장하기 위해 설치되었던 관서.
268) 이삭을 떨어 낸 줄기.
269) 명부에 일일이 점을 찍어 가면서 조사하는 일.
270) 중죄인의 재산을 몰수하고 가족까지 벌하던 일.
271) 『세종실록』 4년(1422) 윤12월 19일 2번째기사.

민전을 탈취하여 국둔전을 확대하면서, 힘없는 백성들은 삶의 터전인 전답을 잃게 되었고, 배고픈 고통을 당하였다. 그래서 세종대왕은 다음 『세종실록』 기사와 같이 국둔전(國屯田)의 혁파를 의논하게 하였다.

「군비(軍費)와 국용으로 저축된 것은 진실로 절약하여 써야 될 것이지만, 그러나, 어찌 마땅히 쓸 데에 쓰지 않는 것을 말함이겠는가. 함부로 허비하지 말기를 이른 것인데, 하물며 성의로 대우하고 녹(祿)을 후하게 주는 것은 관리를 권장하는 것이므로, 나는 아록위전을 혁파하고 국고의 미두(米豆)로써 지급하고자 하니, 경 등은 서로 의논하여 아뢸 것이다. 또 백성이 넉넉하면 임금은 누구와 더불어 넉넉하지 못하겠으며, 만일 백성이 넉넉하지 못하면 임금은 누구와 더불어 넉넉하겠는가. 국둔전(國屯田)을 혁파하여 백성에게 농사짓도록 허가하고자 하니, 아울러 의논하여 계하라.」[272]

그래서 다음 『세종실록』 기사와 같이 ①은 국둔전(國屯田)과 관둔전을 혁파하고, ②는 국둔전을 토지가 없는 백성들에게 나누어 주게 한 것이다. 진정으로 백성의 행복을 생각하는 조세 정치였다.

① 「호조(戶曹)에 전지하여 각도의 국둔전(國屯田)과 관둔전(官屯田)을 모두 혁파하게 하였다.」[273]
② 「진주(晉州) 관내 반성현(班城縣)의 국둔전(國屯田)을 혁파(革罷)하여 토지가 없는 백성들에게 나누어 주다.」[274]

---

272) 『세종실록』 8년(1426) 4월 28일 2번째기사.
273) 『세종실록』 8년(1426) 5월 11일 3번째기사.
274) 『세종실록』 9년(1427) 7월 15일 8번째기사.

## 4. 징세비의 국가 부담

징세비는 세금을 거두어들이는 데 드는 비용을 말한다. 조선시대에는 쌀과 콩 등 곡식으로 현물납세를 하였기 때문에, 보관비와 운반비 등 조세를 징수하는 데 많은 비용이 들었다. 그래서 『속대전』에는 조세의 징세비에 해당하는 가승미(加升米), 곡상미(穀上米), 창역가미(倉役價米), 이가미(二價米), 창작지미(創作紙米), 호조작지미(戶曹作紙米), 공인역가미(貢人役價米)[275]의 7종을 법으로 규정할 정도로, 백성들의 부담이 크고 그 종류도 다양하였다. 세종대왕은 이러한 조세 부대비용 중 배삯·말삯·품삯을 따로 징수하지 말고, 징수세액에서 차감하도록 하여 백성들의 조세부담을 줄이고, 이와 관련된 부정부패를 차단하였다.

「전지하기를, "호조·인수부(仁壽府)·인순부(仁順府)·내자시(內資寺)·내섬시(內贍寺)·예빈시(禮賓寺)·침장고(沈藏庫) 등 각 관청에서 받아들이는 토지 세납에서 배삯(船貨)·말삯(馬貨)·품삯(脚力貨) 등을 계산하여 빼주지 않기 때문에 백성이 그 폐해를 입고 있으니, 앞으로는 양창(兩倉)의 관례에 의하여 세 가지의 삯전(雇貨)을 계산하여 빼주어 백성의 생활을 유족하게 하라." 하였다.」[276]

더욱이 세종대왕은 다음 『성종실록』 기사와 같이 사선(私船)에 의한 조세 운송은 배삯이 비싸기 때문에, 국가에서 조선(漕船)[277]을 건조하고 배치하여 백성의 부담을 줄여주었다.

---

275) 가승미와 곡상미는 세곡의 손실을 보충하기 위한 것이며, 창역가미는 창고에 출입할 때의 수수료이고, 이가미는 선박에 싣고 내릴 때 인부에게 지급하는 것이다. 그리고 창작지미는 경창(京倉)에 입고시킬 때의 수수료이고, 공인역가미는 호조 및 경창에 전속된 공인의 품삯을 지급하기 위한 것이다.
276) 『세종실록』 8년(1426) 1월 11일 4번째기사.
277) 조선시대에 세곡 운반인 조운(漕運)에 사용된 선박.

「전라도의 조운(漕運)은 조종조(祖宗朝)에 사선(私船)을 사용하였는데, 선가(船價)가 비싸고 더러는 패몰(敗沒)하는 근심이 있기 때문에 세종(世宗)께서 조선(漕船)과 조졸(漕卒)을 배치하고 병선(兵船)을 겸해서 사용하도록 하셨으므로 국가에 이익이 있는 듯하였습니다.」[278]

그리고 답험에 따른 백성의 접대 또한 백성에게 부담을 주기 때문에 국가에서 부담하도록 하였다. 여기에는 손실답험관을 백성이 접대하면서 발생할 수 있는 비리도 근절시키고자 한 것도 있다.

「호조 판서 안순(安純)이 아뢰기를, "손실 답험관(損實踏驗官)을 그전대로 민간에서 접대하게 하옵소서."하니, 임금이 말하기를, "국가에서 법을 세우는 데 어떻게 백성에게 거두어 들이게 해서 되겠느냐."하였다.」[279]

이처럼 징세비를 징수하는 조세에서 차감하거나 국가에서 부담하도록 한 것은 조선왕조에서 세종대왕이 유일했다고 본다. 진정으로 백성을 애민하는 마음에서 이루어진 조세정책으로 감동 그자체이다.

---

278) 『성종실록』 19년(1488) 5월 25일 1번째기사.
279) 『세종실록』 12년(1430 ) 10월 1일 1번째기사.

# 02 조세를 이용한 **문화** 및 **복지**정책

## 1. 효행자 등에 대한 조세감면

세종대왕은 군신(君臣)·부자(父子)·부부(夫婦) 등에게 모범이 될 만한 충신·효자·열녀의 행적을 그림과 글로 칭송한 『삼강행실도』의 간행을 명할 만큼, 충(忠)·효(孝)·정(貞)의 삼강(三綱)을 중시하였다. 『삼강행실도』는 성리학적 체제를 재정비하기 위하여 백성들에게 삼강(三綱)의 덕목을 교화시키고, 엄벌에 앞서 세상에 효행(孝行)의 풍습을 널리 알릴 수 있는 서적을 간포(刊布)해서 백성들에게 항상 읽게 하는 것이 좋겠다는 취지에서 세종 14년(1432)에 만들었다. 더 나아가 세종대왕은 효행자 등에게 다음 『세종실록』 기사와 같이 정문을 세우고, 조세와 요역(徭役) 등을 면제해 주어 효행 등의 풍속을 권장하였다. ①은 부모를 위해 자신을 희생한 경우이며, ②는 남편을 위해 삼년상을 치를 경우이며, ③은 부모의 상에 3년간 여묘살이를 한 경우로 모두 조세 등을 감면해 주었다.

① 「의정부에서 예조의 첩정에 의거하여 아뢰기를, "경성(鏡城)의 관노(官奴) 연이(連伊)는 나이 14세인데, 그의 아비가 급질(急疾)을 앓게 되었을 때에 곧 제 손가락을 끊어서 가루를 만들어 올렸다고 하오니, 청하건대, 그에게 요역(徭役)을 면제하고 정문(旌門)을 세우며, 복호(復戶)하도록 하옵소서."하니, 그대로 따르고, 특히 쌀 5섬과 면포(綿布) 5필을 하사하였다.」[280]

② 「예조 정랑 권극중(權克中)이 죽어서 광주(光州)에 돌아가 장사지냈는데, 그 아내 민씨(閔氏)가 관(棺)을 더위잡고 따라가서 무덤 곁에 여막(廬幕)을 짓고 있었다. 삼년상을 마친 후에도 오히려 집으로 돌아가려고 하지 않았는데, 친형제가 굳이 청하니, 그제야 돌아왔다. 본도의 관찰사가 상세히 기록하여 아뢰니, 명하여 여리(閭里)에 정표(旌表)하고 호역(戶役)을 면제하게 하였다.」[281]

③ 「예조에서 계하기를, "임강(臨江)에 주거하는 전(前) 성균직강(前成均直講) 김반(金泮)이 일찍 부친을 잃고 모친을 섬기기를 지극히 효성을 다하더니, 모친이 사망하니 상중의 모든 일을 한결같이 문공가례에 의하여 하고, 불경을 읽는 등불가의 의식을 행하지 않았으며, 장지(葬地)를 선택함에 있어서도 음양가의 구기(拘忌)하는 것을 쓰지 않았고, 지나치게 애통하고 몸을 스스로 돌아보지 않아서, 병을 얻어 거의 목숨이 끊어지게 되어, 온 고을 사람들이 술과 고기를 권하였으나, 끝내 듣지 않고, 3년간 여묘(廬墓)에서 살았으며, 행장을 꾸려 집으로 돌아오려고 할 때, 차마 하직하고 떠나지 못하여 3일간을 울부짖었으며, 또 사당을 세우고는 출입할 때 반드시 고하고, 매양 기일을 당하면 2일간을 먹지 않아, 온 고을이 그 효행을 칭도하오니, 청컨대, 포상을 권장하시는 은전을 더하소서."하니, 정문(旌門)을 세우고 세금과 부역을 면제해 주라고 명하였다.」[282]

280) 『세종실록』 26년(1444) 윤7월 8일 3번째기사.
281) 『세종실록』 4년(1422) 2월 28일 4번째기사.
282) 『세종실록』 5년(1423) 12월 15일 4번째기사.

## 2. 경로자와 장애인에 대한 부역감면

세종대왕은 "노인과 폐질자(廢疾者)[283]를 인애(仁愛)로써 기르라는 것은 이미 세운 법령이 있는데도 중외의 관리들이 이를 소홀히 하여 거행하지 않으니, 그 양로조건(養老條件)을 의정부와 제조(諸曹)가 함께 의논하여 아뢰도록 하라."[284]할 만큼, 경로자 등에 대한 양로정책을 『경제육전』에 있는 규정보다 더 확대하여 시행하였다. 그래서 다음 『세종실록』기사와 같이 양로정책의 일환으로 70세 이상인 사람과 독질이 있는 사람에게는 돌보는 시정을 주고, 80세 이상이 되면 부역(賦役)을 감면해 주었다.

「"지금 《육전(六典)》을 상고해 보니, 부모가 나이 70세 이상이 된 사람과 8세 이하의 아이로서 계모(繼母)가 없는 사람은 모두 예전 제도에 따라서 시행하고, 아들 셋 이상을 낳고 국역(國役)에 종사하는 사람은 그 아버지의 역(役)은 면제하고, 다섯 아들 이상이 국역(國役)에 종사하는 사람과 독질(篤疾)[285]이 있는 사람으로서 아들 하나가 있는 사람은, 나이 비록 70세가 되지 않았더라도 또한 시정(侍丁)[286]한 사람을 주고, 그 중에 90세 이상이 된 사람은 그 집의 부역을 면제해 주니, 그것이 양로(養老)의 의리에는 극진하지 못한 것 같다. 부모가 나이 70세 이상이 된 사람과 독질이 있는 사람은 비록 나이 70세가 차지 않더라도 시정(侍丁)한 사람을 주고, 만약 여러 아들이 먼저 죽었으면 여러 손자 가운데서 시정 한 사람을 주고, 친손자가 없으면 외손자에서 시정 한 사람을 주고, 외손자가 없으면 조카와 종손(從孫) 가운데서 시정 한 사람을 주고, 나이 80세 이상이 되면 복호(復戶)[287]하고, 거느리고 사는 인정(人丁) 10인이 경작하는 토지가 10결(結) 이상이 되면 복호(復戶)하는

---

283) 폐질에 걸린 사람.
284) 『세종실록』 8년(1426) 7월 18일 4번째기사.
285) 불구자(不具者).
286) 조선시대 노부모를 봉양하기 위하여 군역(軍役)을 면제 받은 장정.
287) 조선 시대에 충신·효자·군인 등 특정한 대상자에게 부역이나 조세를 면제하여 주던 일

한계에 들지 않으며, 80세가 된 사람의 아들로서 벼슬하는 사람은 돌아가서 부모를 봉양하게 하고, 만약 부모가 종사(從仕)하기를 원하는 사람도 또한 한 두 사람으로 하여금 돌아가서 부모를 봉양하게 하고, 여러 아들이 먼저 죽은 사람은 또한 친손자로 하여금 돌아가서 봉양하게 하고, 90세 이상이 된 사람의 여러 아들에게는 모두 시정(侍丁)[288]을 주고, 비록 종사(從仕)하는 사람이 있더라도 모두 돌아가서 봉양하게 하고, 인정(人丁)과 전지(田地)의 많고 적은 것은 계산하지 않고 복호(復戶)하고, 계모(繼母)가 없는 어린아이로서 10세 이하가 된 사람은 그 아버지의 역(役)을 면제해 주고, 세 아들 이상의 군역(軍役)에 종사하는 사람도 또한 그 아버지의 역(役)을 면제해 주고, 다섯 아들 이상이 군역(軍役)에 종사하는 사람은 그 아버지가 나이 비록 70세가 되지 않더라도 시정한 사람을 주게 하라." 하였다.」[289]

현대의 소득세법에서 경로우대자공제 · 장애인공제 · 자녀양육비공제 · 다자녀공제가 있듯이, 세종대왕은 편부로서 10세이하의 어린아이를 둔 경우에는 부역을 면제해주고, 세 아들 이상이 군역에 종사한 경우에도 아버지의 부역을 면제해 주었다.


## 3. 온천 신고자에 대한 조세감면

세종대왕은 『지리지』를 편찬하면서 전국적인 토산물 조사와 함께 각 지역의 효험있는 약재를 아울러 조사하게 했고, 그런 조사결과를 바탕으로 1428년(세종 10)에는 『향약채취월령(鄕藥採取月令)』을 편찬하게 하는 등 백성들의 질병치료에도 많은 뜻을 가지고 있었다. 특히 『세종실록』에는 다른 임금들보다 온천의 이야기가 많이 나오는데, 이 중에

---

288) 조선시대 노부모를 봉양하기 위하여 군역(軍役)을 면제 받은 장정.
289) 『세종실록』 14년(1432) 8월 29일 1번째기사.

는 온천을 이용하여 질병을 치료한 내용도 있다. 다음 『세종실록』기사는 "온천[溫水]은 모든 질병을 치료하는 데 효력이 있다."고 하면서, 온천을 신고한 자에게는 관직 등을 주고, 호세(戶稅)를 면제해 주었다.

> 「예조에 전지(傳旨)하기를, "온천溫水은 모든 질병을 치료하는 데 효력이 있다. 다만 서울에서 너무 멀므로 치료하는 자가 그 왕래가 곤란하니, 경기 지방에 온천이 있는 곳을 다시 찾게 하여, 이를 신고한 자에게는 후한 상을 주고 인하여 본읍의 칭호를 승격시킬 것이며, 신고한 온천이 가장 신비로운 효험이 있다면 본래 직위가 있는 자는 3등급을 초월하여 관직을 상주고, 백신(白身)[290]이면 7품직을 상주며, 향리(鄕吏)는 이역(吏役)을 면제하고 인하여 8품직을 주며, 역자(驛子)[291] 또는 공사(公私)의 천인(賤人)은 입역(立役)[292]을 면제하고 자신에 한하여 호세(戶稅)를 면제하며, 만일 물품으로 상을 받으려는 자가 있으며 면포(綿布) 1백 필, 또는 쌀 1백 석을 준다. 그 다음가는 온천이면 본래 직위가 있는 자는 2등급을 초월해 주고, 백신이면 8품, 향리면 이역의 면제와 아울러 9품직을 상주며, 역자 및 공·사의 천인은 입역을 면제할 것이며, 물품으로 상을 받으려는 자가 있으면 면포 70필이나 혹은 쌀 70석을 준다. 만약 온천을 신고한 자가 본읍의 핍박(逼迫)을 입어 안접(安接)하지 못하고 타향으로 이주를 원하는 자는, 비옥한 전토를 택하여 주고 부역을 면제하여 완전 보호한다고 명백히 유고(諭告)[293]하고 탐문해 계달하라."하였다.」[294]

그러나 그 당시 온천의 신고는 다음 『세종실록』 기사와 같이 "장래에 번거롭고 소요스러운 폐단이 있을까?"하여, 신고자에게 해를 가하는 경우가 있어 쉽지 않음을 알 수 있다. 많은 사람들이 모여들고, 왕의 행차 등으로 번잡한 일이 발생할 수 있기 때문에 온천의 신고를 꺼려

---

290) 벼슬을 하지 못한 사람.
291) 역에 딸린 구실아치.
292) 군역이나 노역에 이바지하는 일.
293) 나라에서 시행(施行)할 어떤 일을 백성(百姓)에게 공포(公布)함.
294) 『세종실록』 20년(1438) 4월 18일 2번째기사.

한 것이다.

① 「심방관(尋訪官)[295] 이사맹이 아뢰기를, "비록 온천을 신고하려는 자가
있어도, 혹 상(賞)은 그 자신에 그치고, 해(害)가 자손에게 미칠 것을 염
려하고 있사오니, 이를 신고하는 자에게는 전교(傳敎)에 의하여 상(賞)을
논하고 아울러 자손까지도 복호(復戶)하게 하며, 만일 온천을 신고한 자
를 해하려 하는 자가 있으면 변군(邊郡) 입역(立役)에 충당하게 하소서."
하니, 그대로 따랐다.」[296]

② 「이조(吏曹)에 전지하기를, "온천이 여러 가지 질병을 치료하는 데 자못
신비로운 효험(効驗)이 있으므로, 내가 이를 구하는 것은 실로 백성을
위하는 것이요, 옛 사람들이 신선을 구하는 뜻과는 다르다. 부평부(富平
府)에 온수가 있다는 것은 비단 중외(中外)가 떠들 뿐만 아니라 그 고을
사람들도 역시 그 실정을 숨기지 못하나, 단지 그 소재처를 분명히 말
하지 아니할 뿐이다. 여러 번 사신을 보내어 찾아보게 하였으나 관료
(官僚)나 아전이나 백성들이 나의 뜻을 몸받지 아니하고, 혹시 장래에
번거롭고 소요스러운 폐단이 있을까 염려하여 같은 말로 은휘(隱諱)[297]
하니, 횡역(橫逆)[298]됨이 심한 것이다. 이제 만약 전처럼 굳이 숨기면 고
을의 명칭을 깎아 내려서 그 죄를 징계할 것이요, 만일 다른 고을 사람
이 신고하는 경우에는 영영 명칭을 회복시킬 리가 없을 것이니, 이런
사의(事意)로써 공문을 보내어 효유하게 하라." 하였다.」[299]

---

295) 온천을 찾는 관리.
296) 『세종실록』 17년(1435) 2월 8일 4번째기사.
297) 꺼리어 감추고 숨김.
298) 떳떳한 이치(理致)에 어그러짐.
299) 『세종실록』 20년(1438) 10월 4일 1번째기사.

## 4. 구휼의 조세정책

농사의 경우 수해·한해·풍해·충해 등의 자연재해에 따른 곡식의 수확량 감소는 불가피하며, 이는 가난한 백성들의 배고픔으로 이어졌다. 따라서 조선시대의 경우 재해로 인한 백성들의 기아와 질병은 끊임없이 발생하였으며, 왕도정치는 민생안정과 구휼을 위하여 '조세감면'을 국가정책의 가장 중요한 수단으로 사용하였다. 물론 백성들을 구휼하기 위한 직접적인 수단으로 의창제도가 있었지만, 이는 많은 한계가 있었기 때문이다. 의창의 곡식이 항상 부족하였기 때문이다. 그래서 조선의 역대 임금들은 거의 모두 조세감면을 구휼정책으로 이용하였다. 세종대왕 역시 구휼정책으로 다음 『세종실록』 기사와 같이 여러 차례 조세를 감면하였다.

① 「호조에 전지하기를, "강원도는 해를 거듭하여 실농(失農)하여 사람들이 유리(流離)하니 민생이 염려된다. 각 고을의 공안(貢案)에 기재된 공물은 각사(各司)에 명령하여 1년 동안 지출할 것과 현재의 수량을 계산하여 갑진년에 수납할 것을 적당히 견감(蠲減)하게 하라."하였다.」[300]

② 「임금이 말하기를, "한재는 예로부터 있었지만, 그러나 지난 겨울부터 금년 봄에 이르기까지는 기후가 고르지 못하고, 눈이 올 때 눈이 오지 않으며, 비가 올 때 비가 오지 않았다. 무릇 시행함에 힘써 이를 생각하였지마는, 그러나 어찌 일을 미처 생각하지 못한 것이 없겠는가. 내가 요역(徭役)을 가벼이 하고, 부세를 경감하여 백성의 생계를 넉넉하게 하고자 하니, 호조에서는 국가의 용도가 넉넉하지 못하다고 말하지 말고 공물을 견감(蠲減)시켜 마감(磨勘)하여 아뢰라."하였다.」[301]

③ 「임금이 말하기를, "경기·황해·평안도 등은 작년에 농사를 실패함이 가장 심하였으니, 모두 금년의 밀·보리에 대한 전조(田租)는 면제하라."

300) 『세종실록』 6년(1424) 8월 21일 7번째기사.
301) 『세종실록』 8년(1426) 4월 9일 4번째기사.

　하였다.」[302]

　④ 「흉년이 들었으므로 황해도 염간(鹽干)의 공염(貢鹽) 3분의 1을 감면하게
　　하였다.」[303]

　위의 기사처럼 대부분 실농할 경우 조세를 감면해 주었지만, 흉년이
들 경우 공물뿐만 아니라 염세를 비롯한 부역을 면제해 주는 경우도
많았다.

---

302) 『세종실록』 10년(1428) 윤4월 5일 2번째기사.
303) 『세종실록』 30년(1448) 1월 3일 3번째기사.

# 03 조세를 이용한 국방 및 보훈정책

## 1. 이주(移住)자에 대한 조세감면

조선시대에는 함길도나 평안도에 다른 고장의 백성들을 이주시키는 정책을 시행하였다. 이를 사민정책이라고 하였는데, 인구가 많으나 토지가 적은 하삼도(충청도, 경상도, 전라도)에서 인구가 적은 대신 토지가 많은 서북지방으로 농민을 강제 이주시키는 정책이다. 이 정책에 힘입어 15세기 첫 무렵 10년 동안 압록강 쪽에는 4천호, 두만강 쪽에는 6천여 호의 이주가 단행되었다. 그런데 이러한 이주정책은 백성의 자발적인 이주보다는, 국가의 가혹한 강제적 독려에 의하여 이루어졌기 때문에 도중에 이탈하는 경우가 많았다. 따라서 세종대왕은 이주 백성들의 안정을 도모하고 위로하기 위하여 부역과 조세를 감면해 주었다. 다음 『세종실록』 기사와 같이 이주민에게 7·8년 동안 요역을 면제하고, 조세와 공부를 감면하는 것이 법으로 시행된 것을 알 수 있다.

「임금이 말하기를, "평안도는 중국과 국경이 연접하였는데, 백성이 매우 드물고 적으므로 하삼도(下三道)의 백성들을 옮겨다가 충실(充實)하게 하여 후환(後患)에 대비하고자 한 것이 해포가 되었다. 그러나 백성들을 옮겨간다는 것은 중대한 일이어서 반드시 원성(怨聲)이 일어날 것이므로 아직껏 과단하여 실행하지 못하였다. 만약 그곳에 들어가 살게 한다면 10년 동안 복호(復戶)하고 조세(租稅)도 면제하여 우대하고 구휼(救恤)할 것을 보이면 어떨까."

(중략) 이제 할 계획은 쇄환(刷還)할 법을 엄히 세울 것이며, 또 7, 8년 동안 그들의 요역(徭役)을 면제하고 조세와 공부(貢賦)를 감하여 준다면, 처음에는 비록 원망할지라도 마침내는 반드시 고향으로 돌아온 것을 기뻐할 것입니다."하니, 임금이 말하기를, "그 법은 이미 정해져 있으니 마땅히 다시 거듭밝혀 시행하여야 하겠다."하였다.」[304]


## 2. 전사자에 대한 조세감면

세종대왕은 다음 『세종실록』 기사와 같이 전사자에게 조세를 감면하고, 부조를 쌀과 콩 등을 지급하여 보훈하도록 하였다. ①은 전쟁에서 사망한 사졸의 자손에게 요역을 면제해 주고, ②는 익사한 선군들의 조세와 부역을 면제하였으며, ③ 사신의 배에 따라 갔다가 일본에서 죽은 선군의 집안에 조세와 부역을 면제해 주었다. 그리고 ④는 사망한 조졸의 호역을 면제하여 보훈하도록 한 것이며, ⑤ 역시 전사한 경우인데 관노의 경우에도 마찬가지 부의를 내리고 부역을 면제해 주었다.

①「바다와 육지에서 전쟁에 죽은 사졸(士卒)[305]의 자손들은 있는 곳의 수령이 그 호(戶)의 요역(徭役)을 면제하고, 특별히 구휼하고, 그 재능이 있어 임용할 만한 자는 위에 아뢰어 서용(敍用)되도록 할 것이다.」[306]

---

304) 『세종실록』 11년(1429) 8월 21일 3번째기사.
305) 군사(軍士).

② 「전라도 수군 도절제사가 아뢰기를, "병선 한 척이 풍랑을 만나 선군(船軍) 21명이 익사하였습니다." 하니, 임금이 익사한 선군들은 조세와 부역을 면제하게 하고, 쌀과 콩을 요량해 주어서 초상 비용에 쓰게 하였다.」[307]

③ 「왕지하기를, "선군(船軍) 경상도 함창에 거주하던 김정과 청도에 거주하던 위사준이 회례사[308]의 배에 따라갔다가 일본에서 죽었으니, 그 도(道)로 하여금 혼(魂)을 불러 치제(致祭)할 것이며, 미두(米頭) 6석을 지급하고 그 집의 조세를 면제하게 하라." 하였다.」[309]

④ 「함길도 감사가 아뢰기를, "조졸(漕卒)[310] 42명이 배가 부서져서 물에 빠져 죽었습니다." 하니, 명하여 호역(戶役)을 면제시켜 주고 부의(賻儀)를 주도록 하였다.」[311]

⑤ 「전지하기를, "지난해 적이 경원(慶源)을 범(犯)하였을 때에 관노 을부(乙夫)가 판관 이백경을 따라 성을 나가 적과 싸우다가 화살에 맞아 죽었으니, 부의(賻儀)를 내리고 부역을 면제(復戶)하라." 하였다.」[312]


## 3. 외적 방어와 수성에 대한 조세감면

세종대왕은 변방에 사는 백성들이 적의 침범을 막고 축성하는 일에 노고가 큼을 알고, 해당 지역 사람에게 다음 『세종실록』 기사와 같이 조세를 감면하였다. ①은 국경지역인 조명간에 사는 백성에게 조세를 반감해주었고, ②는 함길도 백성의 축성 등의 노고를 위로하기 위하여

---

306) 『세종실록』 즉위년(1418) 11월 3일 12번째기사.
307) 『세종실록』 1년(1419) 9월 4일 12번째기사.
308) 일본(日本)에 보내던 사신(使臣)의 일컬음.
309) 『세종실록』 5년(1423) 12월 5일 5번째기사.
310) 조선시대 조선(漕船)에 승선하여 조운(漕運) 활동에 종사하던 선원. 사공(沙工)·격군(格軍)·조군(漕軍)·수부(水夫) 등의 구별이 있는데, 이들을 통칭하여 흔히 조졸이라 하였다.
311) 『세종실록』 17년(1435) 8월 17일 2번째기사
312) 『세종실록』 19년(1437) 2월 29일 3번째기사.

조세를 3분의 1을 감면하게 하였다.

① 「의정부에 의논하기를, "여연(閭延)·조명간(趙明干)313)에는 해마다 적의 침범을 입었는데, 다행히 만호 신귀의 역전(力戰)으로 그 목책을 보전하였으니 심히 불쌍하였다. 내가 여연 한 고을 백성들을 위로해 즐겁게 하고자 하는데, 장차 무엇으로 즐겁게 하여야 하겠느냐."하니, 모두가 말하기를, "한 고을을 다 즐겁게 하는 것은 어려울 듯하니, 조명간에 사는 백성에게만 금년 전조(田租)의 반을 감함이 적당하겠습니다."하므로, 그대로 따랐다.」314)

② 「의정부에 전지하기를, "함길도의 백성이 근래에 북쪽 변방의 방수(防守)315)와 축성(築城)과 이사(移徙)로 인하여 노고가 다른 도보다 갑절이나 되니, 내 심히 불쌍하게 여긴다. 금년 정사년의 조세를 지금 행하는 공법의 수효보다 3분의 1을 감하게 하라." 하였다.」316)

## 4. 왜인과 여진의 귀화에 따른 조세감면

조선시대에는 왜적과 여진의 침략이 빈번하였다. 이러한 왜적과 여진에 대한 회유책으로 귀화를 권장하여, 귀화한 사람들에게는 관직과 전답을 주고 조세를 감면해 주었다. 세종대왕은 귀화한 사람을 우리나라의 백성으로 인정할 만큼 포용정책을 실시하였다. ①은 귀화한 왜인들에게 다양한 혜택을 주면서 조세를 감면해주었고, ②는 귀화한 왜인들에게 조세는 3년, 요역은 10년까지 면제해 주도록 하였으며, ③ 역시 마찬가지이다. 그리고 ④는 귀화한 여진족에게 조세와 차역을 면제해

---

313) 조선 세종 때 서북 방면의 여진족을 막기 위해 압록강 상류에 설치한 국방상의 요충지.
314) 『세종실록』 19년(1437) 5월 11일 3번째기사.
315) 막아서 지킴.
316) 『세종실록』 19년(1437) 7월 11일 2번째기사.

준 것이며, ⑤는 귀화한 여진족에게 조세를 절반 감면하도록 한 내용이다.

① 「선지하기를, "여러 섬의 왜적들이 기근으로 매년 양식을 구걸할 때면 곧 급여하기도 하였고, 또 우리의 변읍(邊邑)에서 장사할 것도 허락하였으니, 그들이 살게 된 것은 전혀 우리나라의 은덕이어늘, 이것은 조금도 생각하지 않고, 변민들을 침략하여도 모른 체 하였으나, 이제 도리어 군사를 일으켜, 우리 충청도 도두음 곶이를 침략하여, 우리 인민들을 죽이고 병선을 불살랐으며, 또 우리 황해도 해주 지경에 와서 도적질까지 하니, 전에 이미 우리나라에 와서 귀화한 왜인들은 곧 우리나라의 백성이라. 그 이름을 따로 밝혀 등록하게 하고, 각 포구의 병선에 분배하되, 집마다 세금을 면제하고, 그 이름을 적어서 알릴 것이며, 이 중에 공이 있는 자는 반드시 상을 후히 줄 것이다." 하였다.」[317]

② 「병조에 전지하기를, "지금 전라도에 안치(安置)된 왜인(倭人)들에게 전조(田租)는 3년까지, 요역(徭役)은 10년까지 면제해 주라." 고 하였다.」[318]

③ 「전지하기를, "이후로는 새로 귀화해 온 사람에게는 토지 조세는 3년을 기한으로, 요역(徭役)은 10년을 기한으로 면제하여 주라."」[319]

④ 「호조에 전지(傳旨)하기를, "향화(向化)[320]한 알타리(斡朶里)[321]들의 전세(田稅)와 차역(差役)을 전부 면제하여 그들을 우휼(優恤)[322]하는 뜻을 보이라."」[323]

⑤ 「우찬성 김종서와 좌참찬 정분을 불러 이르기를, "오도리(吾都里)의 여진(女眞)들은 우리 조종(祖宗) 이래로 평소에 무휼(撫恤)[324]한 것이다. 그들이 경작하는 전세(田稅)를 우리 백성들과 똑 같이 수납(收納)한다면 무휼(撫恤)하는 뜻에 어긋남이 있으니, 비록 조세(租稅)를 전부 면제해

---

317) 『세종실록』 1년(1419 ) 5월 15일 3번째기사.
318) 『세종실록』 5년(1423) 3월 25일 2번째기사.
319) 『세종실록』 6년(1424) 7월 17일 5번째기사.
320) 귀화(歸化)함.
321) 여진(女眞)족.
322) 두텁게 은혜(恩惠)를 베풀어 구조(救助)함.
323) 『세종실록』 24년(1442) 2월 6일 1번째기사.
324) 어려운 처지에 놓인 사람들을 불쌍히 여기어 위로하며 물질로 도와 줌.

주지는 못하더라도 마땅히 절반을 감면해 주어야만 안업(安業)하여 살

수 있게 될 것이니, 어떻게 이를 처리하겠는가."하니,」 325)

325) 『세종실록』 28년(1446) 10월 9일 1번째기사.

# 04 그 밖의 조세정책

## 1. 송골(松鶻)매 포획에 대한 조세감면

송골은 해동청(海東靑)을 지칭하는 말로 가장 날쌔고 사나운 매인데,
길들여 사냥에 쓰였다. 조선에서는 중국 조정에 송골(松鶻)을 진헌(進
獻)하기 위하여[326] 잡도록 하였다. 하지만 1년 동안에 잡은 송골매가
많아도 3, 4마리밖에 되지 않았다. 그래서 상을 주고, 잡역(雜役)을 감
면해 주어 송골매를 잡게 하였다.

「상호군(上護軍) 이종목을 함길도에 보내어 송골(松鶻) 잡는 것을 독려하게
하고, 이내 교지(敎旨)를 내리기를, "대소 관리(大小官吏)들이 국가의 대체(大
體)를 알지 못하고 하는 일 없이 세월을 보내면서 구차히 죄책(罪責)을 면하
려고 한다. 국가에서 송골을 잡는 방법을 힘써 구하여, 그것을 잡는 민호(民
戶)에게는 잡역(雜役)을 전부 감면해 주고, 비록 성을 쌓는 중대한 일일지라도
또한 참여하지 않게 하여, 사람마다 일이 없음을 즐겨서 마음을 다해 송골을

---

326) 『세종실록』 22년(1440) 9월 24일 1번째기사.

잡게끔 한 것이다.″」327)

## 2. 사신 접대에 따른 조세감면

사신 접대는 국가의 중대사이므로 『경국대전』 예전의 대사객(待使客) 조를 규정하여 사신을 접대하도록 하였다. 그런데 조선시대 중국 명나라의 사신 행차는 해아릴 수 없을 정도로 잦았다. 당연히 이에 대한 피해는 사신이 이동하는 인접 고을의 몫이었다. 따라서 세종대왕은 "황해도와 평안도에서는 중국 사신을 접대하는 데 입는 폐해가 이미 심하였으므로, 길가의 각 고을에서 만일 그 일행에게 잔치를 베풀어 위로하는 일이 있으면 일체 모두 금한다."328)고 명하면서, 다음 『세종실록』의 기사와 같이 사신을 접대하는 지역의 공물과 조세를 감면하도록 하였다.

① 「호조에 전지하기를, "함길도에서는 해마다 사신을 지공(支供)하게 되어 적지 않은 폐해를 받으니, 본도(本道)에서 바치던 대구어·연어·목단피329)·감곽(甘藿) 및 사향(麝香) 20부(部) 이외의 다른 세공(歲貢)은 계축년까지 면제하고, 상의원(尙衣院)에 바치던 초서피(貂鼠皮)도 계축년까지 반감(半減)하고, 함길도 감사도에서 바치던 어곽세(魚藿稅)도 역시 계축년까지 반감하며, 함길도에서 상납하는 신세포(神稅布) 및 감사도에서 바치던 베(布子) 등은 역리(驛吏)와 각 고을 노비의 빈한한 자에게 고루 나누어 주라."하였다.」330)
② 「황희·맹사성·권진·허조·신상·정초·윤회 등을 불러서 안숭선에

327) 『세종실록』 28년(1446) 11월 1일 2번째기사.
328) 『세종실록』 12년(1430) 4월 25일 4번째기사.
329) 모란뿌리의 껍질.
330) 『세종실록』 14년(1432) 10월 16일 2번째기사.

게 명하여 일을 의논하도록 했는데, 그 첫째는, "함길도에 야인(野人)이 연속해서 왕래하게 되고, 금년에는 더구나 네 사신을 접대하는 일로써 백성의 생계가 피폐해졌다. 계묘년(癸卯年)에 평안도에서 실농(失農)하였고, 또 진헌(進獻)하는 말들을 이끌고 간 일 때문에 백성의 생계가 곤란해졌으므로, 매 호(戶)에 대부(貸付)해 준 환상곡 2석(石)씩을 감면하여 그 노고를 보상해 주었으니, 지금 함길도의 백성들에게도 또한 마땅히 몇 석을 감면해야 될 것인데, 3석을 감면하고자 하니 어떻겠는가."」331)

## 3. 요역의 동원 일수를 정함

요역이란 국가가 백성의 노동력을 무상으로 징발하던 수취제도이다. 그런데 조선초 요역에 동원할 날짜가 제한이 없어 백성들이 고통을 받았다. 이에 세종대왕은 요역의 기간을 평년 20일간, 풍년 30일간, 흉년 10일간으로 정하고, 10월 이후 가을철에 동원하도록 하였다.

「병조에서 아뢰기를, "백성을 동원함에 있어서는 날짜의 제한이 없어서는 안 될 것이오니, 지금부터는 얼음이 풀린 뒤 농사일이 시작되기 10일 전과, 추수(秋收)를 끝내고 얼음이 얼기 20일 전에 동원하도록 항식(恒式)을 삼게 하소서."하니, 명을 내리어 정부와 여러 조(曹)가 함께 의논하게 하였다. 모두 아뢰기를, "《예기(禮記)》 월령(月令)에, '봄철 첫달에 가을철의 일을 실시하여 건물을 수리하든가, 성곽(城郭)을 수축하면, 그 백성은 큰 전염병을 앓을 것이고, 2월 달에는 큰 공사를 진행하여 농사에 방해되지 않게 하라.' 하였고, 《춘추좌전(春秋左傳)》에는, '용성(龍星)이 나타나면 일을 마치도록 경계하고, 화성(火星)이 나타나면 일을 마치고, 수혼(水昏)이 보이면 담을 쌓고, 동지(冬至)가 되면 모든 일을 마치라.' 하였사오니, 바라옵건대, 고제(古制)에 의하여 10월에 공사를 시작하여 20일간을 기한으로 정하되, 풍년에는 10일간을 연장

331) 『세종실록』 13년(1431) 12월 5일 3번째기사.

하고, 흉년에는 10일간을 단축하며, 봄철에는 백성을 동원하지 말도록 하소서."하니, 그대로 따랐다.」[332]

## 4. 왜선세의 징수

『세종실록』에는 왜선세의 징수에 대해서 다음과 같이 기록하고 있다. 왜인들이 생활이 곤란하다고 고초도에서 고기잡기를 청하니 통행증을 주어 내왕하게 하고, 지세포에서 조세를 받치게 한 것이다. 조세로 받은 고기는 감사로 하여금 처분하게 하되, 사신의 접대비로 쓰고 나머지는 쌀과 마포로 바꾸어 국용에 쓰게 하였다.

> 「영의정 황희 · 좌찬성 하연 · 우찬성 최사강 · 병조 판서정연 · 예조판서 김종서 · 우참찬 이숙치 등이 의논하기를, (중략) 왜인이 고기잡기를 청하는 일에 이르러서는 지극한 심정에서 나왔으므로, 비록 허락하지 아니할지라도 몰래 숨어 내왕하면서 그 이익을 취하여 다함이 없을 것이오니, 본국에서 비록 알지라도 어떻게 금제하오리까. 만약 금제하고자 하면, 반드시 변경에 틈이 생길 것이오니, 허락하여 그 은혜를 베푸는 것만 같지 못하오며, 또 약속을 정하여 왕래를 조절함이 편리할 듯하옵니다. 지세포(知世浦)는 바로 왜선(倭船)이 왕래하는 요충지(要衝地)이므로 지혜와 용맹이 있는 자를 골라서 만호로 삼고, 종정성과 더불어 약속하기를, '너희들의 생활이 곤란하고, 또 두세 번 청하기로 고초도에서 고기잡기를 청하는 일을 허락하고자 하니, 모름지기 배의 대소(大小)를 구분하여 문인(文引)을 주어 내왕하게 하고, 지세포에 세(稅)를 바치며, 만약 문인이 없거나 또 세를 바치지 아니하면, 논죄(論罪)하여 세를 징수하겠다.'고 함이 적당하옵니다." 」[333]

---

332) 『세종실록』 12년(1430) 12월5일 3번째기사
333) 『세종실록』 23년(1441) 11월 22일 1번째기사

### 참고문헌

「大典會通 硏究」: 戶典・禮典編. 1994. 한국법제연구원.

(譯註) 『經國大典』. 1993. 法制處. 韓國法制硏究院.

『續大典』. 1965. 法制處.

(국역) 『조선왕조실록』. 1993. 세종대왕기념사업회 역. 민족문화추진회 역.

(국역) 『경국대전』. 2001. 노사신 저 등, 윤국일 역주. 여강출판사.

(국역) 『대전회통』. 2000. 조두순 외 저. 한국법제연구원 역주. 한국법
　　제연구원.

(국역) 『經世遺表』 I -Ⅳ. 1977-1979. 丁若鏞 著 ; 李翼成 譯. 민족문화
　　추진회.

(국역) 『만기요람』 I -Ⅲ. 1971. 민족문화추진회 編. 민족문화추진회.

(역주) 『목민심서』 I -Ⅴ. 2000. 丁若鏞 著 ; 茶山硏究會 譯 創作과 批評社

(국역) 『증보문헌비고』 2000. 세종대왕기념사업회.

(국역) 『三峯集』, I -Ⅱ. 1977. 鄭道傳 著 ; 민족문화추진회 編. 민족문화
　　추진회

(국역) 『반계수록』. 2001. 유형원저. 북한사회과학원 고전연구소 역. 여
　　강출판사.

강만길 외. 2000. 「한국사」. 한길사(krpia 누리미디어)

강제훈. 1999. "朝鮮 太宗・世宗代 田稅의 부과와 수취". 「韓國史學報」
　　제6호.

강제훈. 2001. "조선초기 전세제 개혁과 그 성격". 「조선시대사학보」
　　Vol.19.

강제훈. 2002. "세종 12년 정액(定額) 공법(貢法)의 제안과 찬반론" 「경

기사학」 Vol.6.

강제훈, 2002. "조선초기 전세제도 연구 - 답험법에서 공법 세제로의 전환". 「민족문화연구총서」 104, 고려대학교 민족문화연구소.

金淇春 編著. 1990. 「朝鮮時代刑典 : 經國大典刑典을 中心으로」. 三英社.

김비환. 2008. "경국대전에체제에 나타난 유교적 법치주의의 구조와 성격 : 조선왕조실록 기사를 중심으로". 「成均館法學」 第20卷 第1號

김상태. 2010. "「農事直說」의 편찬과 보급에 대한 재검토" 「한국민족문화」 36.

김성우, 1995. 「16세기 국가재정의 위기와 신분제의 변화」, 역사와 현실 16.

金雙圭. 1998. "朝鮮前期의 陳田收稅問題". 「歷史教育」 제66집.

金泰永. 1983. 「朝鮮前期 貢法의 성립과 그 전개」. 지식산업사.

朴鍾守. 1993. "16·17세기 田稅의 定額化 과정". 「韓國史論」 30.

서정상. 1999. "「農事直說」의 農法과 老農". 「泰東古典研究」 16, 翰林大學校 泰東古典研究所.

손보기. 1993. "세종대왕의 민본정신을 되살리자면". 「세종학연구」 제8호.

이장우, 최윤오. 2009. "세종대의 전세제도 정비". 「鄕土서울」 제73호.

李章雨. 2000 "世宗 27년(1445) 7월의 田制改革 分析 :朝鮮初期 田稅制度와 國家財政의 일원화 추구와 관련하여". 「國史館論叢」 제92집.

이태진. 1989. 「朝鮮儒教社會史論」. 지식산업사.

전희권. 2010. "경국대전의 성격에 대한 일고찰" 「법철학연구」 제13권 제2호.

최호진·정해동역. 1992. 「국부론(하)」. 범우사.

최윤오. 1999. "세종조 공법의 원리와 그 성격". 「한국사연구」 Vol.106.

최윤오. 2007. "조선시기 토지개혁론의 원리와 공법·조법·철법" 「역사와실학」 제32집.

한동일. 1966. "전제상정소준수조회"「지적」12월호.

한명기, 김성우 등 저. 2008. 「역비한국학연구총서 - 전근대편」. 역사비평사.